Milagrosos ALIMENTOS CURATIVOS

Rex Adams

PRENTICE HALL

Datos de catalogación en la Biblioteca del Congreso de Washington, D.C.

Adams, Rex, 1940–
  [Miracle medicine foods. Spanish]
  Milagrosos alimentos curativos / Rex Adams.
     p.   cm.
  Includes index.
  ISBN 0-13-921081-4. — ISBN 0-13-921073-3 (pbk.)
  1. Diet therapy.   2. Garlic—Therapeutic use.   I. Title.
  RM461.A3318   1998
  615.8'54—dc21   98–31461
                                                              CIP

Título del original en inglés: *Miracle Medicine Foods*

Traducción de Daniel A. González

Copyright © 1999 por Prentice Hall, Inc.

Impreso en Estados Unidos de América

10 9 8 7 6 5 4 3 2 1   10 9 8 7 6 5 4 3 2 1

ISBN 0-13-921081-4 (C)   ISBN 0-13-921073-3 (P)

La información presentada en este libro tiene el propósito de ayudar al lector a tomar decisiones bien informadas acerca de su salud. No tiene el propósito de sustituir la atención médica, ni debe utilizarse como manual de autotratamiento. Si usted sospecha que tiene algún problema médico, debe buscar consejo médico profesional lo antes posible.

PRENTICE HALL
Paramus, NJ 07652

A Simon & Schuster Company

On the World Wide Web at http://www.phdirect.com

Prentice Hall Interntational (UK) Limited, *London*
Prentice Hall of Australia Pty. Limited, *Sydney*
Prentice Hall Canada, Inc., *Toronto*
Prentice Hall Hispanoamericana, S.A., *Mexico*
Prentice Hall of India Private Limited, *New Delhi*
Prentice Hall of Japan, Inc., *Tokyo*
Simon & Schuster Asia Pte. Ltd., *Singapore*
Editora Prentice Hall do Brasil, Ltda., *Rio de Janeiro*

Contenido

MILAGROSOS ALIMENTOS CURATIVOS QUE ALIVIAN EL DOLOR ¡EN FORMA INSTANTÁNEA!

Cuando está dolorido, lo que usted desea es alivio rápido. La verdad es que existen milagrosos alimentos "medicinales" —alimentos comunes que están disponibles en cualquier lugar—, que pueden brindarle alivio ¡instantáneo e inmediato a los dolores más horribles que pueda imaginar! En minutos, incluso en segundos, estos alimentos han aliviado dolores, evitado la cirugía y curado lo incurable en muchísimos casos —tantos que tengo ganas de contarlos ¡todos a la vez!

Los Milagrosos Alimentos Curativos, disponibles sin receta médica, pueden aliviar el tormento inimaginable que producen las úlceras, la artritis, los cálculos en los riñones y en la vejiga, los problemas urinarios, los dolores del corazón y de las arterias ¡de inmediato!

Hay testimonios de alivio instantáneo del dolor causado por decenas de enfermedades y de curas espectaculares con estos Milagrosos Alimentos Curativos que puede cultivar en su jardín, obtener en el mercado de la esquina o en la tienda de alimentos naturales. Por cierto, muchos de estos alimentos contienen ingredientes con los que se elaboran los calmantes milagrosos. Si bien no son un substituto de la atención médica profesional —usted siempre debe obtener el permiso de su médico antes de utilizarlos—, estos alimentos parecen ser seguros e inofensivos y pueden milagrosamente

1

acelerar el proceso de curación de forma tal que las enfermedades desaparecen ¡en un tiempo increíblemente corto!

Casos relatados:

- Un hombre quemado de la cabeza a los pies con agua hirviendo recibió ¡alivio inmediato, instantáneo y total, y salió ileso!, gracias a un Milagroso Alimento Curativo.

- Una mujer de edad avanzada fue hospitalizada con gangrena en el pie. Después de examinarla los médicos determinaron que no sobreviviría una amputación. En cambio, decidieron tratar este alimento increíble. Envolvieron su pie en una bolsa llena de este alimento. Para sorpresa de todos, ¡el pie se curó pronto y ella pudo caminar completamente curada!

- Un hombre de 83 años con un terrible dolor en la rodilla —"apenas podía levantarme para contestar el teléfono"— descubrió otro Milagroso Alimento Curativo. Dijo lo siguiente: "Ahora estoy a la altura de mis amigos más jóvenes, puedo patear, saltar y correr sin ningún tipo de malestares".

- Un hombre de 53 años con artritis avanzada en la columna vertebral, probó otro Milagroso Alimento Curativo que usted descubrirá y dijo: "En tres días, podía saltar de la cama sin arrastrarme... ¡nunca más he tenido dolores!"

- Un hombre con un disco intervertebral luxado a quien los médicos le habían dicho que nunca se mejoraría e incluso podía empeorar, había sufrido 20 años una agonía terrible. Luego, descubrió un Milagroso Alimento Curativo. La primera vez que lo probó, su disco luxado se reubicó y ¡hace 5 años que no siente dolores!

- Una mujer con severos dolores en las piernas trató un remedio que usted descubrirá y dijo: "¡Ay, qué alivio reconfortante! Inmediatamente, sentí una sensación maravillosa refrescante que corría por mis piernas... 10 minutos después, los dolores habían desaparecido completamente y (mis piernas) estaban fuertes, ¡como nuevas! Fue realmente algo increíble. Al día siguiente, ¡ya no sentía dolores!"

- Un hombre con diabetes dijo: "Tuve que jubilarme porque me sentía muy débil. Los médicos me dijeron que no me curaría". Dice lo siguiente de los Milagrosos Alimentos

Curativos que descubrió: "Un año después que comencé esta dieta los médicos no encontraron ni rastros de azúcar. Ahora, a los 70 años, puedo comer de todo y ¡trabajar más que cualquier hombre de mi edad!"

- Un hombre sufría graves ataques de angina de pecho y los médicos le dijeron que le quedaban 10 años de vida, siempre y cuando no hiciera ejercicios. Probó un Milagroso Alimento Curativo. Veintidós años después, él nos informó que ¡nunca más volvió a tener angina!

- Una mujer de 72 años con el corazón reumático, endocarditis, endurecimiento de las arterias y angina de pecho dijo: "Había llegado a un punto que me tambaleaba al levantarme de la cama o de una silla". Luego descubrió los Milagrosos Alimentos Curativos. Cuatro semanas después, ¡su electrocardiograma era normal!

- Un hombre con várices ulceradas en las piernas siguió el consejo de su médico durante 2 años (ungüentos y vendas) y estaba igual que el primer día. Luego, descubrió un Milagroso Alimento Curativo. En seis semanas habían desaparecido todas las úlceras de sus piernas. ¡Estaban totalmente curadas!

- Se ha reportado este experimento: se colocaron dos cálculos biliares en un vaso que contenía un Milagroso Alimento Curativo. Al día siguiente, los cálculos se habían dividido en 4 trozos. En cinco días parecían arenilla. En diez días ¡se habían disuelto completamente!

- En sus radiografías se veían cálculos biliares, pero sus amigos le dijeron que existía un Milagroso Alimento Curativo. Cuatro días después, los cálculos biliares fueron expulsados. Las radiografías demostraban que habían ¡desaparecido completamente!

- Una mujer tenía ataques de vesícula, con dolores punzantes, náuseas y otros síntomas. Al colocar en su cuerpo un Milagroso Alimento Curativo en un paquete húmedo, sus dolores se aliviaron de inmediato, ¡así de penetrantes son los poderes curativos de este alimento!

- Un médico escribió lo siguiente: "Hace 15 años sufría del hígado. Utilicé todos mis conocimientos para curarme, pero no pude". Luego descubrió un Milagroso Alimento Curativo y dijo: "En casi todos los casos he podido curar a los que usaron esta planta, ¡incluso a mí mismo!"

- Un hombre con cálculos en los riñones, y dolores tremendos que lo atormentaron constantemente durante 9 años, descubrió un Milagroso Alimento Curativo. "No tuve que esperar mucho tiempo para obtener buenos resultados. Expulsé grandes masas de cristales de ácido úrico... Pronto me sentía totalmente libre de grandes sufrimientos y no he tenido problemas desde entonces".

- Una mujer con la uretra inflamada había consultado muchos médicos. La operaron y la trataron pero no mejoró. Luego probó un Milagroso Alimento Curativo y dijo: "Nunca había obtenido estos resultados. Me desinflamó la uretra completamente..."

- Un hombre cuyas radiografías mostraban dos úlceras, se enteró que había un Milagroso Alimento Curativo para las úlceras. Lo probó y dijo: "Casi de inmediato cesó el dolor. Las dos úlceras habían desaparecido cuando me examinaron..."

- Un hombre tenía un grave tumor cerebral y una úlcera estomacal, con dolores de cabeza e indigestión dolorosa. Su médico le aconsejó que probara un Milagroso Alimento Curativo. En poco tiempo, en las radiografías se podía ver que ¡la úlcera había desaparecido! Aún más increíble, el tumor cerebral había desaparecido y él estaba ¡completamente sano!

- El señor D.R. relató lo siguiente: "Mi visión era tan débil que no podía leer ni una página. Hasta las letras grandes estaban borrosas... Tuve que usar lentes muy gruesos". Pero descubrió un Milagroso Alimento Curativo y dijo: "En 2 semanas mi visión se había aclarado. Mi médico sólo se encogió de hombros y sonrió. ¿Por qué no me dijo esto antes?"

- Una mujer mayor se enteró que tenía cataratas y que necesitaría una intervención quirúrgica. En lugar de eso, usó Milagrosos Alimentos Curativos. Ahora puede ver los números de los naipes y no le lloran más los ojos.

- Una mujer con glaucoma tenía 36 de presión en un ojo y 32 en el otro. Se puso gotas pero la presión no bajó y sus ojos se irritaron. Luego probó un Milagroso Alimento Curativo y dijo:

"La semana pasada me tomaron la presión y era *normal.* Mi oculista no lo podía creer... les informará a los otros pacientes de glaucoma".

- Desde hacía 30 años una mujer era sorda del oído derecho y oía poco del izquierdo. Los médicos habían hecho todo lo posible sin éxito. Luego probó un Milagroso Alimento Curativo y en poco tiempo pudo oír ¡hasta un susurro!

- Una mujer mayor que había estado sorda durante 20 años probó un Milagroso Alimento Curativo y se sorprendió al poder oír ¡sin audífono! ¡No lo pudo creer!

- Una persona que sufría de los pulmones fue operada y los médicos comprobaron que la enfermedad estaba tan generalizada que lo cerraron sin extirpar nada y lo declararon un caso sin esperanzas. Luego, se enteró que había un Milagroso Alimento Curativo e inmediatamente comenzó a tomarlo. En 4 meses las radiografías ¡no mostraban signos de la enfermedad! ¡Volvió a su trabajo!

Repito, nadie puede garantizar alivios o curaciones instantáneas, ni tampoco existe un solo alimento que cure todas las enfermedades, pero esos alimentos, al parecer, han hecho milagros, rápidamente aliviando el dolor y el sufrimiento en muchos de los casos sobre los que se informa. Y si acaso alguno de estos alimentos puede ayudarlo a usted o a algún ser querido, ¡es verdaderamente una maravilla!

¡ALIVIO INMEDIATO DEL DOLOR PARA DECENAS DE ENFERMEDADES!

Existen testimonios de personas que no podían evitar tomar medicamentos ni sufrir una constante agonía, y ahora se han liberado completamente del dolor, no toman medicamentos y llevan una vida activa desde que usan algunos de los Milagrosos Alimentos Curativos.

Sin medicamentos ni cirugía las personas que tienen ataques al corazón y apoplejías —algunas casi imposibilitadas de caminar— ¡ahora pueden correr! Las arterias obstruidas se

abrieron con mayor circulación de la sangre y ¡mejorías significativas! "Es un adelanto revolucionario" dice un médico de los Milagrosos Alimentos Curativos. "¡Es posible salvar millones de vidas! Es posible reducir el colesterol ¡a casi cero!"

Las personas que sufren de enfermedades de los pulmones y de artritis, listas para cirugía, transformadas en esqueletos vivientes que apenas se arrastraban unos metros, ahora son hombres y mujeres saludables que pueden correr, patear, saltar y estar a la altura de todos los demás. Ahora, tras años de investigaciones, sus historias se pueden contar. En mi calidad de periodista de investigaciones médicas, quiero hablarles de ellos...

- Un hombre ciego ¡recuperó su visión!
- Personas que sufrían de los pulmones, al borde de la muerte, ¡curadas completamente!
- Lisiados artríticos ¡curados completamente!
- Ataques de vesícula biliar aliviados ¡en segundos!
- El corazón debilitado ¡rejuvenecido!
- ¡Las hemorroides sangrantes desaparecieron!
- Las venas varicosas ¡desaparecieron!
- Los miembros inferiores hinchados ¡completamente curados!
- Cómo un hombre adelgazó 20 libras (9 kilos) ¡en 12 días!
- ¡La mujer que se curó de la infección de la vejiga!
- Casos de úlceras, colon espástico, estreñimiento, diarrea, cansancio hepático y renal —que parecían no tener remedio— ¡aliviados rápidamente!
- Diabéticos curados completamente ¡sin medicamentos!
- Problemas de próstata ¡completamente aliviados!
- Sordera curada ¡de repente!
- Resfríos, gripes, alergias, sinusitis y dolores de cabeza agudos ¡desaparecidos en minutos!
- Dientes flojos ¡arraigados nuevamente!
- Personas calvas, con canas o cabello debilitado, arrugas, manchas de envejecimiento, verrugas, llagas, eczemas, senilidad, temblores y síntomas de envejecimiento, ¡rejuvenecidas!

Hay decenas de alimentos milagrosos rejuvenecedores en este libro, con detalles completos de cómo se utilizaron para aliviar o curar determinadas enfermedades. A ciencia cierta, puede poner fin al dolor causado por algunas enfermedades, ¡es tan simple como encender la luz! El dolor desaparecerá ¡en segundos! Utilizar este libro es algo muy simple. El índice le permitirá saber instantáneamente dónde buscar las respuestas a su problema específico, en cada capítulo se trata una enfermedad específica o una parte del organismo. Permítame brindarle un increíble adelanto de uno de estos alimentos.

¡LA MILAGROSA PLANTA DE REJUVENECIMIENTO!

Los científicos han descubierto una planta medicinal increíble que, al parecer, ¡alivia cada uno de los indicios y síntomas asociados con el envejecimiento! Una planta común, disponible en cualquier lugar por unos pocos centavos, ¡sin receta!

En minutos, aun en segundos, esta planta medicinal milagrosa ha aliviado sufrimientos del hígado, la vesícula, malestares digestivos y causados por la artritis, simplemente sosteniéndola contra la piel, ¡así de penetrante son sus poderes!

Simplemente el hecho de inhalar su fragancia ¡ha aliviado o curado graves enfermedades pulmonares! Su jugo ha curado enfermedades del corazón, de las venas y arterias, trastornos circulatorios y problemas de alta presión. Es el antibiótico más poderoso conocido como alimento puro, ¡con poderes similares a los de la penicilina!

Al parecer, esta planta tiene poderes curativos milagrosos, alivia los dolores de inmediato, elimina las enfermedades, combate la infección, rejuvenece, incluso permite el crecimiento del cabello; se puede comprar en la tienda local. Hay testimonios de curas espectaculares.

Es tan segura que no se necesita receta para comprarla, tan poderosa que se han eliminado algunos medicamentos con la supervisión médica; hay personas que no podían caminar ni media cuadra sin sentir terribles dolores y que ¡ahora pueden correr, bailar, nadar y escalar montañas, desde que la usan!

NO TIENE RIVALES —¡DIOS LA HIZO ÚNICA!

Una joven de 19 años, con un brazo corto y dañado, paralizado e inutilizado de nacimiento, fue tratada, en lo que constituye una cura sensacional, con una forma suave de esta planta de rejuvenecimiento milagroso para baños de manos y ¡se curó milagrosamente! ¡Los médicos dijeron que era imposible! Para probárselo a un testigo escéptico, ella estiró la mano y ¡lo pellizcó varias veces! ¡La historia fue publicada en todos los periódicos de París!

Los registros muestran a personas de más de 100 años en los lugares en donde se consume esta planta. Un investigador descubrió que un 40% de hombres de más de 90 años aún podían enhebrar una aguja ¡sin anteojos! Los médicos obtuvieron esperma de un hombre ¡de 119 años! ¡Se desconocían las enfermedades del corazón y el cáncer!

¡RECUPERACIÓN DE LA VISIÓN Y LA AUDICIÓN!

Visión borrosa, dificultades para ver, oscurecimiento, inhabilidad de enfocar o ver de cerca, todos estos problemas han sido corregidos con una substancia que esta planta activa para el rejuvenecimiento de la salud nerviosa. La pérdida de la audición causada por los nervios ¡también se ha corregido! Louis D. tenía estos problemas lógicos de la mediana edad. Cuando incorporó esta planta a sus alimentos, recuperó su audición normal. ¡Su visión sin anteojos era mejor que antes, clara y precisa!

¡LA PENICILINA DEL HOMBRE POBRE!

Es el antibiótico natural más poderoso en forma de alimento puro. Los resfríos, las gripes y los gérmenes virósicos ¡son neutralizados con el jugo! Suprime la flema, combate la congestión, descongestiona la sinusitis, los conductos bronquiales y los pulmones. Mata los gérmenes más horribles, incluso la lepra, la gonorrea y la gangrena, ¡en sólo 5 minutos! En los análisis clínicos, estos gérmenes se eliminaron en el cultivo. Según se informa, ¡un miligramo de esta planta tiene los mismos poderes que 25 unidades de penicilina!

¡ENFERMEDADES PULMONARES CURADAS!

Los pacientes con enfermedades pulmonares, a un paso de la muerte, que padecían todo tipo de enfermedades de las vías respiratorias (asma, enfisema, y horribles abscesos en los pulmones, alergias y bronquitis) se han recuperado y curado completamente, ¡con esta milagrosa planta de rejuvenecimiento! Un investigador relata que ¡el 90% de esos pacientes se alivió o curó rápidamente!

¡EL ASMA Y EL ENFISEMA CURADOS!

N.M., padre de 5 niños, se estaba muriendo de asma. Su último ataque casi lo mató, y temía moverse por miedo a otro ataque. Con esta milagrosa planta de rejuvenecimiento ¡se curó y no tuvo más ataques! Myron E., apenas podía respirar debido a un enfisema, tenía silbidos, mareos y dolores en el corazón. Con esta planta, ¡todos los síntomas desaparecieron! Un paciente alérgico dice lo siguiente: "¡Es como una nueva experiencia religiosa!"

¡INFECCIÓN DE LA VEJIGA ALIVIADA!

La señora N.Q. sufría de cistitis (inflamación de la vejiga que a menudo causa dolores o ardor al orinar). Probó esta planta una vez y sintió ¡alivio inmediato! Su médico le comentó acerca de un paciente con cáncer de pulmón que sobrevivió a todas las expectativas comiendo esta planta, ¡sin explicación médica!

¡LOS TUMORES DE MAMAS EN UN PERRO DESAPARECIERON!

Una mujer informó acerca de su perrito que tenía tumores de mamas y el veterinario dijo que podían ser malignos. Le dieron a beber el jugo de esta planta. En 3 semanas ¡los tumores habían desaparecido!

¡LA PRÓSTATA ALIVIADA!

D.J. tenía la próstata agrandada, lo que le causaba dificultades para orinar, necesidad de hacerlo con frecuencia, dolores, infecciones y dolor de espalda. ¡Esta planta lo alivió de inmediato y podía orinar sin problemas!

¡ALIVIO DE LA PRESIÓN ARTERIAL ELEVADA!

En cientos de análisis se ha visto que esta planta reduce la presión arterial, sin perjuicio de la edad o el estado de salud, ¡a menudo en forma permanente! Un médico observó mejoras enormes ¡en sólo una hora! Un hombre de mediana edad excedido de peso descubrió que su presión bajó de 190/90 a solamente 130/75 ¡sin hacer dieta! Al parecer, ¡es más seguro y mejor que cualquier medicamento!

¡EL COLESTEROL DESAPARECE!

Según dos médicos, el descubrimiento que el jugo de esta planta disuelve el viscoso sedimento que endurece las arterias ¡es un gran adelanto! Ellos dijeron que esta planta puede terminar con el acumulamiento de depósitos grasos en las paredes de las arterias y ¡ayudar a prevenir su obstrucción! El jugo de esta planta disminuyó el nivel de colesterol ¡por debajo del nivel de ayuno en personas que comían 1/4 de libra de manteca!

¡ALIVIO DE SÍNTOMAS DEL CORAZÓN!

El jugo de esta planta, al parecer, estimula el corazón como el medicamento "digital" (digitalina)... aliviando el dolor del pecho, los dolores de cabeza, los mareos y los ahogos; abre los vasos sanguíneos obstruidos (impidiendo que se rompan), aumenta la circulación en todo el organismo, disuelve los coágulos mortales y alivia la inflamación. Activa una substancia (en 10 veces más) que fortalece los músculos débiles del corazón y ¡reduce el corazón agrandado en 2 días, según un médico de Harvard!

¡UN HECHO INCREÍBLE ACERCA DE LA DIABETES!

En *The Lancet,* una revista médica inglesa, dos médicos informaron que esta milagrosa planta de rejuvenecimiento es ¡tan eficaz como un medicamento popular para extraer el exceso de azúcar en sangre! ¡Normaliza también los bajos niveles de azúcar!

Se conoce un caso en que los médicos le dijeron a un hombre de 60 años con diabetes y alta presión que no tenía cura, y mandaron a su casa a que se muriera. ¡A los 90 aún estaba vivo y su salud era excelente! ¡Había comido esta planta! El nivel de azúcar en sangre bajó ¡de más de 200 a 110! Transmitió su secreto a otras personas y ¡todos informaron el mismo alivio!

¡BENDITO ALIVIO DE LA ARTRITIS!

Un investigador francés dice que logró ¡el 90% de éxito al tratar la artritis con esta milagrosa planta de rejuvenecimiento! No es necesario hacer ninguna dieta especial, señala el investigador, y considera que esta planta es tan penetrante que la aplica directamente a la piel y lastimaduras especiales. ¡Ataques dolorosos de reumatismo, neuralgia, ciática (dolor de piernas) y gota desaparecieron!

¡UN LISIADO CAMINA DE NUEVO!

Siempre que Pete M. trataba de pararse, sentía un tremendo dolor en la cadera y la pierna. Era como si se dislocara la cadera, doloroso como si se clavara clavos afilados. No podía apoyarse ni moverse normalmente. En su pierna sentía el dolor de la flebitis. Con esta planta increíble, pudo caminar sin dolores y ¡nunca más tuvo ataques!

¡DEDOS ARTRÍTICOS LIBERADOS DEL DOLOR!

Jerome S. ni siquiera podía tomar un lápiz o marcar un número de teléfono debido a la artritis en los dedos deformados, hinchados y doloridos. Nada lo ayudaba. Los medicamentos lo enfermaron. Incluso trató de dejar de comer sus alimentos favoritos. Con esta planta de rejuvenecimiento milagrosa encontró alivio inmediato. ¡La hinchazón y el dolor desaparecieron! ¡Recuperó su agarre de hierro!

¡ESPINA DORSAL Y HOMBROS ALIVIADOS!

Jane A. se enfermó de artritis dolorosa en la base de la espina dorsal, esto le impedía sentarse. Tuvo que dejar de hacer las tareas del hogar, era preciso que la ayudaran a pararse. Luego tuvo bursitis en los hombros y no se podía mover. Con el jugo de esta planta increíble, su espina dorsal ¡se volvió flexible de nuevo, el dolor desapareció en sus hombros y se podía mover sin problemas!

¡ALIVIA EL ESTÓMAGO Y LA DIGESTIÓN!

Se ha informado de que esta planta cura los malestares estomacales en el 95% de los casos. No sólo brinda alivio temporal sino permanente en muchos casos. Tiene casi un efecto narcótico para aliviar el sistema. Mitiga los calambres y los espasmos (colitis). Contiene 529 miligramos de un laxante que ha aliviado el estreñimiento minutos después de tomarla. En los casos de diarrea, se han obtenido milagros para detener aún las diarreas extremas de disentería. Casi el 100% de los pacientes con úlceras se curaron en estudios experimentales al probar una substancia que la planta activa en grandes cantidades, ¡una úlcera sangrante fue curada en minutos!

¡SENILIDAD, TEMBLORES, PARÁLISIS Y SÍNTOMAS DE ENVEJECIMIENTO REVERTIDOS!

Entre los usuarios, el efecto más sorprendente fue en la piel de la cara, el cuello, los brazos y las manos: la piel se suavizó, se puso tersa y parecía joven, ¡desaparecieron las arrugas y las manchas de envejecimiento! Un hombre de casi 70 años que sufría de pérdida senil de memoria ¡recuperó rápidamente su mente sagaz! Otro cuyas manos muy temblorosas se afirmaron y calmaron. Una mujer con síntomas cardiacos y parálisis comió esta planta y sus síntomas se aliviaron, ¡en poco tiempo se levantó y caminó!

¡REJUVENECE LAS GLÁNDULAS MASCULINAS Y FEMENINAS!

Considerada una cura de la impotencia y un afrodisíaco sin comparación, cuando se suministró una de sus substancias a hombres que eran de baja estatura y tenían los genitales de un niño, casi inmediatamente sus genitales crecieron a un tamaño normal y su estatura aumentó. Por cierto, ¡uno creció cinco pulgadas (15cm)! En las mujeres, la planta se usa para aliviar la inflamación del útero y los calambres menstruales. Una forma leve de esta planta, usada como un popular sabor de dulces (*licorice* —regaliz o orozuz) contiene la hormona femenina estrógeno. Una substancia que contiene en grandes cantidades ¡ha aliviado complemente las náuseas del embarazo!

¡UNA NUEVA AYUDA INCREÍBLE PARA LA PIEL Y EL CABELLO!

¡Patas de gallo, papada, bolsas de los ojos y ojeras oscuras han desaparecido con esta milagrosa planta de rejuvenecimiento! Se ha comprobado que el jugo de esta planta ha hecho crecer el cabello en muchos casos. En todos los casos el cabello creció grueso, oscuro y en mucha cantidad, sin perjuicio de la edad o el sexo. ¡Las ampollas... llagas... verrugas... herpes... escozor insoportable... pie de atleta... furúnculos... picaduras de insectos, entre otras, han desaparecido completamente, a veces de un día para otro o sólo en minutos!

¡CÓMO ADELGAZAR 20 LIBRAS (9 KILOS) EN 12 DÍAS!

Al parecer, esta planta de rejuvenecimiento milagrosa quema las grasas ¡más rápidamente que cualquier otra cosa en el mundo! ¡No es necesario preocuparse por contar las calorías o tener fuerza de voluntad! En un periódico nacional se informó acerca de la forma en que un famoso actor utilizó esta planta para adelgazar una libra por día, ¡o unas 10 libras (4 1/2 kilos) por semana! Estaba trabajando en una película y pudo adelgazar ¡20 libras en 12 días! Este método es completamente seguro, según un dietista. Los muslos, las caderas, las nalgas, el cuello —todas las zonas difíciles— se reducen. ¡Incluso el tamaño de los pies se reduce!

¡EL REMEDIO NATURAL MILAGROSO DE USO MÚLTIPLE!

Si alguna vez se produjo un milagro, un remedio múltiple, lo ha conseguido, ¡no en su botiquín de medicamentos, sino en su huerto! El ajo, vegetal pequeño que dio ¡fuerza inmortal a los que construyeron las pirámides! El ajo, el alimento del vigor que dio energía a los guerreros, los gladiadores y los atletas olímpicos y permitió a los soldados de Alejandro hacer frente a los fríos extremos de las montañas y al calor del desierto, ¡para conquistar el mundo! Reconocido y valorado aún hoy en día —nuevos informes revelan ¡los increíbles efectos del ajo!

¡COMBATE GÉRMENES QUE LA PENICILINA NO ELIMINA!

Hace casi 50 años, tras investigaciones intensivas, los científicos concedieron al ajo "poderes de penicilina" al aislar diversas sustancias que contiene.

El *álliin,* la primera sustancia aislada, resultó eficaz para matar gérmenes que causan envenenamiento por salmonela, la disentería y el germen del estafilococo que causa furúnculos y llagas. También sirvió para matar el germen estreptococo que causa la fiebre escarlatina, sepsis, difteria, erisipela, inflamación del revestimiento del corazón (fiebre reumática). El *állicin,* otro ingrediente del ajo, sirve para curar la conjuntivitis (infección de los ojos), putrefacción (descomposición de los alimentos en el estómago y en los intestinos), tifus, cólera y tuberculosis. Pero es importante recordar que el ajo puede combatir algunos gérmenes que ni la penicilina puede eliminar, como el bacilo paratifoideo A, que crea síntomas de confusión como la disentería, la "falsa gripe", el reumatismo, o las complicaciones de los riñones. El olor del ajo detiene los gérmenes ¡a una distancia de 20 cm! Sus poderes para matar los gérmenes permanecen en la sangre ¡durante 10 horas!

Durante la segunda guerra mundial, el Gobierno de Inglaterra compró cientos de toneladas de ajo para tratar las heridas. Se ha informado de que ¡no hubo casos de envenenamiento séptico o gangrena entre las personas tratadas con ajo! Se informa que durante esa época, Albert Schweitzer utilizó el ajo para tratar el tifus, el cólera y la lepra. En Malmo, Suecia, durante la epidemia de poliomielitis, ninguno de los 1.204 niños que consumieron ajo se enfermó de poliomielitis. Un médico japonés dijo que sirve ¡para curar la gonorrea!

La única advertencia que he leído en relación con el ajo es que es preciso cocinarlo o diluirlo para aquellas personas que tienen una débil constitución, los que son alérgicos al azufre deben evitar comerlo, y no se debe aplicar directamente en heridas abiertas. Los rusos utilizaron recipientes especiales llenos de ajo triturado directamente sobre las heridas infectadas, incluso en las amputaciones. Sólo los vapores mataron los gérmenes, y limpiaron las heridas de los soldados ¡en forma rápida y eficaz!

¡RENOVADOR DE LA JUVENTUD Y LA SALUD!

Hace más de 80 años, el Dr. M. W. McDuffie usó ajo para curar a personas prácticamente desahuciadas con tuberculosis que yacían en camillas o estaban en sillas de ruedas, esperando morir. En el *North American Journal of Homeopathy,* de mayo de 1914, lo considera "el mejor tratamiento individual para matar los gérmenes", y dice, "si el ajo no es un remedio universal y un reconstituyente de la salud y la juventud, por lo menos parece acercarse a ese sueño más que ningún otro elemento de la naturaleza para ser usado por el hombre. Es completamente natural y muy simple".

¡MÁS CASOS ESPECTACULARES!

Ese es sólo *un* alimento milagroso de los muchos revelados en este libro. ¡Seguramente se puede dar cuenta de por qué quiero darle al mundo estos secretos! Los resultados son increíblemente rápidos, y con frecuencia brindan alivio en cuestión de segundos. No se incurre en gastos, no es necesario contar con equipos especiales en la mayoría de los casos y todos se pueden utilizar en forma totalmente segura. A continuación usted encontrará muchas cartas reales de personas que dan testimonio de alivio al dolor automáticamente ¡al consumir estos Milagrosos Alimentos Curativos!

- Una mujer que tenía dos tumores de mama grandes estaba por ser operada. Mientas tanto, su médico le dijo que usara un Milagroso Alimento Curativo para aliviar el dolor. ¡El dolor se alivió completamente, el tamaño de los nódulos disminuyó tanto que el médico decidió no operarla y finalmente desaparecieron!

- Una mujer que tenía nódulos en la mama descubrió que al utilizar un Milagroso Alimento Curativo, "el dolor y la hinchazón desaparecieron de inmediato". Sin ese remedio, dice, "No sé que hubiera hecho".

- Durante 25 años un hombre sufrió de fiebre de heno. Luego descubrió un Milagroso Alimento Curativo y comió un poco. La fiebre de heno desapareció en segundos y cada vez que resurgía el mismo remedio ¡la hacía desaparecer!

- Una mujer sufrió durante 16 años de alergias, asma y pólipos nasales. Los medicamentos, las inyecciones, las dietas, las inhalaciones, los cardiogramas, los análisis de sangre, los de hipoglucemia, las máscaras de oxígeno, el cuidado dental e incluso siete operaciones de nariz para remover 130 pólipos no pudieron hacerla sentir mejor y ¡la empobrecieron! Luego, alguien le dijo que había un Milagroso Alimento Curativo. Ella dice: "Los resultados merecen ser contados... He dejado de ser una persona ahogada, con silbidos, con la nariz tapada... ¡soy una persona con un entusiasmo y fortaleza infinitos!"

- Una mujer de 80 años tuvo una enfermedad vaginal conocida como leucoplaquia. Su médico le recetó hormonas, bálsamos, entre otras cosas, y se empeoró. Un especialista le dijo que su sistema se había secado debido a una histerectomía realizada hacía 35 años y no se podía hacer nada. Se sentía tan mal con esa zona en carne viva y esa sensación de calor que no se podía sentar, ponerse de pie ni caminar. Entonces descubrió un Milagroso Alimento Curativo. En pocos días, se sintió mucho mejor. En un mes, ¡sus problemas habían desaparecido!

- Una mujer que sufría tanto de hemorroides que no se podía sentar ni acostar, le pidió ayuda a una amiga. "Lo que me aconsejó que hiciera ¡me alivió de inmediato y es absolutamente increíble!" Después de usar un Milagroso Alimento Curativo, dice: "En 30 minutos empecé a sentir que el dolor desaparecía... No exagero cuando digo esto... ¡Me sentí muy bien y dormí toda la noche!"

- Un hombre que tenía hemorroides, tras sufrir varios años, descubrió un Milagroso Alimento Curativo. "El efecto, señala, fue milagroso. Las aplicaciones se hacían una vez por día durante 2 a 3 días y las hemorroides grandes desaparecieron completamente. No han vuelto a aparecer. Esto sucedió después que todo lo demás había fracasado".

- Una mujer dijo: "Durante años sufrí de estreñimiento, me aliviaban sólo los enemas". Descubrió un Milagroso Alimento Curativo, y dice: "Ahora... evacuo el intestino dos o tres veces por día".

- Otra mujer dijo: "Durante 7 años no pude evacuar el intestino en forma normal... Visité varios médicos que me hicieron sentir peor con medicamentos. Creía que era un caso perdido hasta que un amigo me habló de un Milagroso Alimento Curativo. Por 59 centavos me alivié".

- Una mujer con diarrea afirmó: "Tuve diarrea durante mucho tiempo y estaba tan débil que casi no me podía mover...

Siempre que dejaba de tomar el medicamento recetado por el médico la diarrea empeoraba". Luego probó un Milagroso Alimento Curativo y dice: "¡Sorprendentemente la diarrea cesó de inmediato!"

- Una mujer tenía dolores menstruales constantemente. Pero afirmó que desde que descubrió un Milagroso Alimento Curativo: "Casi no he tenido ninguno. Cuesta creerlo, pero es lo único que me faltaba tomar que no hubiera tomado antes".

- Otra mujer sufría de períodos muy dolorosos y fuertes. Eran casi hemorragias. Luego probó un Milagroso Alimento Curativo y ¡en 20 minutos el dolor y la hemorragia desaparecieron!

- Un hombre que tenía la próstata agrandada no podía orinar. Un médico le dijo que era necesario operarlo. En lugar de eso usó un Milagroso Alimento Curativo. Tras lo cual, pudo orinar sin problemas y ¡no ha tenido más molestias desde entonces!

- Un hombre que era impotente y se sentía humillado por eso, probó un Milagroso Alimento Curativo y de inmediato sintió un resurgimiento de su poder sexual como no había sentido en 20 años y ¡nunca más tuvo ese problema vergonzoso!

ESTOS SON HECHOS PLENAMENTE DOCUMENTADOS...

En este libro se presentan pruebas sorprendentes, a favor y en contra, algunas rotundamente convincentes. Como sucede en la mayoría de las cuestiones relacionadas con la salud, es controvertido utilizar alimentos comunes como medicamentos sin receta. Algunos médicos los alaban, los utilizan ellos mismos y los recomiendan a sus amigos —ellos son considerados una minoría no ortodoxa. Otros se oponen drásticamente y dicen que carecen de valor y no deben ser utilizados por los que no son profesionales.

...¡Y UN CONSEJO!

Este libro no tiene el propósito de retrasar los servicios oportunos de un médico. Se aconseja obtener el asesoramiento médico de inmediato para cualquier enfermedad que tenga. Todas las autoridades de renombre señalan que la medicación por cuenta propia no es aconsejable sin la aprobación de un médico.

El autor está totalmente de acuerdo con eso y hace hincapié en que no existen sustitutos para los médicos. Ningún paciente es igual a otro. Ningún programa puede satisfacer a todos. Por ello las indicaciones en este libro no se deben considerar como recetas para enfermedades que pueda tener y no se debe tratar sin la aprobación de su médico. Habida cuenta de que no soy médico ni asesor ni profesional de la medicina, no he hecho diagnósticos, ni los haré, ni extenderé recetas para ninguna enfermedad.

Simplemente señalo que muchos de estos Milagrosos Alimentos Curativos han proporcionado resultados a algunas personas. No se puede proclamar eficacia en nombre de otros. Le cabe al lector decidir junto con su médico. Si este libro se utiliza para otros propósitos que los señalados, se opone a mi voluntad. Y no debe ser considerado como propaganda de ningún producto alimenticio comercial.

¡BENDITO ALIVIO DEL DOLOR!

Para las personas ciegas, sordas, débiles, paralíticas y los que padecen de enfermedades comunes y extrañas que se niegan a someterse a un tratamiento médico convencional, para los que sufren dolores agobiantes que desean vivir una vida normal sin dolores una vez más...

Para las personas que buscan poner fin de inmediato e instantáneamente a problemas terribles de larga data que las han atormentado y destruyen sus vidas y presupuestos, desafiando a todos los tratamientos ortodoxos...

Para las personas cuyos médicos se han encogido de hombros sorprendidos, sin voluntad o capacidad para sugerir algún camino de alivio mas allá de las píldoras, pociones, y terapias de tortura medieval que no han dado resultado y a veces son peores que la enfermedad...

Para los que parecen casos perdidos, ahora dispuestos a probar los Milagrosos Alimentos Curativos que han dado resultado a cientos de miles de personas como ellos, durante siglos... Para las personas que han golpeado en todas las puertas buscando ayuda en vano... este libro promete ¡milagrosas nuevas esperanzas!

De repente cesa el dolor en los pulmones... no más ataques al corazón... no más alta presión o venas varicosas... no más problemas hepáticos, ataques de vesícula, orín caliente... no más dolores de cabeza, fatiga, diabetes o bajos niveles de azúcar en sangre... no más estreñimiento, colitis, úlceras o hemorroides irritantes... no más inflamación de las articulaciones o endurecimiento... no más espasmos... no más visión borrosa o dificultades para oír... no más fiebre de heno, sinusitis o problemas cutáneos... ¡en todos los casos sobre los que se informa!

Cuando siente dolor, usted quiere obtener el alivio más rápido, fácil, seguro y confiable que pueda —el problema principal es dónde y cómo. Cuando hay poco tiempo y el dolor es abrumador, no puede esperar que la medicina encuentre un posible remedio en un futuro lejano. Este libro le presenta el dónde y el cómo del alivio rápido, fácil, económico, sobre la base de verdaderas experiencias de otros individuos. Se dice que hay un Milagroso Alimento Curativo para cada órgano que cura determinadas enfermedades. Aquí hay Milagrosos Alimentos Curativos que han aliviado o curado casi todas las enfermedades conocidas, ¡incluso en los casos en que los medicamentos y la cirugía fracasaron! Alimentos calmantes del dolor en forma automática tan poderosos que se les podría llamar "Alimentos Curativos Biónicos".

Miles de personas dan testimonio de curas espectaculares y de alivio instantáneo del dolor para cientos de enfermedades con los Milagrosos Alimentos Curativos, que alivian dolores de inmediato, ponen fin a las enfermedades, matan gérmenes, combaten las infecciones, ¡con los verdaderos poderes de la penicilina! Son tan seguros ¡que no es necesario tener recetas! Son tan poderosos ¡que se ha logrado eliminar medicamentos bajo atención médica! Entre ellos se incluyen los suplementos de alimentos, los masajes o todo aquello que alivie a los que sufren. Todos son alimentos, ya que si ayudan de alguna manera son ¡Milagrosos Alimentos Curativos para el organismo!

CAPÍTULO 2

¡MILAGROSOS ALIMENTOS CURATIVOS PARA LA BRONQUITIS, EL ASMA, EL ENFISEMA Y LOS PROBLEMAS PULMONARES!

La miel es un Milagroso Alimento Curativo para la bronquitis, el asma y las infecciones pulmonares. Alivia la inflamación y los espasmos de tos dolorosos. Un remedio antiguo para los problemas bronquiales es hervir 3 o 4 rodajas de cebolla y un par de dientes de ajo en medio cuarto de mermelada *Irish Moss jelly* durante 30 minutos. Cuando esté frío, cuele y añada 4 onzas de miel. Tome una cucharadita de té cada 2 horas, alternando con una cucharadita de miel, y sorbe lentamente cada hora.

La miel tiene un efecto fatal en los gérmenes, debido principalmente a su capacidad de absorber la humedad. Su poder para hacer esto es espectacular —puede sacar la humedad de una piedra o roca, ¡incluso de un recipiente de metal o de vidrio! Cuando los gérmenes entran en contacto con la miel, se deshidratan, se secan y mueren. La miel ha matado las bacterias más dañinas que se pueda imaginar —¡tiene verdaderos poderes de penicilina!

¡Los resultados son espectaculares! El señor J.F. relató que hace 40 años se enfermó y consultó a varios médicos que le diagnosticaron tuberculosis activa. Después de unos meses, los médicos se dieron por vencidos y le dijeron que su única esperanza era ir a Arizona, pero él no podía hacer eso. Luego, le dijeron lisa y llanamente que le quedaban pocas semanas de vida. Empezó a tomar miel. Cinco años después, los mismos médicos lo revisaron y sólo encontraron pocas manchas en los pulmones. Se negaban a creer que se trataba de la misma persona.

La señora Lorna G. informó que cuando era una niña los médicos le dijeron que tenía tuberculosis y no tenía esperanzas de curarse. Alguien le aconsejó una dieta de miel y leche de cabra, el resultado fue que ¡se curó de la enfermedad por el resto de su vida y aún se la ve enérgica y sana a los 90 años!

¡EL VINAGRE CURA INFECCIONES PULMONARES GRAVES!

Una niña de 5 años empezó a tener una molesta tos que degeneró en una grave infección pulmonar. Los médicos le recetaron penicilina, estreptomicina y aureomicina. Mejoró y luego tuvo una recaída. Se descubrió que tenía un germen que ningún medicamento podía matar, que invadía todo su sistema porque los antibióticos habían matado a todos sus enemigos. Se probaron otros medicamentos sin éxito.

Se le formaron grandes cavidades en los pulmones. Era imposible operarla porque estaba muy débil. Luego, su médico se enteró que el vinagre diluido se había usado para tratar 165 casos de infección del oído causada por el mismo germen. Puso un vaporizador cerca de la cama con 2 cucharadas de vinagre en un cuarto de agua hirviendo y se la hizo inhalar durante 15 minutos, 3 veces por día.

La niña mejoró y pudo regresar a su casa. Los tratamientos continuaron. Aumentó de peso y la tos desapareció. En un artículo sobre medicina, el médico afirmó: "Este método barato de tratamiento (vapor de vinagre) se puede utilizar en la casa para los pacientes con supuraciones crónicas de pulmón (infecciones pulmonares con pus) para quienes no es aconsejable la cirugía". El vinagre es un Milagroso Alimento Curativo ¡que logró lo que no pudo lograr la penicilina!

¡30 AÑOS DE SUFRIMIENTO FINALIZARON DE LA NOCHE A LA MAÑANA!

Un hombre nos informó que había sufrido de asma durante 30 años. Mientras que estaba parado al lado de un cerco conversando con un vecino, sin darse cuenta mordisqueó un poco de hoja de consuelda (*comfrey*). Esa noche se sintió mejor, y por primera vez en años pudo descansar mientras dormía. Se devanó los sesos tratando de recordar qué había hecho ese día para obtener esos resultados. Llegó a la conclusión de que debía ser la hoja de consuelda. Ahora come un poco todos los días y ¡no ha sufrido de asma desde entonces!

¡UN SIMPLE TÉ AHORRA MILES DE DÓLARES EN CUENTAS MÉDICAS!

El señor C.Y. que sufría de asma grave dice: "Durante años, he sido tratado por varios médicos por el asma. He gastado miles de dólares en medicamentos recetados que, en el mejor de los casos, me aliviaron en forma temporaria".

"El verano pasado, un amigo me sugirió que tomara 8 onzas de té de verbasco (*mullein*) por día para el asma. Lo hice y durante un tiempo no obtuve resultados. Luego, lentamente, empecé a mejorar. Ahora, no tomo medicamentos y me siento muy bien. Eso sí, tomo té de verbasco todos los días...

"Se puede hacer el verbasco en té de la planta verde o de hojas secas y a mí me gusta caliente o frío. No sé si ayudará a alguien como me ayudó a mí, pero no cuesta nada probar. Además, tiene un sabor delicioso... superior al té común".

¡EL ACEITE DE SOJA ALIVIA LO INCURABLE!

Las infusiones intravenosas de aceite de soja han brindado más mejoras a un pequeño grupo de niños que tenían fibrosis quística que cualquier otro tratamiento, según el Dr. Robert B. Elliot, de Nueva Zelandia.

La fibrosis quística no tiene cura conocida. Ataca el sistema respiratorio con repetidas infecciones y también ataca el páncreas y el intestino grueso. Los niños que nacen con esta enfermedad rara vez viven más de unos pocos años. Sin embargo, con el aceite de soja, el Dr. Elliot pudo detener el deterioro y pudo ¡*revertirlo* en uno de los niños!

¡Los siete niños engordaron! En seis de ellos ¡se detuvo el deterioro de las vías respiratorias! Se eligió el aceite de soja porque contiene ácido linoleico, que, al parecer, era lo que las víctimas no tenían. El suministro por boca no sirvió. Comparado con un grupo que no recibió aceite de soja, los problemas respiratorios ocurrieron con más frecuencia, los pulmones se deterioraron en forma considerable en el mismo tiempo y dos de ellos fallecieron.

¡UNA VÍCTIMA DE FIBROSIS QUÍSTICA GANÓ EL SEGUNDO PUESTO EN UNA COMPETENCIA DE PISTA Y CAMPO!

El Dr. Elliot afirmó que "el progreso clínico de estos casos sobre los que se informa, al parecer, es más favorable que las mejores series de tratamiento sobre las que se haya informado hasta ahora. Conjuntamente con el aumento de peso existe una sensación de 'bienestar' que proviene de hechos como lo que sucedió a un niño mayor que ganó el segundo puesto en un concurso de juegos atléticos en la escuela tras 8 meses de terapia intralípida".

¡ESPÁRRAGOS PARA LAS PERSONAS QUE SUFREN DE LOS PULMONES!

Un bioquímico relató varios casos en que los espárragos, al parecer, curaron lo incurable. "Un hombre sufría de la enfermedad de Hodgkins, casi desahuciado y totalmente incapacitado. Transcurrido un año desde el comienzo de la terapia con espárragos, sus médicos no pudieron observar ningún signo de enfermedad y regresó a sus actividades normales".

A continuación se cita lo que dijo sobre su paciente que sufría de los pulmones: "Cuando lo pusieron en la mesa de operaciones vieron que la enfermedad estaba tan generalizada que no tenía sentido operarlo. Lo cosieron y lo declararon un caso perdido. Un mes después se enteró de la terapia con espárragos y la empezó de inmediato. Cuatro meses después las radiografías revelaron que habían desaparecido todas las manifestaciones. Reanudó la rutina de trabajo".

El bioquímico señaló: "*Se deben* cocinar los espárragos antes de usarlos, por lo tanto los espárragos en lata son tan buenos como los frescos... Abra la lata y póngalos en una mezcladora. Haga un puré y póngalo en el refrigerador. Coma 4 cucharadas colmadas *dos veces por día*, a la mañana y a la noche. Los pacientes, generalmente empiezan a mostrar mejoría entre 2 y 4 semanas. Se puede diluir en agua y beber frío o caliente... No hace daño en grandes cantidades y en algunos casos puede llegar a ser necesario... Como bioquímico... creo... que si se utilizan los espárragos como se indica son una sustancia no perjudicial. La agencia federal *Food and Drug Administration* (FDA) no puede impedir que los utilice y pueden hacerle mucho bien".

¡JUGO DE UVAS PARA LOS PULMONES DÉBILES!

En *Old-Fashioned Health Remedies That Work Best* (Parker Publishing Co., Inc.) el doctor L.L. Schneider, D.C., N.D., informó que, hace unos años, se recuperó de pleuresía y de un pulmón enfermo haciendo una dieta de jugo de uvas para eliminar la mucosidad y las flemas. Siguió esa dieta durante siete semanas, la considera milagrosa y dice que ninguna otra cosa ha funcionado tan bien y que le da ¡una energía increíble! Recomienda que para los casos graves no se coma nada que no sea jugo de uvas sin diluir, amargo, tanto como desee, durante 3 ó 4 semanas (también se puede comer las uvas). Para los casos menos graves, recomienda una dieta de jugo de carne y uvas (vea el Capítulo 4). Al parecer, el jugo de uvas limpia la sangre de las sustancias venenosas. No se ha informado de curas pero sí de alivio sorprendente. También contó la historia de un paciente, la señora G. de casi 70 años, que padecía un caso avanzado de enfisema y que respiraba con mucha dificultad: 500 cc era todo lo que podía exhalar. Con esta dieta, en una semana exhalaba 2.000 cc, ¡una mejoría de 300%! Informó de otro caso de enfisema grave, el de un minero de 63 años que tenía el vientre hinchado debido a las dificultades para respirar. Hizo la dieta al pie de la letra y la respiración mejoró de inmediato, por cierto, ¡su vientre hinchado bajó una pulgada por día, todos los días durante una semana!

¡EL ARÁNDANO AGRIO ALIVIA EN FORMA INSTANTÁNEA EL SILBIDO CAUSADO POR EL ASMA Y LOS ESPASMOS PULMONARES!

Un paciente del Dr. Schneider, un granjero de Nueva Zelandia, afirmó que su abuela usaba arándano agrio sabroso para detener el silbido causado por el asma. Hacía puré y le agregaba agua tibia. Una taza de esta bebida la aliviaba de inmediato al abrirle los conductos respiratorios, ¡como la adrenalina!

¡RESPUESTA A LAS PLEGARIAS DE UN ASMÁTICO!

La señora V.N. informó: "Cuando mi hijo tenía 4 años y medio tuvo un grave ataque de asma, sin motivos aparentes, y le duró una semana. Durante 2 años después de ese episodio, siguió sufriendo de graves ataques de asma. Nunca sabíamos cuándo los tendría ni cuánto tiempo durarían. La atención pediátrica constante le brindó sólo alivio temporario mediante medicamentos y vaporizadores, y aún así a menudo aparecían estas cianosis, y creo que en varias oportunidades lo salvaron las plegarias.

"Consultamos a alergistas, psicólogos, especialistas de todo tipo. Se nos aconsejó que diéramos al perro, que no tuviéramos lana en la casa, que evitáramos las almohadas de plumas... pero el asma crónica y aguda continuaba igual. Durante dos Navidades consecutivas el niño tuvo neumonía y en la segunda yo estaba al borde de sufrir un colapso. En esa oportunidad me puse a rezar devotamente. Le dije a

Dios que había tratado de hacer todo lo que era posible por mi hijo y si había una respuesta debía venir de Él.

"Y recordé algo que había leído, que la vitamina E aumenta la capacidad del organismo de utilizar el oxígeno... Pensé que no habría peligro en darle 100 mg por día de alfatocoferol y empecé a dárselo en su convalecencia de la neumonía (en ese entonces tenía 6 años y medio).

"Desde ese día, hace 11 años, no tuvo más ataques. No hemos tenido más asma, ni neumonía, aunque vivimos en una de las zonas del país con más contaminación ambiental. A pesar de que no tengo mucho control sobre la dieta de un muchacho de 17 años y medio cuando está en la escuela o fuera de casa, rara vez deja de tomar los suplementos que incluyen (hoy en día) 200 unidades internacionales de vitamina E por día.

"¡No digo que la vitamina E cure el asma! Digo que mi hijo que corría el riesgo de transformarse en lisiado por esta enfermedad en el término de 2 años, no ha tenido problemas pulmonares posteriores desde que incluí el alfatocoferol en su dieta diaria". Si las vitaminas, los minerales o los suplementos de alimentos ayudan de alguna manera, son verdaderos Milagrosos Alimentos Curativos para el organismo.

MILAGROSOS ALIMENTOS CURATIVOS PARA ¡EL ALIVIO INSTANTÁNEO DE ENFERMEDADES RESPIRATORIAS!

El masaje de los nervios puede ser un Milagroso Alimento Curativo para los pulmones. Masajear las terminaciones nerviosas en diversas partes del cuerpo, que son como líneas telefónicas para el sistema respiratorio, puede causar un efecto de anestesia y un alivio bendito. Llamada Terapia Zonal, Neuroflexación, Terapia de Presión a Determinados Puntos, o Acupresión (digitopuntura), se puede utilizar de la siguiente manera, según los expertos:

En los casos de fiebre de heno y asma, masajee el pulgar de cada mano hasta que no haya más lugares sensibles. Haga lo mismo con los tres dedos siguientes, incluido el tejido entre los dedos. Varias veces por día, presione firmemente el pulgar, el primero y segundo dedo durante 15 minutos atándolos con una goma elástica, desátelos solamente para que circule la sangre.

En los casos de enfisema y tuberculosis, masajee todos los dedos de ambas manos, con un movimiento circular, también pellizque el tejido y las yemas de los dedos. Presione firmemente para anestesiar o atenuar el dolor y haga movimientos circulares para estimular la circulación.

Casos relatados:

- Un médico informó que es posible curar la tos ferina en forma simple y fácil con este Milagroso Alimento Curativo. Un caso común de tos ferina, que ha durado varias semanas, a menudo se puede curar entre 3 y 5 minutos, según el médico, y añadió que ¡siempre alivia!

- Otro médico relató ¡curas espectaculares de asma! Por ejemplo, una mujer tenía ataques de asma bronquial tan graves que vivía a medicamentos y casi no podía dormir, apenas conciliaba el sueño unos minutos sentada en una silla. Con este Milagroso Alimento Curativo, en 5 minutos, por primera vez en años, se aliviaron todos los dolores y la falta de respiración y ¡ya no necesitó medicamentos!

- Un hombre mayor tuvo enfisema durante años y casi no podía respirar. Después de usar este Milagroso Alimento Curativo para los pulmones, ¡pudo respirar profundamente por primera vez en 20 años! ¡Alivio instantáneo!

PACIENTE DESAHUCIADO CURADO ¡TRAS 30 AÑOS DE SUFRIMIENTO!

Maurice Mességué, en su libro *Of Men and Plants*, registró el caso del señor Rameau, un ingeniero de París, que padecía de asma crónica. Estaba agotado físicamente. Tenía mucha dificultad para respirar y debía hacer una pausa cada pocos segundos para recuperar la respiración.

"Señor", le dijo al gran curandero francés, "he venido a verlo porque... los médicos abiertamente admitieron que no pueden hacer nada por mí... Ya he consultado a todos los profesionales más renombrados de la medicina...

"Padezco de asma crónica desde hace 30 años", añadió. "Los ataques son tan graves que nunca he podido emplearme y cuando no tengo ataques me siento sofocado. Tengo que dormir sentado en una silla y hay días en que no puedo dar un paso de la calle a la vereda. Necesito tanto esfuerzo, valor y voluntad para seguir viviendo que en más de una oportunidad he pensado en acabar con mi vida".

Mességué estuvo de acuerdo en tratarlo con sus famosas "maceraciones". En el libro figura un remedio para el asma, cuyo ingrediente principal es el ajo.

Tres meses después de su primera visita, el señor Rameau declaró: "Ahora realmente me atrevo a creer ¡que estoy curado!... Mi estado ha mejorado tanto que puedo ¡volver a trabajar!"[1]

¡UN REMEDIO ANTIGUO PARA LOS PROBLEMAS RESPIRATORIOS!

Se sabe que el ajo es el remedio más viejo, seguro y certero para el asma, la bronquitis y otras enfermedades respiratorias. Durante siglos, los chinos, los griegos y los egipcios, todos señalaban que el ajo curaba las infecciones de las vías respiratorias. Dioscórides, un médico griego que acompañó a los soldados romanos como su médico oficial, en el siglo II, recetaba el ajo para todos los problemas pulmonares. Plinio, un naturalista romano del siglo I, sostenía que el ajo curaba la tuberculosis. Con el correr de los siglos, ha persistido la reputación del ajo como una ayuda para respirar.

Ello se debe a los comprobados poderes antisépticos y germicidas del ajo. El ajo rallado colocado cerca de los gérmenes más dañinos ¡los matará a todos en 5 minutos! Ha sido posible poner fin a la fiebre tifoidea, el cólera, la poliomielitis, la tuberculosis, ¡incluso la lepra y la gonorrea con

---

[1] Reimpreso con la autorización de Macmillan Publishing Co., Inc., del libro de Maurice Mességué titulado *Of Men and Plants*.

ajo! ¡Los resfríos, la gripe, los virus y los gérmenes alérgicos no tienen ninguna oportunidad de sobrevivir ante el ajo!

Además, el olor del ajo es tan potente y penetrante que disuelve la mucosidad en la sinusitis, los conductos bronquiales y los pulmones. Como señaló una mujer: "En un libro de hierbas me enteré acerca de las maravillas del ajo, y me curó de neumonía cuando los antibióticos habían fallado". ¡Es verdaderamente *la penicilina de los pobres!*

¡ALIVIO DE HASTA EL 90%!

Entre los mejores resultados que ha logrado Mességué, el gran herbolario francés, figuran casos de asma, bronquitis y otras enfermedades respiratorias. El propio Mességué no concedió mucha importancia a las estadísticas. Pero un colega de Mességué pasó incontables horas tabulando los resultados de los tratamientos de Mességué. En los casos de enfermedades respiratorias, los registros indican:[2]

Enfermedad	Curada	Mejorada	Desconocido
Asma	60%	30%	10%
Bronquitis	10%	80%	10%
Enfisema	10%	70%	20%

El padre de Mességué, Camile, le transmitió la cura con ajo. "Él obtuvo buenos resultados en el tratamiento del asma" señala Mességué, "En esos días se atribuía a causas simples... En la actualidad, el aire, el agua y los alimentos están contaminados con sustancias químicas que nosotros respiramos o ingerimos. Mi padre trataba el asma con baños de pie. Ponía lo que llamaba sus maceraciones en

---

[2] Mességué, *op. cit.*

3 o 4 litros de agua y sus pacientes hacían baños de pies durante algunas horas".[3]

"¿Por qué los pies?", tal vez usted se pregunta. ¿Por qué no? Realmente no importa la forma en que consume el ajo, sus poderes penetrantes son ¡tan poderosos que aun cuando se aplica a las plantas de los pies su olor es exhalado por los pulmones en una hora!

PREPARACIONES BÁSICAS[4]

En los casos de alergias, asma, bronquitis y enfisema, Mességué usa ajo, en grandes dosis, junto con otras hierbas y especias, todas de venta libre en la mayoría de las tiendas de alimentos naturales y las farmacias de productos herbarios. Estas aplicaciones son sólo para uso externo (baños de pies, de manos, compresas en las caderas) y no se deben comer, o ingerir de ninguna manera. Todos los tratamientos de Mességué incluyen la siguiente preparación básica.

Es preciso moler las raíces secas y rallar las semi secas. Las plantas frescas deben ser picadas. El ajo debe ser triturado. Advierte al usuario que debe usar la dosis exacta que se le recomienda, de no ser así las plantas tienen efectos no deseados y a veces desagradables.

En relación con los baños de manos y pies, hierva dos cuartos (dos litros) de agua y deje reposar durante 5 minutos. Agregue media pinta de plantas molidas o picadas y deje "macerar" durante 4 o 5 horas, protéjalo del polvo. Luego vierta el líquido en una botella limpia (nunca use un recipiente de metal). La preparación se puede utilizar durante 8 días sin hervir o agregar agua.

Alergias

Ajo — una cabeza triturada

Espino (*hawthorn*) de una semilla — en flor, un puñado

---

[3] *Ibid.*

[4] *Ibid.*

Celidonia mayor (*greater celandine*) — flores y tallos (de ser posible semi frescos), un puñado

Gramilla colorada (*couch-grass*) — raíces, un puñado

Retama común (*common broom*) — flores, un puñado

Salvia (*sage*) — hojas, un puñado

Tilo (*linden*) — en flor, un puñado

Úsélas en baños de pies y manos.

Asma

Ajo — una cabeza grande triturada

Amapola (*corn poppy*) — flores y cápsulas, un puñado

Lavanda (*lavender*) — flores, un puñado

Hiedra terrestre (*ground-ivy*) — hojas, un puñado

Perejil (*parsley*) — hojas, un puñado

Salvia (*sage*) — flores, un puñado

Tomillo — flores, un puñado

Úsélas en baños de pies y manos. Mességué aconseja que, teniendo en cuenta de que el asma se produce por una variedad de alergias, debe seguir los consejos de su médico. Si bien estas preparaciones pueden aliviarlo durante un ataque, no necesariamente lo curarán.

Enfermedades bronquiales

Ajo — una cabeza grande triturada

Borraja (*borrage*) — flores y hojas, un puñado

Col (repollo, *cabbage*) — hojas frescas, un puñado — o...

Amapola (*corn poppy*) — flores y cápsulas, un puñado

Berro (*watercress*) — hojas frescas, un puñado

Salvia (*sage*) — flores, un puñado

Violeta dulce (*sweet violet*) — flores, un puñado

Úselas en baños de pies y manos. Siga el mismo tratamiento en casos de catarro bronquial y pulmonar.

Enfisema

Ajo — una cabeza grande triturada

Espino (*hawthorn*) de una semilla — en flor, un puñado

Hiedra terrestre (*ground-ivy*) — hojas, un puñado

Salvia (*sage*) — flores y hojas, un puñado

Tomillo (*thyme*) — hojas, un puñado

Úselas en baños de pies y manos.

CASOS RELATADOS[5]

En una gira de conferencias en Marruecos, Mességué fue desafiado por los médicos en una convención y se ofreció a tratar a un paciente asmático que parecía incurable. El paciente debía acompañar a Mességué a Francia, donde lo trataría a su cargo y luego regresaría para ser examinado por un panel de médicos.

El paciente era un peluquero, Narcose Murciano, padre de cinco niños que sufría de asma crónica tan grave que le era imposible trabajar. Sus ataques agudos eran tan graves que el último casi lo mata. Su caso era muy delicado.

El hombre estaba por cierto tan increíblemente enfermo que Mességué creyó que se moría. Su piel había perdido toda la elasticidad, se pegaba cuando se pellizcaba. "El viaje a Francia fue una pesadilla", recuerda Mességué. "El pobre desdichado tenía que tener tanto cuidado en no perder nada de lo que le quedaba de vida que no hizo ni el menor movimiento. Incluso mantuvo los ojos cerrados..."

¡COMPLETAMENTE CURADO!

"Dos meses después lo llevé de regreso a Casablanca completamente curado", dice Mességué, "y no ha tenido más ataques hasta la fecha...

---

[5] Mességué, *op. cit.*

Desde entonces, los médicos de Marruecos me han enviado a todos los asmáticos que no han respondido al tratamiento tradicional".

¡CURADO EN 5 DÍAS!

En relación con otro caso, el señor Peyrot dio el siguiente testimonio: "Había consultado a más de una docena de médicos franceses y suizos, todos capaces, pero ninguno pudo aliviar mis ataques de asma. Me sofocaba día y noche y Maurice Mességué me curó en 5 días".

¡LOS MÉDICOS ADMITEN LA CURACIÓN!

El Dr. Kreps, cirujano y profesor en la Universidad de Basel, señala: "...es mi obligación decirles que este hombre (Mességué) curó a mi esposa que siempre había sufrido de asma crónica, ante la cual nos sentíamos impotentes".

¡CÓMO EL AJO SUPRIME LA FLEMA Y COMBATE LA INFECCIÓN!

Este es otro testimonio. Un paciente de Mességué, el señor Glenna del sur de Francia afirmó: "Siempre tenía abscesos pulmonares: tan pronto como se curaba uno aparecía otro... Los médicos ya no sabían qué hacer conmigo. Los dos últimos médicos que consulté me dijeron que no había más esperanzas y mi esposa ya se estaba preparando para hacer el duelo cuando mi hermana, que vive en Niza, le dijo que el Dr. Mességué hacía milagros con sus plantas. Yo mismo creo en las hierbas. Me recetó cataplasmas y baños de pies y mi médico en Menton tuvo que admitir que estaba curado".[6]

¡LA CURACIÓN DE ENFERMEDADES INCURABLES!

Incluso el pensamiento positivo puede ser un Milagroso Alimento Curativo para los pulmones. En su libro, *The Miracle of Meta-*

---

[6] Mességué, *op. cit.*

physical Healing (Parker Publishing Co., Inc.), la Dra. Evelyn Monohan relata cómo este secreto milagroso ha dado buenos resultados a cientos de personas, y afirma que curará todas las alergias con el método simple que ella da.

> **Por cierto, este secreto ¡cura enfermedades y heridas que muchos médicos consideran virtualmente "incurables"! Con este secreto, según ella, usted tiene el poder en este mismo momento de experimentar una cura completa de cualquier enfermedad o herida, ¡sin importar la mala fama que tenga, y poner fin a todos los dolores y sufrimientos rápidamente! Le otorga una salud perfecta, dice ella.**

Esto se aplica a muchas enfermedades asociadas con grandes dolores como la úlcera, la artritis, las enfermedades del corazón, y muchas más. Puede experimentar un alivio absoluto, ¡a menudo sin medicamentos o cirugía! Por cierto, dice llanamente, este método es 100% eficaz para curar muchas enfermedades cuando se usa fielmente.

Tiene que visualizar claramente la enfermedad que desea curar, en un lugar tranquilo, relajado, los ojos cerrados y visualizarla desapareciendo con afirmaciones positivas que se curará, dejando de lado completamente los pensamientos negativos, varias veces al día. No puede irle mal con esta técnica, dice ella. "No hay enfermedad física o heridas que no pueda curar de esta manera" y como prueba convincente relata la forma en que muchas enfermedades incurables fueron curadas, ¡incluso su propia ceguera, parálisis y epilepsia, 9 años de sufrimiento, curados en 10 días!

¡LA MEDITACIÓN SALVÓ A UNA MUJER QUE ESTABA A PUNTO DE MORIR!

Se llama "terapia de meditación" a una variedad de esta técnica. Se prepara la mente para morar en lo que se puede denominar un no pensamiento, palabras sin sentido, como "punto... punto... punto". En la terapia de meditación, no se trata de que su pensamiento sea diferente —se trata de que prácticamente deje de pensar. La mente pasa a ser un tubo hueco. Y a medida que la mente se "desconecta" del cuerpo, el cuerpo se cura.

La señora Janis O., de 45 años, se moría de una enfermedad que se había extendido hasta el estómago, la espina dorsal y el abdomen. Tenía dolores terribles, no podía comer y había adelgazado 30 libras. Tenía el vientre hinchado, su estómago e intestinos se habían hinchado, más de 10 pintas (5 litros) de fluido se habían drenado de su abdomen y tenía un nódulo en la ingle. Estaba tan agotada por los medicamentos, análisis y tratamientos médicos caros, incluida una histerectomía, y estaba tan débil, que apenas podía subir las escaleras para ver a su médico.

Luego le dieron un tratamiento de meditación. Todos los días, en una habitación silenciosa, tenía que vaciar la mente de *todos* los pensamientos repitiendo palabras sin sentido una y otra vez. Después de 6 semanas de meditación, afirma su médico, comenzó a recuperar la fuerza, su estómago y abdomen se suavizaron, el nódulo en la ingle desapareció y pudo comer alimentos sólidos de nuevo. El dolor desapareció y después de casi un año sigue mejorando y está muy activa. Para Janis O. la meditación es a las claras un Milagroso Alimento Curativo que permite al cuerpo curarse a sí mismo. (Tenga en cuenta que es preciso que tenga la supervisión de un médico, no se recomienda la auto medicación, y no se pretende que haya habido curación.)

¡UNA PRUEBA DE QUE PUEDE CURARSE DE TODAS LAS ENFERMEDADES Y NUNCA MÁS PAGAR HONORARIOS MÉDICOS!

Reginald D. MacNitt, Ph.D., relató muchos ejemplos "para probar que no sólo se puede curar de todas las enfermedades, sino que también puede verse liberado de pagar honorarios médicos mientras permanezca sobre esta tierra" en su libro *How to Use Astral Power* (Parker Publishing Co., Inc.). "Algunas personas dicen que se curaron instantáneamente" o ¡en muy poco tiempo, añade él!

Casos relatados:

- El doctor MacNitt dice que casi se murió de una enfermedad respiratoria. El "Poder Astral" le salvó la vida, añade, y usted puede utilizar este método para curar el enfisema. Relata la historia de un bombero, Duane L., que casi pierde su trabajo debido a un daño "permanente" del corazón y los pulmones. El "Poder Astral" arregló todo lo dañado en poco menos de un mes y ¡le salvó la vida! Ha curado soriasis en 3 días, piernas completamente paralizadas en una semana, detenido hemorragias ¡en 10 segundos!

- Helen tenía un tumor en el útero del tamaño de un pomelo que se agrandaba día tras día. El tumor era sangre seca que no se había expulsado durante la menstruación. Se había operado dos veces en los últimos 10 años para extirpar el tumor. Ahora este había regresado y no quería operarse de nuevo. Con este secreto, el tumor de Helen desapareció para siempre ¡sin cirugía!

"No hay motivos por los cuales una persona deba gastar grandes cantidades de dinero comprando calmantes, pastillas para dormir o relajantes químicos... su organismo estará sano en forma automática y continua" con este secreto, afirma el doctor MacNitt. El "Poder Astral" es un estado mental, dice. Su fórmula para lograrlo es Relajación-Concentración-Contemplación. Relajarse en una habitación silenciosa, sin interrupciones, usted debe aprender a completar seis ciclos de respiración en un minuto, disminuyendo gradualmente a tres por minuto. Durante ese tiempo, mantenga los pensamientos fuera de su mente hasta que pierda la noción de su cuerpo. Luego visualice lo que quiera. Su mente automáticamente empezará un proceso de curación. El último paso es contemplarse a uno mismo con Dios y el Mundo Astral —donde el espíritu humano nunca muere y donde, por cierto, puede comulgar con todas las grandes mentes que han existido. Pida una curación. Puede en forma milagrosa acelerar el proceso, dice él.

"¡CIENTOS SE CURARÁN Y AHORRARÁN MILES DE DÓLARES!"

"En algún momento, los médicos convencieron a las personas que deben depender de ellos para mantener la máquina en movimiento.

No hay nada más falso", afirma el doctor MacNitt. "La curación sin medicamentos o cirugía existe y es un hecho establecido". Cuando más personas lo descubran "cientos se habrán curado y ahorrado miles de dólares". Cuando se padece de enfermedades graves, el médico, a menudo no tiene nada que hacer, excepto por medio de medicamentos o cirugía, dice y añade: "Abandone al médico y el hábito de los medicamentos". Con este secreto, dice, "un milagro por día mantiene alejado al médico". Si el "Poder Astral", las curas metafísicas, la terapia de meditación o cualquier otro método del poder de la mente pueden lograr esto, entonces ¡se trata de un Milagroso Alimento Curativo! ¡Y no le cuesta nada! Parece ser perfectamente seguro utilizarlo, no como substituto, pero junto con atención médica calificada.

C A P Í T U L O   3

¡MILAGROSOS ALIMENTOS CURATIVOS PARA EL CORAZÓN, LAS VENAS Y LA PRESIÓN ARTERIAL ELEVADA!

El Dr. Lester M. Morrison, M.D., en su libro *The Low Fat-Way To Health and Longer Life,* escribe lo siguiente: "Ahora les hablaré de uno de los suplementos nutricionales más importantes elaborados en los últimos 50 años. Tome nota de este suplemento y de la forma de utilizarlo, según se describe en estas páginas. Lo mínimo que se logra es mejorar la salud y tener más vitalidad. Además, lo puede ayudar a salvar su vida". Sigue describiendo la lecitina de los frijoles de soja (*soybean*).

Los frijoles de soja contienen un Milagroso Alimento Curativo, la lecitina, un ácido graso no saturado. Se ha comprobado que la lecitina de soja limpia las venas y las arterias —disuelve el sedimento viscoso de colesterol— y por consiguiente aumenta la circulación, alivia los problemas del corazón, de las venas y las arterias, el hígado y la vesícula (la bilis y los cálculos biliares de la vesícula tienen colesterol), la anemia, los desórdenes renales, los eczemas, la soriasis y algunas formas de artritis. ¡Ha curado a muchos diabéticos, cura los coágulos en el cerebro, los ataques al corazón, las parálisis en las piernas, las manos y los brazos!

El Dr. Morrison dice que la lecitina es un elemento esencial de todas las células vivas y desempeña una función vital. Tras más de 10 años de experimentación intensiva, dice que la lecitina es el mejor agente reductor del colesterol probado y que puede prevenir ataques del corazón y enfermedades de los vasos sanguíneos. La lecitina disuelve y elimina las placas arterioscleróticas y la lecitina de soja puede ¡prevenir los coágulos sanguíneos en las arterias! Los científicos comprobaron que las personas que la habían utilizado tenían más inmunidad contra las infecciones virósicas (incluida la neumonía). El Dr. Morrison está seguro de que la lecitina es una de las armas más poderosas contra el endurecimiento de las arterias y todas las complicaciones del corazón, el cerebro y los riñones. ¡La considera el más valioso de todos los aceites alimenticios!

El Dr. Morrison piensa que la lecitina es la primera en la lista de alimentos para el corazón que incluye carnes magras, grasas blandas (las que son líquidas a temperatura ambiente, como la mayoría de los aceites vegetales), pescados, aves de corral, frutas y verduras frescas, todos los cereales cocidos o secos, pan integral, la mayoría de los almíbares y la miel y las bebidas dietéticas. Aconseja *incluir la lecitina junto con algunos suplementos de alimentos para el corazón durante las comidas,* en un programa de cinco pasos de la siguiente manera: 1) tome de 2 a 4 cucharadas de lecitina de frijoles de soja con el desayuno, 2) añada la dosis más fuerte de vitaminas del complejo B en tabletas (siga las instrucciones en el frasco y pida la mejor marca), 3) tome por lo menos 25.000 unidades internacionales (*I.U.* por las siglas en inglés) de vitamina A y 150 mg de vitamina C por día, 4) tome dos cucharadas de aceite de soja, maíz o alazor (*safflower*) por día como aderezo para las ensaladas o con jugo de tomate o de frutas, 5) incluya entre 2 a 4 cucharadas de germen de trigo entero en el cereal o las ensaladas todos los días.

La lecitina de frijoles de soja se puede obtener en cápsulas, líquida o en polvo en todas las tiendas de alimentos naturales. Es un ingrediente fundamental en el libro del Dr. Morrison, junto con una dieta para adelgazar y gimnasia moderada.

Casos relatados:

- El Dr. Morrison nos relata la experiencia de 19 pacientes en este programa. Todos, salvo uno, habían sufrido hemorragias cerebrales o endurecimiento de las arterias cerebrales. Los médicos generalmente consideran a esas pobres personas como vegetales sin esperanza, dice el médico. Todos sufrieron alguna parálisis en las piernas, las manos o los brazos, y estaban débiles, apáticos y deprimidos. Uno de ellos sufría del mal de Parkinson, el temblor en las manos que tan a menudo vemos en las personas mayores. En 12 semanas se pudieron observar mejorías sorprendentes y sustantivas en los pacientes. ¡Estaban atentos, energizados, más fuertes, y algunos habían mejorado de tal manera que fueron dados de alta en el hospital!

- El Dr. Morrison relata la historia de una paciente de 83 años que había sufrido una hemorragia cerebral y estaba en silla de ruedas. "La señora A. estaba demasiado débil para caminar, casi ciega, parcialmente sorda y demasiado débil para alimentarse a sí misma..." Tras haber utilizado el Milagroso Alimento Curativo, lecitina, como se indica en este libro, durante 2 meses, ¡ocurrió un milagro! "La señora A. vino caminando a verme, por sí misma. ¡Podía ver!... Y como había recuperado el oído pudimos sostener una conversación". ¡Se rió por haber burlado a la muerte!

- El Dr. Morrison nos relata otra historia: "La señora R. de 65 años, soltera, había tenido una derrame cerebral (un aneurisma debido al endurecimiento de las arterias). Su visión estaba fallando y tenía parálisis parcial, estaba desesperada y deprimida". Tras utilizar el Milagroso Alimento Curativo, lecitina, como se indica en este libro, el Dr. Morrison dice: "La señora R. recuperó mucho de su fuerza muscular, su parálisis parcial desapareció gradualmente y se transformó en una persona radiante de alegría... Su visión mejoró en gran medida y cuando la vi por última vez en mi consultorio me preguntó con entusiasmo: 'Doctor, ¿puedo nadar?' Le contesté: 'Desde luego que puede, ¡pero no bucee!'"

- La lecitina ha reducido el colesterol extremadamente alto en algunos casos. Según se informa en el *Journal of the Mt. Sinai Hospital,* una mujer de 38 años tenía un nivel de colesterol ¡de 1.370! Se redujo a 445 cuando tomó 2 1/2 cucharaditas de lecitina por día durante 3 meses. Otros niveles de 300 a 600 se redujeron a la mitad ¡en tan sólo 8 a 12 semanas! Una mujer diabética muy obesa redujo su nivel en 125 puntos ¡en un mes y medio!

- Un hombre de 60 años con presión arterial extremadamente alta hacía un tratamiento médico caro que no parecía ayudarlo. Cuando se enteró que existía la lecitina líquida empezó a tomar una cucharada por día y en cuestión de semanas su presión descendió ¡en más de 100 puntos!

- El señor H.B. sufrió ataques de angina graves, los médicos le dijeron que le quedaban 10 años de vida, siempre y cuando evitara todo tipo de ejercicios cansadores. Después de enterarse que la lecitina mantiene el colesterol líquido en el sistema comenzó a tomar una cucharada por día. Veinte años después, nos informó que ¡nunca más había tenido problemas de angina de pecho!

- La señora U., ama de casa de 45 años, siempre se había sentido avergonzada de sus manchas grasas de color amarillento que aparecían en su piel. Poco tiempo después que empezara a añadir lecitina a su dieta, según le había recetado su médico, las manchas comenzaron a desaparecer. Con el tiempo desaparecieron del todo.[1]

¡EL ACEITE DE OLIVA ES UN MEDICAMENTO PARA EL CORAZÓN!

Otra mujer dijo que los baños de pies durante 10 minutos todos los días con escamas de jabón de Castilla redujeron su colesterol. Ella dijo: "Sé que parece increíble, pero ¡me dio resultado! Un médico confirmó el descenso del nivel de colesterol". El jabón de Castilla está elaborado con aceite de oliva puro, que reduce el colesterol en un 26%, según se ha comprobado. En un estudio realizado en el que se utilizó ampliamente el aceite de oliva, de un total de 1.215 hombres, se encontraron sólo 4 casos de enfermedades del corazón o de las arterias en 6 años.[2]

---

[1] Lester M. Morrison, *The Low-Fat Way to Health and Longer Life* (Prentice-Hall).

[2] Richard Lucas, *The Magic of Herbs in Daily Living* (Parker Publishing Co., Inc.).

¡LA MIEL ES UN ESTIMULANTE PARA EL CORAZÓN!

La miel es un estimulante para el corazón, mejor que el coñac o el whiskey, alegra el corazón en forma temporaria y luego desaparece. La miel tiene un efecto duradero debido a la levulosa, un azúcar de absorción lenta. Muchos médicos han utilizado la miel en casos de enfermedades coronarias. El Dr. G.N.W. Thomas, de Edimburgo, Escocia, señaló en un artículo publicado en *The Lancet*: "He descubierto que la miel tiene un notable efecto para reanimar el funcionamiento del corazón en los pacientes con un corazón débil. Pude comprobarlo aún más recientemente en un paciente que tenía neumonía. El paciente consumió dos libras de miel durante su enfermedad; tuvo una crisis sin fiebre y con un pulso excepcionalmente bueno".

¡EL ALCOHOL ES UN MILAGROSO ALIMENTO CURATIVO QUE PUEDE MEJORAR LA CIRCULACIÓN!

El alcohol, utilizado en cantidades pequeñas o moderadas, es, por cierto, un Milagroso Alimento Curativo. No es un alimento en el sentido de formar tejido sano en el organismo, dice el Dr. Morrison,[3] sino un estimulante, sedante y calmante del dolor. Utilizado en muchos medicamentos como solvente y conservante, también estimula el apetito al aumentar el flujo de jugos gástricos, relajar los músculos del estómago, abrir los vasos sanguíneos y, al parecer, ayudar a la circulación. En pequeñas cantidades, es un estimulante suave para el corazón y los riñones, un excelente antiséptico y, a veces, se inyecta luego de una operación para suministrar energía.

> **Abre y aumenta la corriente sanguínea mejor que cualquier medicamento nuevo que haya visto el Dr. Morrison. "He visto y recetado alcohol con éxito a muchos pacientes con arteriosclerosis en las piernas que no podían caminar y con el tiempo sufrirían de gangrena y tendrían que ser amputados los dedos de los pies o todo el pie", dice.**

---

[3] Morrison, *op. cit.*

Un paciente, el señor J. de 48 años, tenía ataques graves de angina de pecho (dolor en el pecho) cada vez que almorzaba y cenaba, así que dejó de comer. Después de adelgazar 30 libras y tener problemas de peso, el Dr. Morrison lo instó a que tomara un brandy o un whiskey antes de cada comida y que bebiera dos vasos de vino en el almuerzo y la cena. Lo hizo. Milagrosamente los dolores desaparecieron. Recuperó el peso normal. Comía su comida en forma relajada y la disfrutaba.

¡LA PAPAYA TAMBIÉN ES UN ALIMENTO PARA EL CORAZÓN!

La papaya contiene la enzima *carpaína* que es extremadamente valiosa para el corazón. Un médico nos relató el caso de Diana B, de 30 años, que había padecido de ataques extremadamente dolorosos de angina de pecho durante 26 semanas y tenía desmayos. Había estado tomando hasta una docena de píldoras por día y ya creía que se moría. Le aconsejaron que no comiera otra cosa que no fuera mangos y papayas. En poco tiempo, sus dolores desaparecieron completamente, su corazón latía normalmente y ¡recuperó su salud!

¡LOS LATIDOS DEL CORAZÓN REVIVEN CON MILAGROSOS ALIMENTOS CURATIVOS!

El testimonio[4] de la señora R. de 60 años con endurecimiento agudo de las arterias, alta presión y casi sin latidos del corazón. Estaba en un semi coma cuando se inició el tratamiento. La señora R. estaba tan enferma que se la dio por perdida. Le suministraron un suplemento de yodo junto con un complejo de vitaminas B en forma de levadura de cerveza tres veces por día. Esta fue el único medicamento que recibió, según se informa.

Sin embargo, dio tan buenos resultados que sus párpados se abrieron, su presión era normal. ¡Se levantó de la cama, pudo hacer las tareas diarias y comenzar a vivir de nuevo!

[4] Carlson Wade, *The Natural Laws of Healthful Living* (Parker Publishing Co., Inc.).

Tras ser dada de alta del hospital (donde la habían llevado sin esperanzas), la señora R. siguió tomando la combinación de yodo y vitaminas B todos los días. Se alivió el endurecimiento de las arterias, su corazón rejuveneció, la piel tenía un color sano, su carácter era vivaz y se sintió joven de nuevo. La señora R. vivió más de 20 años desde entonces (ahora está por cumplir 90). En su caso, ¡el proceso de envejecimiento se retrasó!

¡MILAGROSOS ALIMENTOS CURATIVOS SALVAN A UN HOMBRE QUE HABÍA TENIDO 8 INFARTOS CARDIACOS!

El señor M.A. informó lo siguiente: "Hace 4 años, estaba tan mal de salud que no tenía esperanzas de vivir mucho más tiempo. Había tenido 8 ataques al corazón, y cuatro veces tuve que internarme en un hospital. En una oportunidad tuve un infarto. Ya no podía hacer ningún esfuerzo sin tener que sentarme durante algunos minutos. Sufría de artritis grave y no podía caminar sin sentir dolores. Los calambres en las manos eran tan fuertes que mis dedos se juntaban".

Entonces descubrió los Milagrosos Alimentos Curativos: "Durante 3 años había tomado la vitamina A y las del complejo B, junto con levadura e hígado, unos 3 gramos de vitamina C por día, alga marina *kelp*, dolomita, cápsulas de harina de hueso (*bone meal*) y otros tipos de calcio, lecitina, ácido pantoténico, etc. Ahora puedo cortar el césped —eso me lleva unas dos horas—, caminar una milla y dormir profundamente todas las noches".

"También tomo un complejo de minerales por el zinc y el magnesio", dice. "Estas vitaminas, junto con una dieta sana, mejoran mi visión. Hace tres años, mi oftalmólogo me dijo que tenía que operarme de cataratas en los ojos. Las cataratas están desapareciendo y puedo ver mucho mejor".

¡YA NO SE TAMBALEA CUANDO SALE DE LA CAMA!

La señora G.P. escribió: "Tenía una historia de fiebre reumática y endocarditis, también endurecimiento de las arterias del corazón lo que me causaba angina de pecho. Mi situación había empeorado según se pudo observar en un electrocardiograma que me hicieron en el hospital. Había llegado al punto de tambalearme cuando salía de la cama o cuando me levantaba de la silla. Tengo 72 años.

"El médico me aumentó la dosis de las pastillas para el endurecimiento de las arterias, de una por día a ¡cuatro por día! Creía recordar haber leído acerca de algún medicamento para el endurecimiento de las arterias... lecitina, germen de trigo, harina de hueso y aceite de alazor (*safflower*). Fui a la tienda de alimentos naturales y los compré. Comencé a tomarlos todas las mañanas con cereal.

"En diciembre antes de Navidad me hice el electrocardiograma mensual. Le pregunté al médico cómo estaba y me dijo: '¡Es normal!'"

DOLORES CARDIACOS INSOPORTABLES DESAPARECIERON —DICE QUE LOS MILAGROSOS ALIMENTOS CURATIVOS SON ¡MEJORES QUE LOS MEDICAMENTOS!

La señora J. M. dice: "Hace 4 años, a los 62 años, no podía cruzar la calle sin sentir un dolor insoportable en el pecho. El exceso de líquidos me estaba afectando el corazón. Tuve que dejar mi trabajo e ir al hospital. Después de una semana de sacarme radiografías y electrocardiogramas, me dieron de alta con una receta para dos tipos de 'pastillas de agua'. Una de ellas me causó espasmos musculares horribles, tan fuertes que lloré, así que dejé de tomarlas. Aún me dolía el pecho. Regresé al hospital y me hicieron más estudios, sin resultado alguno. Más píldoras de agua. Me enteré que la vitamina B-6 era buena para el edema (demasiado líquido) en las mujeres embarazadas. La probé y adelgacé ¡entre 7 y 8 libras en una semana! Tiré las pastillas de agua que me había recetado el médico a la basura. He tomado vitamina B-6 desde entonces (además de levadura de cerveza, hígado disecado y vitaminas A, B, C, D y E). Ahora puedo caminar muchas millas, hacer mis tareas y ayudar a cultivar y envasar nuestros vegetales. Aún tengo dificultades para escalar montañas, pero no he visitado un médico desde hace 4 años".

NÁUSEAS, MAREOS Y TENDENCIA A "PEQUEÑOS DERRAMES CEREBRALES" ¡PRÁCTICAMENTE CURADOS!

La señora I.E. informó: "Tengo 80 años. Hace 3 años, mi tendencia a tener náuseas a la mañana empeoró y además empecé a tener mareos; tuve un derrame cerebral leve y podía tener más. Para ese entonces, leí en alguna parte que un dentista les recomendaba a sus pacientes que comieran cáscara de cítricos rallada, lo que les daba resultados. El artículo era breve y no decía nada del tipo de los resultados. Decidí probar la cáscara de todos modos, ya había descubierto que los alimentos amargos me ayudaban a aliviar las náuseas. Desde entonces, he rayado la cáscara de medio limón (naranja o lima) en mi ensalada de frutas o compota todos los días.

"Prácticamente me ha curado de las náuseas, los mareos y la tendencia a los pequeños derrames. Hasta hace 4 o 5 meses no tenía idea de cuál era el elemento en la cáscara que me ayudaba. En el diario leí un artículo acerca de la importancia de la vitamina P en la cáscara de los cítricos. Es un agregado sabroso a mi dieta cuidadosamente regulada. Uso un rallador especial pequeño y rallo una zanahoria cruda después de la cáscara para aprovecharla por completo".

¡DESAPARECIERON LAS VÁRICES DOLOROSAS!

La señora N.R. dice: "Cuando estaba embarazada de mi segundo hijo, me salieron várices en la pierna izquierda. Después del nacimiento de mi hijo supuse que desaparecerían. Pero cuando reanudé mis clases de danza me di cuenta de que estaba equivocada. Tras estar 4 horas bailando ¡la pierna me dolía muchísimo! Por lo tanto, abandoné la danza en forma temporaria.

"Empecé a leer mucho al respecto y a darme cuenta de que necesitaba más vitaminas. ¡Bingo! Inicié un régimen de vitaminas B-6, ácido fólico y vitamina E. Al mismo tiempo, regresé a mis clases de danza. Bueno, no sucedió de un día para otro, pero después de dos meses la pierna dejó de dolerme tanto después de las clases. Así pues, aumenté la vitamina E a 400 unidades internacionales por día y después de 3 meses me di cuenta que ¡las várices habían desaparecido! ¡Ya no tenía venas desagradables hinchadas en mis piernas! Incluso las pequeñas 'venas araña' alrededor del tobillo ¡habían desaparecido!"

VÁRICE CAUSADA POR DIABETES, ¡NORMAL!

El señor H.M. dice: "Debido a los antecedentes familiares de problemas de corazón y diabetes, hace 4 años empecé a tomar vitamina E, entre otras, y minerales. Anteriormente, había tenido flebitis que se curó sin dificultades.

"Hace poco noté que la vena en la pierna afectada comenzaba a transformarse en várice. La vena estaba más grande y tenía ese color oscuro tan característico de la enfermedad. Eso ocurrió hace dos meses momento en el que aumenté la dosis de vitamina E de 2.000 unidades internacionales diarias a 3.000. También aumenté la dosis de vitamina C de 1.000 mg a 2.000 mg. En dos semanas la vena estaba, y aún está, normal.

"Algo más que cabe señalar en relación con la vitamina E es que antes de empezar a tomarla, tomaba un medicamento para la diabetes (orinase). Mi médico me dijo que lo tendría que tomar de por vida, pero después de un tiempo de tomar vitamina E, dejé de tomarlo. El nivel de azúcar en sangre en ayunas es siempre entre 85 y 95. Mi médico dice que ha disminuido temporariamente, pero yo creo que se debe a la vitamina E".

¡VITAMINA E PARA LA ENFERMEDAD DE BUERGER!

La señora R.S. informó: "Hace unos años, de repente me afectó la enfermedad Buerger en el pie izquierdo, los 3 primeros dedos del pie estaban cianóticos y tenía un absceso en el tercero. Tenía dolores terribles en la pierna, dolores al caminar y no podía dormir. Fui a ver al médico que quería amputarme los dedos del pie. Me negué. Después de leer acerca de la vitamina E, inmediatamente aumenté la dosis de 800 unidades internacionales diarias a 1.600 y en forma gradual a 2.400, junto con gránulos de lecitina y 500 mg de vitamina C, masajeaba el pie y hacía ejercicios.

En 3 días el dolor había casi desaparecido y pude dormir y caminar mejor. Aún tengo los dedos y tienen un color normal. Siempre tuve problemas circulatorios y hace 3 años disolví un coágulo en la pierna casi de un día para otro con vitamina E. De no haber sido por la vitamina E, podría tener 3 dedos menos y, tal vez, probablemente me hubieran amputado parte del pie". (Nota: En una edición de *The International Record of Medicine* se informó, hace más de 45 años, que de 18 pacientes con la enfermedad de Buerger que habían sido tratados con vitamina E, 17 ¡se curaron!)

¡CONSUELDA PARA LAS VÁRICES ULCERADAS DE LAS PIERNAS!

La señora S.W. informó: "Lo que sé acerca de la consuelda es demasiado bueno para mantenerlo en secreto. Mi esposo tenía várices ulceradas en las piernas. Su trabajo (años de estar parado) contribuyó a que las venas explotaran. Nos atendieron en un hospital en Oakland, California, y durante 2 años usé lo que me dieron, dos veces por día, y lo envolvía con vendas. Transcurridos los dos años, las úlceras no estaban mejor que el primer día.

"Cuando me enteré que a la consuelda la llamaban la hierba milagrosa, conseguí varias hojas y las puse en una juguera, las diluí, puse la pulpa en gasa y utilicé esa cataplasma una vez por día. En 6 semanas mi esposo no tenía ni una úlcera en las piernas.

"Estaban completamente curadas. Nos mudamos... y ya tenemos dos plantas de consuelda en el jardín. No podría vivir sin la consuelda".

UNA VÍCTIMA DE LA FLEBITIS ¡CAMINA DE NUEVO!

La señora H.N. informó: "Hasta hace poco tiempo tenía tanto dolor causado por flebitis que estuve en cama durante 3 meses. Un amigo me dijo que tomara vitamina E y he tomado 400 mg diarios, ahora camino una hora o más todas las mañanas. Luego hago trabajo voluntario en Senior Citizens durante 4 horas, cinco días a la semana, además de todas las otras cosas que hago y mis piernas no me molestan ahora. Pronto cumpliré 70 años y tengo más energía que mi hija de 32 años. Estoy muy agradecida a la vitamina E. ¡Me ha salvado la vida!".

LA ÚLCERA CAUSADA POR FLEBITIS SE CURA ¡COMO POR ARTE DE MAGIA!

La señora V.B. informó: "Durante muchos años sufrí de flebitis y con el correr del tiempo se formó una úlcera, la que se curaba y luego se volvía a abrir una y otra vez. Después de una infección grave, me tuve que operar, eso me ayudó, pero sólo en forma temporaria. En ese entonces, tenía una gran cicatriz que se resquebrajaba y me producía más úlceras. Mi médico quería operarme de nuevo y hacerme un injerto de piel pero me negué.

Consulté a otro médico; estuvo de acuerdo en que tomara vitamina E que me podía ayudar. Me recetó 1.600 unidades internacionales por día, más aplicaciones externas en la zona afectada. Fue un milagro. Las úlceras se curaron, la cicatriz se suavizó y no se resquebrajó más. Las venas gruesas recuperaron el tamaño normal.

"Seguí tomando vitamina E durante 6 semanas con supervisión médica. Luego disminuí a 800 unidades internacionales por día durante 3 meses. Ahora sigo tomando 400 unidades internacionales por día. Nunca me sentí mejor en mi vida. Considerando que tengo más de 60 años y trabajé parada 8 horas por día, esta fue una prueba dura para cualquier remedio".

¡LA FLEBITIS ALIVIADA, EL COÁGULO DESAPARECE Y SE EVITA LA PARÁLISIS!

El señor D.S. contó la forma en que un vecino desarrolló un coágulo en el muslo derecho y lo operaron. La operación tuvo éxito, dice. Lamentablemente, la pierna del hombre quedó paralizada. Luego, dice: "En mayo integré la junta electoral... y estuve de pie prácticamente todo el día. A la mañana siguiente un alarmante coágulo de sangre se había formado en la vena femoral en el muslo izquierdo. La carne alrededor de la vena estaba roja e inflamada. La vena sobresalió de la piel como una cuerda en la parte interna de mi muslo y me dolía mucho cuando la tocaba... Temía que la cirugía... Había tomado unas 1.200 unidades internacionales de vitamina E diarias, así que decidí... tomar una dosis doble... y en 24 horas el muslo se había suavizado. Seguí tomando 2.400 unidades internacionales de vitamina E durante varios días. Después de 5 ó 6 días, el coágulo y la inflamación habían desaparecido completamente. Poco tiempo después ¡me había recuperado totalmente!"

¡UN MILAGROSO ALIMENTO CURATIVO PARA TRATAR LA PRESIÓN ARTERIAL ELEVADA!

Según se informa, cientos de médicos han descubierto que el ajo es la forma más segura y confiable para bajar la alta presión arterial. Nadie sabe con certeza las razones. Algunos médicos piensan que dilata (abre) las arterias, aliviando la presión. Otros señalan su poder germicida para aliviar diversas infecciones, y por lo tanto, reduce la presión arterial elevada.

Sin embargo, la presión arterial se reduce definitivamente. Los médicos señalan, en todos los casos tratados, que los síntomas como la debilidad, mareos, fuertes dolores de cabeza, zumbido en los oídos, dolores en el pecho parecidos a la angina, falta de respiración, adormecimiento o picazón, todo esto ¡se alivia rápida y fácilmente!

Por cierto, al parecer, el ajo cumple todos los requisitos de un perfecto agente terapéutico para reducir la presión alta:

1. ¡Es absolutamente seguro!

2. ¡No se ha encontrado ni efectos secundarios ni un límite a la dosis!

3. La presión alta se reduce en forma gradual —durante un tiempo— ¡sin caída repentina que pueda sacudir el sistema!

4. ¡No interferirá con ningún medicamento que tome, bajo supervisión médica!

5. ¡En casi todos los casos ha aliviado la debilidad, los mareos, los dolores de cabeza, el zumbido en los oídos, los dolores en el pecho y los molestos dolores causados por la flatulencia!

6. Se obtienen buenos resultados ¡sin importar la edad o el estado físico!

7. Es fácil de tomar en tabletas ¡sin olor!

En la actualidad, las tabletas y cápsulas de ajo, de venta libre en las tiendas de alimentos naturales, son utilizadas ampliamente por los médicos para bajar la presión alta y aliviar sus síntomas.

La alta presión arterial es extremadamente peligrosa, en primer lugar, porque estos síntomas no siempre se presentan —muchas personas no tienen idea de que sufren de presión alta— y en segundo lugar, siempre causará ataques al corazón, problemas de venas y arterias en forma de derrames cerebrales, coágulos, hemorragias, deficiencia renal, deficiencia del corazón o muerte súbita, si no se controla.

Sin embargo, es preciso dejar algo en claro —el ajo no es una cura para la presión alta; simplemente alivia la presión y el trabajo del corazón, las venas y las arterias, además de cualquier otro síntoma que puede volver a tener si abandona la terapia basada en ajo. No obstante, el uso prolongado del ajo en muchos casos ha bajado la presión alta ¡en forma permanente!

BAJA LA PRESIÓN ALTA, ELEVA LA BAJA PRESIÓN—¡EN MENOS DE UNA HORA!

Kristine Nolfi, médica y naturópata danesa y autora de *My Experience with Living Foods*, señala: "El ajo... baja la presión demasiado alta y sube la que es demasiado baja". El científico francés Pouillard coincide con este concepto. Dice que experimentó una notable reducción en la presión una hora después de tomar ajo. También notó que la presión baja sube.

¡ES POSIBLE OBTENER BUENOS RESULTADOS SIN IMPORTAR LA EDAD O EL ESTADO FÍSICO!

G. Piotrowski, conferencista y profesor de medicina en la Universidad de Ginebra, pensó que el ajo baja la presión arterial al dilatar los vasos sanguíneos. En un artículo que escribió en *Praxis,* dice que suministró ajo a unos 100 pacientes. Comenzó suministrando dosis grandes de aceite de ajo, que luego disminuyó en un período de 3 semanas. Luego, continuó con dosis pequeñas, intermitentes para el equilibrio del tratamiento (no informa sobre la duración del tratamiento). Durante ese tiempo, los pacientes siguieron con su vida de todos los días. En el 40% de los casos, la presión bajó 2 centímetros.

Esta baja esperada, afirma él, generalmente se produce una semana después de haber empezado el tratamiento. Síntomas como los dolores de cabeza, mareos, zumbidos en los oídos, dolores de pecho como los de angina y entre los omóplatos comenzaron a desaparecer entre tres y cinco días de iniciado el tratamiento con ajo. En casos de dolores de cabeza, especialmente, el 80% de las personas tratadas se alivió. Los pacientes descubrieron que podían pensar más claramente y concentrarse en sus trabajos.

Se pueden obtener buenos resultados, sin importar la edad o el estado físico, señala. Viejo o joven, alto o bajo, la presión arterial se normaliza. El ajo hace bajar la presión arterial, en la mayoría de los casos y, ya sea que los resultados son completamente normales, el uso del ajo se justifica por el alivio que brinda a los molestos síntomas de alta presión. Concluye recomendando que muchos más médicos comiencen inmediatamente a usar el ajo en sus tratamientos de alta presión arterial.

¡PRESIÓN ARTERIAL NORMALIZADA!

El señor George R. usó ajo y rutina (que se encuentra en los pasteles de alforfón) y eliminó la sal, lo que le bajó la presión arterial de 170 a 120/70. El señor Ted S. Informó:

"Tuve una botella de cápsulas de ajo en el refrigerador durante varios meses y no las tomé salvo en raras ocasiones. Sin embargo, tras leer acerca de todos los beneficios que brinda el ajo decidí probarlo. El objetivo era principalmente bajar la presión arterial, que según los médicos era un poco alta. Después de tomar las cápsulas durante cinco semanas, la presión había descendido de 140/90 a 126/90. Para cerciorarme le pedí a la mujer en la clínica que la tomara de nuevo y el resultado fue el mismo".

"Como un bono", señala, "tomar las cápsulas de ajo durante sólo una semana puso fin a un tipo de diarrea y colitis que padecí durante 3 años y medio. ¡Esta curación me tomó totalmente por sorpresa!"

¡PELIGROSA PRESIÓN ARTERIAL SE NORMALIZA!

"¡Alégrese conmigo!", dice el Dr. D.G. "¡Mi presión arterial ahora es completamente normal gracias al ajo! Tengo más de 40 años. Hace seis meses me hice el chequeo médico anual. Tenía la presión alta, 190/90, y estaba excedido de peso. Me aconsejaron que adelgazara, no lo hice. Pero me interesé en el ajo como un medio para bajar la presión arterial, y comencé a tomar una cápsula de ajo por día.

"La semana pasada, me pidieron que donara sangre para un amigo en el hospital local y cuando me tomaron la presión ¡tenía solamente 130/75! No he adelgazado ni un gramo, por lo tanto debe ser el ajo ya que no he cambiado mis hábitos excepto en eso".

El Dr. D.G., desea dejar constancia de que fue "muy meticuloso para tomar las cápsulas, una por día sin excepción".

¡EL AJO EN LOS BAÑOS DE PIES Y MANOS!

Para finalizar —esta es una receta que no debe ser usada internamente —el ajo se ha utilizado para los baños de pies y manos, para aliviar la presión arterial alta, en este remedio para la hipertensión utilizado por el famosos herbolario, Maurice Mességué:

Ajo — una cabeza grande triturada

Espino (*hawthorn*) de una semilla — en flor, un puñado

Celidonia mayor (*greater celandine*) — hojas (de ser posible semi frescas), un puñado

Retama común (*common broom*) — flores, un puñado

Siga las instrucciones que figuran en la página 31 del Capítulo 2 sobre la preparación de este baño de pies y manos y úselo tanto como lo necesite. Mességué dice que ha tenido el 60% de éxito con este baño (30% de curaciones, 30% con gran alivio, y 40% no se conocen los resultados —es decir los pacientes no le informaron acerca de los resultados). Mességué aconseja que se siga la dieta indicada por el médico que lo trata.[5]

(Ese tipo de dietas, en general, incluye varios vasos de agua por día y muchos alimentos con fibras —frutas y verduras frescas— a fin de evitar el estreñimiento. Se evitan los alimentos que forman ácidos, quesos fuertes, especias y alcohol. Se usa muy poco o casi nada de sal y se recomienda mucha relajación y descanso.)

EL AJO —¡EL ALIMENTO MILAGROSO PARA EL CORAZÓN!

El científico francés Pouillard descubrió que el ajo tiene un marcado efecto en el corazón. En los casos de enfermedades del corazón y la aorta (la arteria grande que sale del corazón) el jugo de ajo tomado durante diez días produjo una mejoría definitiva en el ritmo y el funcionamiento del corazón, señaló. Alivió los mareos, los dolores como los de la angina de pecho y de espalda entre tres y cinco días.

El Dr. L.J. Maisonneuvre, en Marraine, Francia, afirma: "El ajo disuelve los cristales, cuya acumulación causa el endurecimiento de las arterias, baja la presión arterial, acelera

---

[5] Reimpreso con la autorización de Macmillan Publishing Co., Inc., del libro de Maurice Mességué titulado *Of Men and Plants*.

y normaliza la circulación al estimular los músculos del corazón como un purificador de la sangre al mismo tiempo".

"Por lo tanto", dice este médico, "se obtienen resultados excelentes en los casos de mala circulación... venas varicosas, hemorroides y reumatismo, entre otras enfermedades".

¡UN GRAN ADELANTO CIENTÍFICO!

Hace treinta y seis años, el científico japonés Fujiwara descubrió que el azufre del ajo llamado *állicin* acelera la absorción de vitamina B-1 (tiamina) en el organismo. Esta vitamina es extremadamente importante para las dolencias cardiacas.

Los expertos señalan que este es un importante descubrimiento. Habitualmente, dicen, la vitamina B-1 no se digiere fácilmente —ya sea en alimentos o en suplementos— y entra en las paredes de los intestinos en forma lenta y cantidades reducidas. Pero cuando se combina con el ajo formando una sustancia llamada alitiamina, la concentración en sangre de vitamina B-1 es DIEZ VECES MAYOR, ¡nivel que es imposible lograr excepto por inyección líquida!

Además, el ajo contiene magnesio —mineral necesario por el ser humano en cantidades mínimas— lo que impide que cantidades excesivas de vitamina B-1 reaccionen por demás en el organismo.

¡EFECTOS DE LA VITAMINA B-1
EN EL CORAZÓN AGRANDADO!

Los elementos más esenciales para "los alimentos del corazón" son el oxígeno y el ácido láctico. El organismo utiliza el oxígeno para quemar el ácido láctico en enormes cantidades en los músculos del corazón. La vitamina B-1 es el catalizador o estimulante (como un fósforo) que hace que esto suceda.

Sin suficiente vitamina B-1, los músculos del corazón se debilitan y se agrandan. Prueba de ello es el hecho de que en

Asia, donde las dietas generalmente carecen de esta vitamina, los corazones agrandados (casi el doble en tamaño de un corazón normal) son muy comunes.

El Dr. S. Weiss, de la Facultad de Medicina de la Universidad de Harvard, comprobó que la insuficiencia del miocardio (debilidad de los músculos del corazón) se produce por falta de vitamina B-1 al demostrar que, aún cuando el corazón esté muy agrandado, ¡puede reducir su tamaño en 48 horas con dosis grandes de vitamina B-1!

¡UNA RECUPERACIÓN MILAGROSA DE INSUFICIENCIA CARDIACA!

En los anales de la literatura médica figura la historia de un hombre de 72 años, el señor George S., que, al parecer, padecía de bronquitis e insuficiencia del ventrículo derecho del corazón. Le suministraron antibióticos y terapia cardiaca sin resultado alguno.

Otros estudios revelaron que sufría de ¡falta de vitamina B-1! De inmediato le recetaron 100 mg de vitamina B-1 inyectable junto con tabletas de vitamina B-1. ¡Se alivió en forma sustantiva y rápida! Dejó de tener los síntomas cardiacos ¡y pronto estaba caminando!

Aunque parezca increíble, George S. no mostró síntomas de carencia de vitamina B-1 (pérdida del apetito, adormecimiento y picazón en los dedos de los pies y en los pies, endurecimiento en los tobillos, dolores en las piernas). Según el médico, se puede deber a que la insuficiencia del ventrículo derecho del corazón en algunos casos se debe a falta de capacidad de almacenamiento en el organismo de la vitamina B-1 y también a una dieta sin vitaminas B.

Los alimentos ricos en vitaminas B (no se aconseja tomar vitamina B-1 solamente, excepto con asesoramiento médico) incluyen levadura de cerveza, carnes orgánicas e hígado disecado. El ajo contiene pequeñas cantidades de vitamina B-1. Sin embargo, el valor principal del ajo es que ¡acelera la absorción en el organismo de esta vitamina en diez veces!

¡EL AJO DISUELVE EL COLESTEROL!

Dos médicos de la India, los doctores Bordia y Bansal, en un artículo publicado en *The Lancet,* la revista médica inglesa, señalan que el ajo tiene "una acción protectora muy significativa" contra el colesterol y otras grasas en la sangre —también reduce la tendencia de la sangre a formar coágulos peligrosos. En un artículo publicado en el *National Enquirer* se reseñan estos descubrimientos de la siguiente manera:

DICEN QUE EL AJO PUEDE AYUDAR A PREVENIR LA FORMACIÓN DE COÁGULOS EN LAS ARTERIAS

Comer ajo puede ayudar a prevenir enfermedades de las arterias.

En estudios médicos se ha demostrado que las raíces picantes tienen una "acción protectora muy significativa" para limitar los efectos de la coagulación de la sangre, dicen los doctores Arun Bordia y H.C. Bansal del R.N.T. Medical College, en Udaipur, India.

En un artículo en la revista médica inglesa *The Lancet,* los médicos dijeron que la sangre de 10 pacientes formó coágulos más lentamente cuando comieron ajo con alimentos grasos que cuando no comieron ajo.

Ellos señalaron que esto significaba que el ajo podía retrasar la acumulación de depósitos grasos en las paredes de las arterias y ayudar a prevenir la formación de coágulos.

Específicamente, 100 gramos de mantequilla (casi un cuarto de libra) se añadieron a una comida habitual que los pacientes en estudio comieron. Después de 3 horas, tenían 237.4 de colesterol en sangre.

Cuando se añadió el jugo o el aceite extraído de 50 gramos de ajo a una comida idéntica, después de 3 horas el colesterol en la sangre era solamente de 212.7. Se llegó a la conclusión de que el aceite de ajo solamente había ejercido el efecto, ya sea que se tomara como aceite puro o jugo de ajo o en un ajo entero.

Además, el aceite de ajo redujo el nivel de fibrógeno (un factor de coágulos) en la sangre. Una comida que contenga manteca da como resultado un nivel de fibrógeno de 320.9 en tres horas. Cuando se añadió el ajo a la misma comida, el nivel de fibrógeno en la sangre, tres horas después, era de 256.4.

El ajo en ambos casos bajó el nivel de colesterol y fibrógeno *por debajo de los niveles en ayunas.*

¡ALIVIO PARA EL ZUMBIDO DE LA CABEZA!

Suzy N., ama de casa y madre de 58 años, comenzó a padecer de un molesto zumbido agudo en las sienes. Aparecía como un "disparo", o a veces como "cuchilladas" y desaparecía como había venido —a veces del lado derecho de su cabeza y a veces del izquierdo. Incluso, al parecer, surgía cuando estaba relajada, escribiendo o leyendo. En un principio, tuvo pocos ataques, uno cada dos semanas, más o menos. La asustaron más que nada. Temía a la hemorragia cerebral, como le había sucedido a una amiga de su edad, o el endurecimiento de las arterias. Con el correr del tiempo, los ataques eran más frecuentes, prácticamente todos los días. Junto con esto, sentía un zumbido en sus oídos que no desaparecía; un zumbido y silbido constantes día y noche que le dificultaban la concentración.

Le recetaron un medicamento que luego se enteró servía para "enfermedades vasculares periféricas, espasmos vasculares" y problemas en los oídos. En la literatura que leyó se decía que era un vasodilatador (dilataba los vasos sanguíneos) y contenía alcohol nicotinílico —*nicotinyl*— o en sal de ácido tartárico. Temía a los efectos secundarios entre los que figuraban calores, malestar estomacal, sarpullido y reacciones alérgicas casi de la misma forma que a los dolores de cabeza.

En lugar del medicamento decidió probar el ajo. Había escuchado decir que el ajo era bueno para las venas y las arterias, un dilatador natural —que permitía que fluyera más sangre— y que podía disolver los depósitos grasos en las paredes de las arterias, impidiendo los coágulos. Asimismo, sería muy bueno para los nervios debido a la vitamina B-1 o el factor de refuerzo de la tiamina. Se había comprobado que era seguro y sus efectos duraban mucho tiempo sin efectos secundarios. También era barato y se podía conseguir fácilmente.

Desde que utilizó el ajo diariamente, las sensaciones "impactantes", los dolores frecuentes y el malestar han desaparecido completamente. La sensación de "zumbido" desapareció y no tiene más calores, malestares estomacales ni sarpullido.

¡EL AJO Y EL ENDURECIMIENTO DE LAS ARTERIAS!

En vista de las investigaciones realizadas por el Dr. Maisonneuvre, quien señaló que "El ajo disuelve los cristales, cuya acumulación endurece las arterias", así como los trabajos realizados por los doctores Arun Bordia y H.C. Bansal, quienes señalaron que el ajo tiene una "acción protectora muy significativa" contra el colesterol y otras sustancias grasas en la sangre que puede impedir la formación de coágulos en las arterias, tal vez, sean interesantes los siguientes remedios enumerados por Maurice Mességué en *Of Men and Plants,* a saber:

Arteriosclerosis (endurecimiento de las arterias)

Ajo — una cabeza grande triturada

Espino (*hawthorn*) de una semilla — en flor, un puñado

Celidonia mayor (*greater celandine*) — hojas y tallos (de ser posible semi frescos), un puñado

Retama común (*common broom*) — flores y brotes, un puñado

Esto se puede preparar y usar en baños de pies y manos, siguiendo las instrucciones que figuran en el Capítulo 2 en la página 31. Además, Mességué aconseja seguir la dieta recomendada por su médico.

Arteritis (inflamación de las arterias)

Ajo — una cabeza grande triturada

Alcachofas (*artichoke*) — hojas, un puñado

Espino (*hawthorn*) de una semilla — en flor, un puñado

Salvia (*sage*) — flores y hojas, un puñado

Tomillo (*thyme*) — flores y hojas, un puñado

Una vez más, esto se puede preparar y utilizar en baños de pies y manos, según las instrucciones que figuran en el Capítulo 2. Mességué informa que logró el 85% de éxito en la curación de la inflamación de las arterias con este método (15% curados, 70% aliviados y 15% no se conocen los resultados). Sin embargo, señala por lo que la inflamación de las arterias puede surgir debido a muchas causas, este remedio alivia, pero no necesariamente es una cura.[6]

¡EL MASAJE PUEDE ALIVIAR EL CORAZÓN!

Es posible aliviar el corazón y curarlo mediante masajes en diversas terminaciones nerviosas en las manos y los pies. Estos nervios se encuentran en el pie izquierdo, debajo del tercero, cuarto y quinto dedo y en la mano izquierda debajo de los dos últimos dedos. Masajee las yemas de esos dedos de las manos y los pies hasta que no haya puntos sensibles. Si masajea los dedos meñiques de las manos y los pies puede aliviar el dolor del corazón en segundos, dicen los expertos, ¡y puede ser un Milagroso Alimento Curativo para su corazón!

> **Sin perjuicio de la índole del problema, dice un experto, es posible ayudar al corazón con este secreto. ¡Tenemos testimonios de cómo un hombre impidió un ataque al corazón en segundos con este método! Casi de inmediato el dolor desapareció y no regresó jamás. Una mujer mayor postrada en cama con temblores en las manos y dificultad para respirar tenía que ser ayudada para caminar. ¡Con este Milagroso Alimento Curativo sintió alivio de inmediato y caminó rápidamente en una semana sin ayuda!**

No es necesario incurrir en gastos, ni tener ningún equipo especial para obtener este Milagroso Alimento Curativo para su organismo y se puede utilizar sin ningún peligro, dice este experto. Ha aliviado a un sin número de personas que sufrían, cuando todas las esperanzas, al parecer, habían desaparecido, puede curar enfermedades específicas, restituir la salud a los órganos enfermos, dice el experto.

---

[6] Mességué, *op. cit.*

¡ALIVIO DE EMERGENCIA PARA
LOS ATAQUES AL CORAZÓN!

Junto con los masajes en los nervios, que pueden impedir un ataque al corazón, según los expertos, las órdenes mentales fuertes pueden contener el dolor en grados sorprendentes. Un hombre sufrió un terrible ataque al corazón, tan grave que casi lo habían desahuciado. Su mujer le dijo que usara este método, que no sólo alivió el dolor sino que su recuperación fue rápida e importante. ¡Su médico nunca vio algo parecido! ¡En un mes, volvió a su trabajo! Las órdenes mentales pueden ser consideradas un Milagroso Alimento Curativo, reconstituyen la salud del corazón y del sistema circulatorio, reparan el daño de ataques anteriores y aceleran en forma milagrosa la curación de las heridas en muy poco tiempo, dice un experto, añadiendo que con la ayuda del médico lo preparan para saber qué hacer ante un ataque al corazón ¡En la punta de los dedos está el alivio inmediato al corazón, las venas y la presión arterial alta!

CAPÍTULO 4

¡MILAGROSOS ALIMENTOS CURATIVOS PARA LOS PROBLEMAS DEL HÍGADO Y LA VESÍCULA!

La indigestión, la flatulencia, la sensación de haber comido demasiado, la náusea, el estreñimiento, los problemas en los ojos (incluso las manchas en los costados de los ojos y las cataratas) y los tobillos hinchados son síntomas de que la vesícula está enferma. Hay otros síntomas como la incapacidad de digerir las grasas, los dolores agudos, la presión debajo de las costillas, el constante sabor amargo, los síntomas de ataques al corazón, el sudor frío, la ictericia, la urticaria en la espalda, las heces duras, de color arcilla o secas (igual que en los casos de problemas hepáticos), las várices, la flebitis y las hemorroides. Las personas con estos problemas se quejan de dolores de cabeza y, con frecuencia, se irritan. Hay diversas formas de aliviar estos síntomas, a saber:

1. Los síntomas del mal funcionamiento de la vesícula se pueden aliviar con cirugía, pero frecuentemente reaparecen ¡aún después de haber quitado el órgano!

2. Muchas de las personas que sufren de la vesícula no desayunan, pero los médicos recomiendan un desayuno rico en fibras para que el jugo biliar comience a circular. Los doctores Neil Painter y Kenneth Heaton de Inglaterra señalan que los alimentos como el salvado "barren las sales biliares degeneradas del colon y la gran mayoría de los pacientes sienten alivio".

3. Otro médico[1] señala que es posible hacer funcionar la vesícula perezosa simplemente tomando 1 ó 2 cucharadas de aceite de oliva antes de las comidas. Esto inicia la circulación de la bilis antes que el resto de los alimentos entren al estómago. Tal vez, sienta un poco más de indigestión los primeros días, dice, pero debe notar una marcada mejoría en unas 2 semanas.

4. Este médico dice que una dieta baja en grasas (*no sin grasas*) ayuda a evitar más ataques. La grasa es necesaria para que circulen los jugos biliares y para disolver las vitaminas A, D, E y K que no son posibles de absorber sin las grasas. Reemplace la crema con crema *half-and-half* (mitad crema y mitad leche), evite la crema batida y coma muy poca mantequilla. Coma mucha cantidad de carne magra al horno o hervida, vegetales y frutas.

5. Los expertos en nutrición han señalado que los alimentos como la levadura, las nueces y los granos no refinados aumentan la producción de lecitina que rompe o licua los cálculos en la vesícula. Asimismo, se ha recomendado comer las hojas de las remolachas para acelerar la circulación de la bilis.

6. Se debe evitar comer comidas grandes, según los expertos, y un médico señala[2] lo siguiente: "Estudios indican que las personas que padecen de la vesícula rara vez beben agua y toman mucho menos líquidos que las otras". Por lo tanto, se recomienda beber agua.

7. En los casos de flatulencia debido a un hígado o vesícula perezosos, elimine los alimentos grasos de su dieta, incluidos los huevos fritos, los frijoles, el cerdo, la mantequilla, la margarina, la leche y la crema y puede que elimine el problema. Las tabletas de carbón (*charcoal tablets*) también pueden brindarle alivio (se adquieren en muchas tiendas de alimentos naturales).

---

[1] John E. Eichenlaub, *A Minnesota Doctor's Home Remedies for Common and Uncommon Ailments* (Prentice-Hall).

[2] *Ibid.*

8. También se recomienda caminar o hacer ejercicios moderados. Las personas que sufren de la vesícula, en general, son inactivas y esto da lugar a un estancamiento o estasis en el conducto biliar.

¡ES POSIBLE ELIMINAR LOS CÁLCULOS EN LA VESÍCULA!

Los cálculos biliares se pueden eliminar, si son lo suficientemente pequeños. Pero si se quedan alojados en el conducto hepático, pueden causar oclusión intestinal y dolor agudo, que comienza en el lado derecho del hombro, con náuseas y escalofríos que pueden disminuir y volver, de vez en cuando.

Si su médico, según las radiografías, ha decidido que los cálculos en la vesícula son demasiado pequeños para poder eliminarlos sin que se atasquen, hay un viejo remedio para lograrlo —que a veces recomiendan los médicos: mezcle una taza de aceite de oliva con media taza de jugo de limón o de toronja, revuélvalo, bébalo y luego acuéstese. Tal vez, sienta náusea. A la mañana, beba algo caliente y tal vez elimine los cálculos por el intestino.

Otro método es ayunar durante dos días, beber jugo de manzana cada dos horas y utilizar el mismo método la segunda noche. Esto disuelve los cálculos y también limpia la vesícula. Un médico dice que beber tres cucharadas de jugo de limón no diluido y sin azúcar entre 15 y 30 minutos antes del desayuno todas las mañanas durante una semana le ayudará a estimular, purgar y vaciar la vesícula.

ES POSIBLE DISOLVER LOS CÁLCULOS DE LA VESÍCULA (¡EN TAN POCO COMO 24 HORAS!)

Es posible evitar los cálculos de vesícula con lecitina de frijoles de soja (*soybean lecithin*), según el Dr. R.K. Tompkins de la Facultad de Medicina de la Universidad de Ohio State. ¡Al parecer, licua la sustancia principal —el colesterol— de la que están formados los cálculos de la vesícula de los humanos!

Richard Lucas informa en *Common and Uncommon Uses of Herbs for Healthful Living* que el aceite de oliva es un valioso elemento que previene los cálculos de la vesícula. El aceite causa contracciones fuertes y sanas en la vesícula, favoreciendo su vaciamiento completo y es considerado un tónico bueno para la vesícula. Asimismo, al parecer el aceite disuelve los cálculos. Señala que en 1893 el Dr. E.M. Brockbank informó acerca de un experimento en que un cálculo de vesícula perdió el 68% de su peso cuando se sumergió en aceite de oliva puro.

El té de manzanilla, según se sabe hace mucho tiempo, disuelve los cálculos biliares. Nicholas Culpepper escribió lo siguiente: "Que es excelente para los cálculos queda demostrado por lo siguiente —un cálculo que había sido extraído del cuerpo de un hombre, envuelto en manzanilla, al pasar el tiempo se disolverá, y en poco tiempo, también".

Casos relatados:

* Según un testimonio, se colocaron dos cálculos biliares en un vaso de té de manzanilla. Al día siguiente los cálculos se habían partido en 4 trozos. En 5 días parecían arenillas. ¡En 10 días, se habían disuelto completamente!

* M.C. escribió: "Hace algunos años, tras hacerme un examen médico completo en una clínica reconocida observé que tenía cálculos en la vesícula. Vi las radiografías y había cinco de diversos tamaños. Por amigos... me enteré cómo deshacerme de ellos. Durante tres días beba jugo de manzanas orgánicas. No coma o beba nada más, excepto al finalizar el segundo y el tercer día beba media taza de aceite de oliva con media taza de jugo de manzana. Los cálculos se eliminaron al cuarto día. Algunos años más tarde me tomaron radiografías... y el médico informó que no existían signos de los cálculos".

* D.R. escribió: "Mi hermana tenía turno para la cirugía porque le habían diagnosticado cálculos en la vesícula. Un familiar le

aconsejó esperar y probar el jugo de medio limón en una pequeña copa para vino, con cuatro cucharadas de aceite de oliva, y tomarlo diariamente una hora antes del desayuno. Y así lo hizo durante casi seis meses y descubrió que no necesitaba de la cirugía".

- La señora F.C. relató: "Mi esposo y yo tuvimos dolores causados por los cálculos de la vesícula durante un año. Cuando consultamos a un médico naturista, él nos dijo que lo primero que debíamos beber a la mañana era una onza de aceite vegetal además de 4 onzas de jugo de toronja... lo sustituimos por 4 onzas de agua con una cucharadita de vinagre. Nunca más tuvimos dolores... un año después nos quedamos sin aceite y no lo consumimos durante 3 semanas. Volvimos a sentir el dolor causado por los cálculos de vesícula, los que cesaron de inmediato cuando comenzamos a beber el aceite y vinagre nuevamente. Ha transcurrido otro año y no hemos vuelto a sentir ningún dolor de ese tipo".

- R.K. afirmó: "Me he dado cuenta de que con bastante frecuencia es posible 'disolver' los cálculos biliares y renales si tenemos una dieta con suficiente magnesio. Mi hija, a los 25 años, sufría de cólicos de vesícula todas las semanas. Tras ponerla a hacer una dieta de alimentos naturales, y tomar entre seis y ocho tabletas de dolomita por día, no ha sufrido más ataques en los últimos seis años. Otros médicos que la examinaron en su momento recomendaron cirugía para extraer la vesícula" (R.K. es un médico osteópata).

¡MÁS MILAGROSOS ALIMENTOS CURATIVOS PARA EL HÍGADO Y LA VESÍCULA!

El Dr. Grume, según el *United States Dispensatory,* usa jugo de rábano para tratar la colelitiasis —cálculos en la vesícula. Para prevenir los cálculos en la vesícula, utiliza el jugo de raíces trituradas en dosis de 2 a 4 onzas. T.H. Bartram nos relató que el café de diente de león no sólo previene la formación de cálculos en la vesícula sino que "cura la hepatitis o la inflamación del hígado, la ictericia, cuando no se complica".[3] El Dr. Swinburne Clymer, M.D., afirma que el diente de león tiene una influencia beneficiosa en la producción de bilis "eliminando el entumecimiento y la congestión del hígado así como la del bazo".[4] Y el *jugo de zanahoria cruda,* al parecer, ¡ha curado lo incurable!

Casos relatados:

- Se nos ha informado acerca de una mujer que tenía leucemia esplénica, una enfermedad de la sangre tan grave que los médicos dicen que es terminal. Estaba tremendamente delgada y emaciada, con artritis avanzada y deficiencia en los intestinos. Sin embargo, se recuperó completamente con jugo de zanahorias crudas. ¡En la actualidad, tiene una vida muy activa y sana, un empleo de tiempo completo y es, al parecer, inmune a los resfríos!

- Al finalizar el siglo, un médico escribió: "Hace 15 años, padecía del hígado. Utilicé todo mi ingenio para tratar de curarme, pero no pude". Luego descubrió las raíces de diente de león, "tomé una taza de té llena de esta bebida 2 veces por día". Dice: "¡En casi todos los casos he tenido éxito con los que han utilizado esta planta", incluso conmigo mismo!

Para aliviar los problemas de la vesícula, el Dr. Jon Evans de Inglaterra, ha dado testimonio de diversos casos con resultados excelentes tratados con extracto de la hierba celidonia mayor (*greater celandine*) —10 a 12 gotas en un vaso de agua después de cada comida—, con una dieta de frutas y verduras frescas, carnes magras, sin dulces, almidón, alimentos fritos, huevos o grasa y café de diente de león en vez de café puro.[5]

El té de salvia (*sage*) tiene un efecto sedante (un escritor del siglo XIV dice que le curó su parálisis: "Mi mano es tan firme como cuando tenía 15 años"); es antiséptico y purifica el hígado y los riñones, según el Padre Kneipp, el famoso herbolario europeo.

---

[3] *Health from Herbs.*

[4] *Nature's Healing Agents* (Quakertown, Pa.: The Humanitarian Society, Reg.)

[5] *Health from Herbs.*

Los pétalos de rosa contienen ácidos málicos y tartáricos que son muy buenos para disolver los cálculos en la vesícula y las piedras de los órganos urinarios. Los pétalos secos y las hojas a menudo se usan como sustituto del té, con menta, cáscara de limón y hojas de tilo. Esto también es muy bueno para el malestar estomacal.

¡EXPLICACIÓN DE LAS FUNCIONES DEL HÍGADO!

Básicamente, el hígado tiene 2 funciones principales, a saber: produce enzimas digestivas y también funciona como filtro entre el intestino y el corazón. Desintoxica de los numerosos "venenos" que incorporamos a nuestro sistema digestivo todos los días —como la nicotina, la cafeína y el tanino (del té)—, los atrapa y los transforma en componentes inocuos. Las células del hígado también atrapan los bacilos y los digieren para proteger la corriente sanguínea. Procesa el desperdicio de nitrógeno en el organismo en urea para la excreción y produce los glóbulos rojos.

EL EFECTO DEL AJO SOBRE LOS PROBLEMAS DE HÍGADO

El principal valor del ajo en relación con los problemas de hígado es su poder para desintoxicar las bacterias putrefactas en los intestinos (vea el Capítulo 8), y por lo tanto darle al hígado un descanso. Es un estimulante comprobado de los jugos gástricos (vea el Capítulo 7), que ayuda la digestión y es un estimulante para aumentar y energizar la circulación de la sangre por el hígado.

Se dice que una cucharadita colmada de ajo mezclado con una cucharada pequeña de aceite de oliva o de soja, por la noche, recompondrá el hígado y lo rejuvenecerá de tal manera que la piel del cuerpo brillará con renovada actividad. ¡Las personas que lo utilizan dicen que es en verdad un vegetal milagroso!

La Dra. Kristine Nolfi, M.D., en su libro *My Experience With Living Foods* afirma que si no se tolera el ajo es porque hay insuficiencia en los órganos digestivos —especialmente en el hígado. Si el estómago o el hígado funcionan bien, dice ella, nunca se rebelarán en contra de un elemento tan natural y beneficioso como el ajo.

¡AFECCIONES DEL HÍGADO ALIVIADAS!

En su autobiografía *Of Men and Plants,* Maurice Mességué nos cuenta acerca de su padre. Campesinos de millas a la redonda, incluso el médico local, le consultaban al padre de Mességué, Camille, por su conocimiento acerca de las plantas curativas. Las quejas más comunes, dice Mességué, eran las afecciones hepáticas, "porque las personas bebían mucho y comían muchos alimentos grasos". Y el ajo es el ingrediente principal para el hígado y la vesícula con problemas.

¡EL DOLOR DESAPARECE EN 30 MINUTOS!

"La primera vez que lo vi curar a alguien", dice Mességué, "se trataba de un vecino, un hombre que yo conocía muy bien y que veía todas las mañanas y las tardes cuando pasaba por mi casa. Un lunes, camino a su casa, entró a nuestra cocina doblado del dolor: 'Camille, ¿cree que alguna de sus plantas podría hacerme bien? Tengo un dolor punzante acá'", señalando el costado.

"'Ese es el hígado'.

"Mi padre tomó algunas botellas que estaban sobre la chimenea y mezcló varios líquidos en un recipiente. Luego hizo una compresa doblando un trozo pequeño de franela, lo empapó en el líquido y se lo puso en el costado del hombre. En media hora los dolores habían desaparecido y su cara ya no tenía ese aspecto de dolor...¡Fue un milagro!"[6]

¡REMEDIO PARA LAS AFECCIONES DEL HÍGADO Y LA VESÍCULA!

Mességué señala que por lo que los problemas del hígado se deben a diversas causas, esta preparación sólo alivia los efectos: ataques

---

[6] Reimpreso con la autorización de Macmillan Publishing Co., Inc., del libro de Maurice Mességué titulado *Of Men and Plants.*

de dolor, problemas digestivos, náusea. Se puede considerar un tratamiento excelente y básico, dice, pero para todas las enfermedades del hígado es importante seguir una dieta adecuada recetada por un médico.

Ajo — una cabeza triturada

Milenrama (*milfoil*) — flores, un puñado

Alcachofas (*artichokes*) — hojas, un puñado

Celidonia mayor (*greater celandine*) — hojas y tallos (de ser posible semi frescos), un puñado

Achicoria (*succory* o *chicory*) — raíces ralladas, un puñado

Enredadera (*hedge-bindweed*) — flores y hojas, un puñado

Salvia (*sage*) — hojas, un puñado

Debe seguir las instrucciones básicas que figuran en el Capítulo 2, página 31. Utilícelo como baño de pies y manos —o como cataplasma— pero NO LO COMA. Para hacer una cataplasma, corte hojas de col rizada y de col. Mezcle con dos claras de huevo batidas. Envuelva esto en muselina (el lino no es lo suficientemente poroso). Cubra esta cataplasma con un pequeño vaso de licor lleno de la preparación básica y aplique directamente a la piel del lado derecho de su cuerpo.[7]

MÁS CASOS ALIVIADOS[8]

Cuando Mességué fue maestro, encontró a uno de sus alumnos doblado por el dolor. Tenía una palidez mortecina. Mességué le preguntó qué le sucedía. El alumno señaló su hígado. "A las 6 le puse una cataplasma que le dejé toda la noche", dice Mességué, "y a la mañana siguiente el dolor había desaparecido completamente".

En otro testimonio acerca de la eficacia del remedio con ajo de Mességué para los problemas hepáticos, el señor Alexander Thomas, Procurador General de Lyon, formuló la siguiente

---

[7] *Ibid.*

[8] *Ibid.*

declaración jurada: "Mességué... me curó del hígado cuando la medicina ortodoxa me había dado por perdido".

¡SÍNTOMAS DE VESÍCULA ALIVIADOS!

Cuando Jessica D. tenía síntomas de vesícula, un amigo le sugirió que probara el remedio de Mességué, que había sido preparado con anterioridad. Se mostró escéptica, pero era domingo por la tarde, la farmacia estaba cerrada, y no había más del antiespasmódico recetado por el médico en su casa.

Se apoyó en la pared en una agonía mortal, con dolores punzantes en su espalda y en el lado derecho que parecían atraparla y sacudirla en convulsiones espasmódicas de las que no tenía alivio. Se quejó de náusea fuerte, una sensación de presión debajo de las costillas y un constante sabor amargo.

Prepararon rápidamente una cataplasma, y vertieron sobre la cataplasma un pequeño vaso de licor con la preparación básica y la aplicaron a su costado. En minutos, el dolor cedió y comenzó a respirar mejor. Se enteró de los poderosos poderes de penetración del ajo, su habilidad para aumentar la circulación y reducir la segregación catarral del tracto biliar, sus cualidades leves de diurético y sudorífico (que induce la transpiración) —reduce la fiebre, y ayuda a la piel y a los riñones a expulsar los venenos— sus efectos antiespasmódicos, antibacterianos y carminativos (habilidad para aliviar la flatulencia y los atascamientos), su habilidad para aliviar la náusea, los calambres y los problemas abdominales.

Su amigo le explicó que en la receta se incluían algunas hierbas antiespasmódicas, como la salvia y la celidonia mayor (*greater celandine*). Incluso se sabía que la col (repollo, *cabbage*) limpiaba la membrana mucosa del estómago y los intestinos y era utilizado por casi todos los médicos romanos para curar los dolores de cabeza, cólicos, sordera, alcoholismo, insomnio y úlceras internas.

Jessica D. recibió las instrucciones para preparar este remedio ella misma para baños de pies y manos para aliviarse. "Las palmas de las manos y las plantas de los pies son especialmente sensibles y receptoras", dice Mességué. "Los poderes de curación de tratamiento por ósmosis ahora se explican científicamente y son aceptados". Lo que es más importante, como esta preparación con ajo sólo se aplica externamente —nunca se come, como señala Mességué— es completamente segura.

¡REMEDIO PARA EL HÍGADO PEREZOSO!

En *Old-Fashioned Health Remedies That Work Best* (Parker Publishing Co., Inc.), L.L. Schneider, D.C., N.D., afirma que una dieta basada en jugo de carne y de uvas, aliviará el hígado perezoso, con dolor y sensibilidad en el costado derecho. Se recomiendan la carne blanca de pollo, sin piel, y las carnes sin grasas (especialmente el bife o la ternera). Se debe hornear, o guisar. Se puede usar cualquier jugo de uvas, pero se prefiere el jugo color púrpura Concord. Las uvas ayudan a combatir los problemas de hígado, ictericia y estimulan la circulación de la bilis (también ayudan a quemar el exceso de grasas), dice, y añade: "Si tiene problemas graves de hígado, le recomiendo que sólo coma carne y jugo de uvas 3 veces por día. Si sólo quiere tratar bien a su hígado, siga esta dieta de vez en cuando". Los diabéticos tal vez no puedan seguir esta dieta y deben consultar a su médico en primer lugar, dice.

¡DOLORES DE HÍGADO Y VESÍCULA ALIVIADOS EN MINUTOS!

Masajeando la parte externa de las manos, cerca de la base del dedo meñique, masajeando los puntos sensibles en esas zonas, puede estimular al hígado y la vesícula perezosos, dicen los expertos, y es posible aliviar el dolor si se ejerce presión sostenida. Es posible lograr lo mismo presionando la yema debajo del dedo pequeño del pie en los dos pies.

> **Este método simple ha aliviado dolores de hígado y vesícula en minutos y ¡puede ser un Milagroso Alimento Curativo para su organismo! Existen muchos casos en que los masajes han salvado a las personas de una operación de vesícula, ¡y los cálculos desaparecieron en poco tiempo!, dice un experto.**

Algunas personas mueven el intestino entre 10 y 12 veces en un día, dice este experto, a medida que el hígado libera los venenos y se limpia y rejuvenece. Una mujer con cálculos en la vesícula sufría de convulsiones cada pocos minutos. ¡Con este Milagroso Alimento Curativo sintió un alivio inmediato y dice que fue como si se hubiera levantado una gran ola de dolor! Otra mujer dijo que durante un ataque de vesícula probó este Milagroso Alimento Curativo y ¡su dolor de cabeza y sus otros dolores desaparecieron en cuestión de minutos! Otro hombre nos relató que lo probó y ¡sus dolores de vesícula se aliviaron de inmediato! ¡Este es un alivio instantáneo para los problemas de hígado y vesícula!

CAPÍTULO 5

¡MILAGROSOS ALIMENTOS CURATIVOS PARA LOS RIÑONES, LA VEJIGA Y LOS PROBLEMAS URINARIOS!

Es posible disolver grandes cálculos renales (cálculos causados por exceso de ácido úrico) en el tracto urinario mediante la simple ingestión de jugo de limón, dice el Dr. Bertrand Bibus, jefe de urología del Hospital Kaiser Franz Joseph de Viena.

Dice que ha sido posible disolver esos cálculos dándoles el jugo de 1 o 2 limones por día a beber a los pacientes. Dio buenos resultados en casi el 50% de los casos de grandes cálculos renales. "En los casos en que los cálculos renales pequeños son crónicos", dice el Dr. Bibus, "los síntomas, así como la formación de nuevos cálculos, se detiene de inmediato al iniciarse esta terapia".

Se han utilizado otros alimentos habituales para aliviar los riñones, la vejiga y los problemas urinarios, como por ejemplo los espárragos, las remolachas, las judías verdes de careta, las zanahorias, el jugo de cereza, el té de barba de maíz, el arándano agrio, el ajo, las judías (alubias, *kidney beans*), las cebollas, el perejil, los rábanos, el té de salvia y la sandía.

¡EL REMEDIO MÁGICO DEL DR. RAMM PARA LOS RIÑONES!

La curación permanente de los riñones y de los problemas de vejiga se ha logrado con agua en la que se han cocido las vainas de las alubias. Esto lo descubrió el Dr. Ramm, de Preetz, Alemania, de lo que informó tras 25 años de investigaciones.

> **El Dr. Ramm había tratado a una mujer que padecía de hidropesía (acumulación de líquido en los tejidos) después de una enfermedad de una válvula del corazón. Nada podía curarla. De pronto, ¡mientras hacía las visitas diarias, descubrió que la hinchazón había desaparecido! Ella le dijo que de causalidad había bebido un vaso de agua de judías y comenzó a eliminar grandes cantidades de orina clara como el cristal, lo que sucedía cada vez que bebía eso. ¡Después de tres semanas de beber el agua de judías su hidropesía había desaparecido!**

Para estar segura, siguió bebiendo té de judías durante unas semanas, luego dejó de hacerlo. Nunca más sufrió de hidropesía. El Dr. Ramm dijo que estaba sana. El Dr. Ramm probó este tratamiento con otros pacientes. En todos los casos de problemas de corazón, entre otras enfermedades, se eliminó gran cantidad de orina clara y personas que sufrían desde hacía tiempo de hidropesía se *curaron en cuestión de días, ¡y siguieron sanos!*

Descubrió que la obstrucción renal prolongada se curaba completamente con agua de vaina de judías y ¡que las hemorragias de cualquier parte del sistema urinario se detenían rápidamente! Se curaban las enfermedades de la vejiga y la uretra. El reumatismo y la gota aguda desaparecían. ¡Incluso algunos casos de diabetes se curaban! En los casos graves, llevaba más tiempo, ¡pero daba resultados si se utilizaba religiosamente! El Dr. Ramm lo llamó ¡"un remedio mágico"!

Algunas personas tenían náuseas cuando tomaban agua de judías, en esos casos el Dr., Ramm les recetó enemas (media pinta —24 cl— con una cucharadita de sal, cada 2 a 4 horas) —y los resultados fueron tan buenos como si la hubieran bebido. En verdad, el enema, al parecer, detenía las convulsiones de uremia, eliminando gran cantidad de agua.

En la misma época que el Dr. Ramm experimentaba con el tratamiento para los riñones, el Dr. Isenberg de Hamburgo, obtenía resultados similares, según el testimonio de uno de sus pacientes:

"Hace algunos años, comencé a sentir una desagradable sensación de presión en la zona de la vejiga, que se transformaba en un dolor intenso en situaciones de excitación o depresión psíquica. Esta situación empeoró con el correr de los años hasta que aparecieron violentos dolores en el uréter derecho. Al mismo tiempo se intensificó el dolor en la vejiga en forma considerable. Mi médico me diagnosticó inflamación en los dos órganos, pero ninguno de los que consulté pudo aliviarme.

"Había pus en la orina, a veces en gran cantidad. Un tiempo antes que aparecieran estos síntomas, habían surgido otros como fuertes dolores en la parte baja de la espalda. Me atormentaban constantemente, y a menudo no podía dormir. Las friegas frías y los ungüentos me aliviaban temporalmente.

"Los dolores aumentaron en forma constante y comencé a padecer de reumatismo muscular. Era tan fuerte que apenas podía asearme a la mañana y a la noche. Las friegas con agua y ungüentos apenas me aliviaban. Estas diversas enfermedades empeoraron de tal manera que sentía dolores constantemente; y eran cada vez más agudos.

"Luego me recomendaron que bebiera té de vainas de judías... Pedí que me compraran 5 libras. Comencé el tratamiento de acuerdo a las instrucciones. No tuve que esperar mucho tiempo para obtener resultados; grandes masas de cristales de ácido úrico y materia albuminosa fueron eliminadas, y eso alivió el dolor en la vejiga y en los riñones. En unas 3 semanas desapareció completamente el dolor en la vejiga, el reumatismo muscular también disminuyó en las próximas semanas y desapareció del todo en 7 u 8 semanas.

"Pronto dejé de padecer el gran sufrimiento y no he tenido problemas desde entonces, bebo el té de vez en cuando. Realmente fue impresionante la eliminación de cristales de ácido úrico durante el tratamiento con el té".

El Dr. Ramm dice que es preciso preparar el agua de vaina de judías y beberlo el mismo día. Si se usa después de 24 horas causa diarrea. El Dr. Ramm sugirió que se utilizaran de inmediato las judías juntadas del jardín para hacer la preparación con las vainas *sin las judías* (las judías en sí mismas no tienen valor). Hierva 2 onzas (6 cl) de las vainas lentamente en 4 cuartos (4 litros) de agua caliente durante cuatro horas. Luego filtre el líquido en muselina fina y manténgalo en un lugar fresco durante ocho horas. Transcurridas las ocho horas, cuélelo nuevamente con muselina —lenta y cuidadosamente (demasiadas fibras en el líquido pueden causar malestar en los intestinos). Ya está listo. Dosis: Un vaso lleno cada dos horas. Si lo utiliza de esta forma, según el Dr. Ramm, el remedio es completamente seguro y se puede utilizar indefinidamente y con buenos resultados. ¡Drena libras de exceso de líquido!

Casos relatados:

- La señora B.D. escribió: "Hace seis semanas comencé a tener problemas en los riñones. El médico me daba antibióticos pero el problema no mejoraba. Visité un tercer médico y me dijo que tenía que hacerme estudios y radiografías. Encontró un cálculo renal y diabetes. Mi nivel de azúcar era 326. Me dijo que tenía que operarme si el cálculo no se eliminaba... Cuando regresé a mi casa... Empecé a beber té de vainas de judías. Bebía un cuarto por día. Dos semanas después cuando regresé a ver al médico el cálculo había desaparecido y el nivel de azúcar era 128. Me dijo que estaba bien. Ya no tenía el cálculo ni diabetes. Estaba tan sorprendido como yo misma. Nunca me dieron medicamentos para la diabetes".

- El señor D.S. escribió: "Mi esposa había sufrido de los riñones durante años... Preparé un líquido de una planta, y filtré varias veces el líquido con especial cuidado ya que las partículas de materia suspendida pueden ser peligrosas para un sistema digestivo debilitado. Después de dejar el líquido descansar durante 8 horas le dije a mi esposa que bebiera un vaso de 8 onzas cada hora. Me dijo que tenía un gusto horrible y puso caras feas, pero la preparación dio resultado. Su orina era clara como el cristal después que bebió el jugo y no ha tenido dolores de riñones o problemas en los riñones desde entonces".

- La señora T.D. escribió: "Sufrí de hidropesía durante años y tomaba pastillas para la hinchazón... Luego empecé a cocinar vainas de judías rojas (*red kidney bean pods*), las hervía y tomaba el agua... Comencé el tratamiento según las instrucciones. No tuve que esperar mucho para obtener resultados. Al parecer, eliminé gran cantidad de orina muy seguido (y algunas piedras). Seguí tomando el agua de judías durante unas 2 semanas y media y en 2 semanas no tenía señales de hidropesía. Ya no tenía las piernas y los tobillos hinchados. También eliminé el líquido de mi estómago".

- La señorita K.B. escribió: "Tenía la uretra hinchada desde hacía años. Fui al Hospital Duke y al mío y a otro. Me operaron y me trataron, pero no mejoré. Planté las judías y bebí el té hecho con judías y en 3 semanas estaba curada. Nunca había tenido esos resultados. Me deshinché en todo el cuerpo y parecía un laxante..Varios amigos con este problema van a plantar judías..Están deseosos de probar este remedio".

¡ALIVIO INSTANTÁNEO PARA LOS RIÑONES, LA VEJIGA Y LOS PROBLEMAS URINARIOS!

El señor H.M. escribió: "Hace 4 semanas, empecé a tener un dolor inimaginable en el tracto urinario que me asustaba y hacía sentir mal. Después de horas de indecisión visité una clínica de emergencia en un hospital muy bueno de Nueva York, donde me recetaron sulfa y me dijeron que me fuera. El costo total: $45. Cuatro días después el dolor había empeorado y la hinchazón se había extendido a la próstata y a los testículos. Consulté a mi médico que me dijo que podía seguir con el mismo medicamento o probar otros. Decidí probar otros... El costo total de la segunda visita: $25.

"Rompí las recetas camino a casa. De casualidad... encontré una vieja copia de (un libro de remedios de hierbas)... entre ellas el botón de oro (hidraste, *goldenseal*), chaparral, yerba luisa y eucalipto español. Compré los diversos tés y bebía más de un cuarto por hora, rotando las variedades para no aburrirme. También usé un poco de miel. En seis horas podía orinar sin dolor; a la mañana la hinchazón había desaparecido *por completo* de todas las zonas. Seguí bebiendo té durante tres días para estar seguro... Si esto puede aliviar a los que sufren me alegra. El costo total: $6 —y sólo utilicé una pequeña cantidad de lo que compré".

¡LOS ESPÁRRAGOS SON UN ALIMENTO MILAGROSO!

Los espárragos contienen gran cantidad de una sustancia activa terapéutica llamada *asparraguina*, que es muy beneficiosa para el mal funcionamiento de los riñones. Se ha dicho que el jugo de esta verdura ayuda a romper los cristales de ácido oxálico en los riñones y en el sistema muscular, y es bueno para el reumatismo y la neuritis.

Casos relatados:

• Una mujer dijo que la terapia a base de espárragos curó su enfermedad de los riñones. La operaron más de 30 veces de cálculos renales y recibía un subsidio por discapacidad del gobierno por "enfermedad terminal de los riñones inoperables". Atribuye la cura de su enfermedad renal totalmente a la terapia basada en espárragos.

• Un hombre de negocios de 68 años había sufrido de problemas en la vejiga durante 16 años. Después de un tratamiento médico prolongado, que incluía la radiación de cobalto, sin mejoría, empezó la terapia basada en espárragos. En tres meses, los exámenes revelaron que el tumor en la vejiga había desaparecido y que sus riñones estaban sanos. Hoy está tan sano como antes de enfermarse.

Un bioquímico que estudió estos casos dice: "No me sorprendieron los resultados, dado que en un libro titulado *The Elements of Materia Medica*, editado en 1854 por un profesor de la Universidad de Pennsylvania, se señala que los espárragos eran utilizados como un remedio popular para los cálculos renales. Incluso hace referencia a experimentos hechos en 1739 sobre el poder de los espárragos para disolver los cálculos urinarios... Los espárragos contienen una buena cantidad de proteínas llamadas 'histonas' que, se cree, controlan el crecimiento de las células... (y) actúan como tónico general para el organismo".

Este bioquímico recomienda los espárragos cocinados, licuados o pisados, cuatro cucharadas por día, mañana y noche (diluidos en agua, si lo desea, se puede beber frío o caliente). Utilizado de esta manera es una substancia segura.

PEREJIL —¡LA HIERBA MILAGROSA!

El jugo de perejil (*parsley*) sirve para eliminar el veneno del organismo. Se utiliza medicinalmente para varias enfermedades pero más particularmente para las arenillas y los cálculos renales y otros problemas urinarios. Culpepper escribió: "La semilla es buena para romper los cálculos renales y aliviar el dolor y los tormentos que causan..."

Casos relatados:

- La señora M.D.R. relató: "Estaba incapacitada por lo que habían diagnosticado como envenenamiento tóxico acompañado con un caso grave de pielitis (inflamación de los riñones). Durante dos años ayudé a mantener a un médico clínico y a un neurólogo. Después de ese tiempo no podía caminar sin ayuda, había adelgazado 50 libras y no quedaba ni sombra de mi billetera... Un conocido me preguntó si había probado el té de perejil... Como no lo había hecho nunca, me dio las siguientes instrucciones: 'Tome un ramo de perejil fresco... lávelo en agua fría. Póngalo en un plato y cúbralo con agua hirviendo. Tápelo para mantener caliente. Cuando se enfríe, vierta el líquido y bébalo durante 24 horas. Repita diariamente hasta que se cure'.

- "He recomendado esto a mucha gente. Siempre se han curado, sin perjuicio de si sufrían de los riñones o de la vejiga. Nunca supe que se necesitaran más de tres semanas para la curación y en algunos casos sólo se necesitaron tres días de tratamiento. Yo misma me curé entre dos y tres semanas y han transcurrido 35 años sin problemas.

- "Hace unos meses, me enteré que una amiga tenía problemas renales. Sin pensarlo más le envié las instrucciones mencionadas. Un mes después recibí una carta de dos hojas en la que me decía que había estado en tratamiento médico durante 6 meses y dos veces hospitalizada. Recibió mi carta el día que regresó de su última hospitalización y estaba dispuesta a probar cualquier cosa. En tres días, su orina era perfectamente clara y estaba preparada para reanudar sus obligaciones domésticas en su casa rodante. En una semana estaba paseando por el parque de casas rodantes para ponerse al día con sus obligaciones sociales y contarle al mundo acerca de su maravillosa curación".

¡RIÑONES Y PRÓSTATA ALIVIADOS!

El señor A.O. relató lo siguiente: "Logré aliviar mi problema de próstata —que me hacía levantar varias veces por noche— con gluconato de zinc. ¡No tengo este problema mientras tome zinc!" (Se puede comprar en las tiendas de alimentos naturales.)

"Además, tenía un cálculo renal muy doloroso que en las radiografías se veía del tamaño de un carozo de ciruela. El médico me dijo que podía perder el riñón. Comencé a tomar 50 mg de vitamina B-6 y 415 mg de óxido de magnesio dos veces al día, y encontré alivio".

"Pero cuando me quedaba sin zinc (para la próstata) aparecía el dolor agudo en el riñón. Ahora tomo 15 mg de zinc dos veces al día y me alegro de comunicarles que no siento dolor. No es necesario decirles que no prescindiré de mi zinc, vitamina B-6 y magnesio".

¡EL TÉ DE BARBA DE MAÍZ ALIVIA LA VEJIGA!

Según los testimonios, el té de barba de maíz (*corn silk tea*) tiene un efecto calmante para los riñones, la vejiga y los problemas urinarios, y puede limpiar las infecciones, el pus y la sensación de ardor en la orina. También alivia la inflamación del conducto urinario debido a las arenillas o a los cálculos en los riñones y regula la corriente urinaria (ya sea mucha o poca), en casos de incontinencia o pérdidas en la vejiga, incapacidad de la vejiga de controlar la orina —y la retención o la obstrucción urinaria. Al parecer, cura las zonas enfermas de los riñones, la vejiga y el conducto urinario y elimina el ácido úrico, las toxinas y otros venenos.

Casos relatados:

- J.D. escribió: "Tuve los dolores más terribles al padecer sensaciones repentinas de ardor y picazón al orinar. Esas sensaciones me daban dolores incontrolables. Noté que tenía pus blanco y grueso que oscurecía el agua. El quemante dolor duraba casi 1 hora. Aparecía sin preaviso y era especialmente molesto cuando estaba lejos de casa. Un médico me recetó sulfa. No me alivió el dolor y me causó náusea. Otro antibiótico enrojeció la orina. Tras infinidad de visitas al médico, y un dolor tan fuerte que casi me desmayaba, probé el té de barba de maíz. ¡Me alivió de inmediato, en forma milagrosa!"

- La señora M.B. escribió: "Hace unos años, (ahora tengo 83)... al parecer mis riñones no funcionaban nada bien. Consulté a 3 médicos que me sacaron radiografías en las que se veía que la parte inferior de un riñón estaba completamente negra y decidieron que era preciso operarme, al menos para explorar. Decidí no operarme y llevé a mi familia al campo, maletas y todo, y bebí té de barba de maíz en vez de agua durante 1 año. Cuando regresé a la ciudad, uno de los médicos me llamó y preguntó cómo me sentía. Le contesté, '¡Bien! Se va a reír cuando le cuente que bebí té de barba de maíz'. Dijo 'Bueno eso es algo serio, no para reírse, de eso hacen el medicamento para los riñones'. En otra radiografía se pudo ver que el riñón estaba totalmente limpio. Ahora doy la vida por el té de barba de maíz... ¡un remedio comprobado!".

La señora M.B. añade: "La barba de maíz se puede guardar en frascos de vidrio; no es necesario refrigerarla. Se pone un puñado de barbas marrones secas en una sartén con agua, se hierve durante 15 minutos para esterilizarlas y luego se bebe. Es muy simple, no se necesitan recetas. Se logran milagros para limpiar los riñones". Nota: puede adquirir la barba de maíz en Indiana Botanic Gardens, Hammond, Indiana 46325.

JUGO DE CEREZAS PARA ALIVIAR EL ORINAR CONSTANTE

La señora J.C. escribió: "Debo contarles acerca de mi descubrimiento en la esperanza de que alguien más también lo encuentre de utilidad. Durante 5 años (desde que tenía 50) he sufrido de problemas en la vejiga. Probé diversas cosas... incluso visité a un médico que me dijo que necesitaba tomar hormonas... Pero realmente nada me ayudó. Me levantaba entre una y 5 veces durante la noche y orinaba cada hora durante el día. Esto era muy molesto, por decirlo de alguna manera...

"Encontré ayuda de la forma más inesperada. Hace seis meses... en el refrigerador encontré una botella de jugo de cerezas. Lo tomé todo en una semana, para que no se echara a perder. No esperaba que sucediera nada en particular, así que imagínese la sorpresa cuando me di cuenta que había mejorado mi problema de vejiga...

"He seguido mejorando y mejorando. De hecho, he dormido siete horas sin levantarme... Casi me parece que ya no tengo vejiga; no tengo que ir al baño cada hora. ¿Cuánto jugo de cerezas logró este milagro? Compro el concentrado en la tienda de alimentos naturales, desde luego, y uso una cucharada en un vaso de agua toda las mañanas. Eso es todo. Espero que otras personas encuentren alivio con este remedio tan simple".

¡JUGO DE CEREZAS PARA EL DOLOR URINARIO!

La señora S.A. relató: "Durante 18 años, tuve problemas urinarios, incluso tuve que ir al hospital para 'dilatarme' así podía vaciarme adecuadamente —y una semana más tarde tenía el problema de nuevo— cada visita al médico me costaba $65. Finalmente, me enteré que el jugo de cerezas era bueno. No tenía mucha fe en eso, pero me di cuenta que no perdería nada con probarlo (jugo de cerezas negras), y he aquí, funcionó. Las palabras no me permiten expresar la maravillosa sensación de poder orinar sin dolor".

¡ALIVIO INMEDIATO PARA LA INFECCIÓN DE LA VEJIGA!

La señora E.L. escribió: "Hace un año desde que tomé por última vez remedios para la infección de la vejiga y desde entonces no he tenido problemas. ¡Esto ocurrió después de más de 40 años de este azote! Nada realmente me ayudó durante mucho tiempo. El jugo en lata de arándano agrio no me ayudó para nada.

"Esto es lo que me ayudó, molí arándanos agrios frescos en un procesador de alimentos. Media caja alcanza para un año. Mezcle con suficiente miel para que sea sabroso. Almacene en cajas. Ante el primer malestar, comience a comerlo. Con yogur sin sabor es delicioso, sirve como bocadillo antes de dormirse.

"Durante el último ataque que tuve, del tipo de los que ocurren en una hora, los síntomas se aliviaron en seis horas y desaparecieron completamente en 12 ¡sin remedios! Ahora puedo tener indicios por el olor en la orina y comenzar a comer arándanos agrios".

¡AJO Y CISTITIS!

Las infecciones urinarias pueden ser dolorosas y debilitantes. La señora N.Q. nos cuenta cómo el ajo la ayudó a aliviarse de una infección en la vejiga:

"Para las personas que sufren de cistitis, el ajo puede ser la repuesta. Tras haber tenido cistitis en repetidas oportunidades, decidí probar mi propio remedio. Piqué tres dientes grandes de ajo tres veces por día, los puse en una cucharadita y en mi boca y bebí agua. Después de 5 días, la cistitis había desaparecido. Así de fácil...

"He tenido cistitis una vez desde entonces y el ajo me volvió a ayudar. Tal vez, también sirva para las infecciones de los riñones. Mi médico no estaba demasiado sorprendido porque había tenido un paciente con cáncer de pulmón que vivió más de lo esperado y comía ajo. ¡El Milagroso Medicamento Curativo, realmente funciona!"

¡EL AJO Y LA INCONTINENCIA URINARIA!

Se ha comprobado que una mujer que sufría de alta presión arterial e incontinencia urinaria se alivió de ambas enfermedades comiendo ajo. En su libro *Of Men and Plants*, Maurice Mességué da un remedio para la incontinencia urinaria (incapacidad de la vejiga de retener la orina), como se señala a continuación:

Ajo — una cabeza grande triturada

Espino (*hawthorn*) de una semilla — en flor, un puñado

Ranúnculo (*buttercup*) — hojas y flores, un puñado

Se prepara según las instrucciones básicas que figuran en el Capítulo 2, página 31 y se aplica al cuerpo con una esponja como baño de asiento. *No debe comer esta mezcla ni aplicarla internamente.*[1]

En relación con la señora Marian O., tras algunos días de aplicación, dijo que había sentido un gran alivio. Era una mujer de 55 años que había sufrido de incontinencia durante años —eliminación frecuente de la orina— y tenía problemas de vejiga. Las pérdidas y humedad constantes la hacían sentir muy mal. Su vida social estaba detenida; casi nunca salía de su casa. Su presión arterial era muy alta, y se quejaba de dolores de cabeza, debilidad, mareos y fatiga.

Los baños de asiento,[2] al parecer, fueron milagrosos para ella. Dijo que tenía menos pérdidas y la frecuencia al orinar era menor y por primera vez en mucho tiempo pudo dormir bien una noche entera sin tener que correr constantemente al baño. ¡Sus dolores de cabeza desaparecieron y la presión arterial era normal!

MASAJE: ¡MILAGROSO ALIMENTO CURATIVO PARA LOS RIÑONES!

Masajear la planta del pie en el centro, o el centro de cada mano con un movimiento circular, puede aliviar en gran medida los problemas de los riñones. Si hay lugares sensibles, hágalo sólo unos pocos minutos, varias veces por día. También masajee los nervios de la vejiga, un poco más adentro del centro del costado interno de cada pie hacia el tobillo, para aliviar los cálculos. También puede ayudar el masaje en el centro de las muñecas, cerca de la palma. Un hombre lo hizo, el señor R.A., y dijo: "En unos diez minutos, fui al baño y eliminé un cálculo... grande que hizo ruido al caer en el agua".

---

[1] Reimpreso con la autorización de Macmillan Publishing Co., Inc., del libro de Maurice Mességué titulado *Of Men and Plants*.

[2] J. F. Dastur, en su libro *Medicinal Plants of India*, recomienda aplicar un cataplasma de ajo en la región púbica, así como en el abdomen, en casos de *retención* de orina debido a la atonía de la vejiga.

¡UNA CURA MILAGROSA PARA LAS ENFERMEDADES DE LOS RIÑONES!

El dolor que causan los cálculos renales ha sido descrito como el dolor más terrible que el cuerpo pueda soportar, con un dolor irritante en la espalda, los costados y las piernas que no desaparece. Las personas con este problema tal vez no beban suficiente agua, según un artículo en *The British Medical Journal* las personas que beben mucha agua (tres a cuatro cuartos —litros— por día) tienen "señales claras de disolución de cálculos, con algunos resultados espectaculares". No se conocen curaciones.

La falta de óxido de magnesio puede causar los cálculos en los riñones. Loring S. de 33 años ha venido eliminando un cálculo cada dos semanas durante años. Nada de lo que probó lo detenía. Su médico, entonces, le recomendó que tomara 420 mg de óxido de magnesio en tabletas todos los días. ¡Pronto dejó de eliminar los cálculos y no ha tenido más!

Un experto dice que el poder de la mente es 100% eficaz para curar las enfermedades de los riñones y puede restituir una salud perfecta. La señora T.R. estaba muriendo de una enfermedad en los riñones. Varios amigos se reunieron y se concentraron durante un mes, visualizando que estaba completamente curada. Transcurrido ese tiempo sintió una cura instantánea y se sentía como una nueva mujer. Los estudios mostraron que no había más enfermedad. ¡Fue un Milagroso Alimento Curativo para ella!

CAPÍTULO 6

¡MILAGROSOS ALIMENTOS CURATIVOS PARA LA DIABETES!

Hecho concreto: el uso del ajo ha disminuido el nivel de azúcar en los diabéticos. En el caso del señor Ted V. que padecía de diabetes, los médicos le dijeron que no tenía cura y lo enviaron a su casa a esperar la muerte a los 60 años.

¡A los 90 años aún vivía con una salud excelente! ¡Había comenzado a comer ajo, perejil y berros! ¡Su nivel de azúcar en sangre había descendido de más de 200 a 110! Siguió muy contento usando el remedio ¡durante muchos, muchos años!

Esto no quiere decir que todas las personas diabéticas deban usar ajo. La diabetes es una enfermedad tan complicada que *ningún diabético debe actuar por sí mismo sin, en primer lugar, obtener el permiso de su médico.*

Sin embargo, es un hecho sorprendente e interesante que ha ocurrido varias veces utilizando solamente el ajo. A continuación se presentan más testimonios de diabéticos que han usado el ajo en sus tratamientos.

¡MÁS DATOS INCREÍBLES!

La utilización del ajo disminuyó el nivel de azúcar en la sangre según el testimonio del Dr. Madaus en la publicación alemana *Lehrbuch der Biologischen Heilmittle*, volumen 1, pág. 479. En

The Lancet, la publicación médica inglesa, dos médicos de la India señalan que el ajo, aunque tiene una acción un poco lenta, es tan eficaz como la tolbutamida (medicamento para la diabetes que se toma por boca) para limpiar la sangre de exceso de glucosa.

La señorita S.L. nos relató su experiencia con el ajo: "Hace poco tiempo, me dijeron que tenía diabetes. El médico me dijo que tendría que tomar un medicamento por boca si el nivel de azúcar en sangre no bajaba. Había leído cómo el ajo podía disminuir el nivel de azúcar en sangre. Por lo tanto, comencé de inmediato a tomar cinco cápsulas de ajo en grano junto con las vitaminas y la levadura de cerveza después de cada comida. Resultado —mi nivel de azúcar en la sangre descendió al normal y ¡no fue necesario que me recetaran más medicamentos!"

¿QUÉ ES LA DIABETES?

Hay diversos tipos de diabetes, la más común es la *diabetes mellitus*. Es una enfermedad que se conoce desde la antigüedad. Un griego llamado Aretaeus llamó a la enfermedad diabetes porque significa "circular por un sifón", y se refiere al gran volumen de orina que se acumula con esta enfermedad. En 1675, se consideraba que la orina era dulce. Por lo tanto, la enfermedad se conoció como diabetes mellitus: *mellitus* significa "dulce".

Cuando padece de diabetes el páncreas no produce suficiente insulina, una hormona que hace posible que el azúcar entre en las células y se convierta en energía. Cuando el páncreas no funciona bien, el azúcar no puede entrar ni en las células ni almacenarse como grasa en el organismo. Por consiguiente, el azúcar que proviene de los alimentos digeridos se acumula en la sangre hasta que se desparrama en la orina.

La insulina que se le suministra a una persona con diabetes hace que el azúcar pase a las células. De esa forma, esa persona puede llevar una vida relativamente normal durante años —siempre y cuando reciba inyecciones de insulina (u otros medicamentos que estimulen el metabolismo del azúcar, con todos los posibles efectos secundarios).

Si usted no recibe sus medicamentos, las células del organismo se quedan sin azúcar. Aparecen síntomas como debilidad, mareos, transpiración fría, sed excesiva y eliminación frecuente de orina, y finalmente esto lleva a los desmayos, el shock y la muerte. (En realidad, esto es una simplificación, porque la diabetes puede causar problemas renales, alta presión arterial, problemas de corazón y muchos otros síntomas).

LA IMPORTANCIA DE SEGUIR EL CONSEJO DEL MÉDICO

Es importante saber estas cosas —estar atento— para detectar en forma *temprana* la enfermedad, y así diagnosticarla, lo que sólo lo puede hacer un médico.

Esto sucede porque en los casos de diabetes temprana o moderada, ¡no es necesario que el paciente dependa de la aguja hipodérmica de por vida! Hay otros métodos de tratamiento que no son la insulina, siempre y cuando su médico los apruebe.

Una vez iniciado el tratamiento con insulina no es posible detenerlo. Debe ser usado religiosamente durante el resto de la vida del paciente, porque —en muchos casos— el páncreas *deja* de producir la poca insulina que puede. Prácticamente no hay esperanzas de curaciones. Eso significa *inyecciones diarias*, porque la insulina no puede ser tomada por boca (el estómago digiere o neutraliza la insulina).

Por ello los médicos exploran todas las posibilidades —como la utilización de orinase, un medicamento suave en tabletas, o simplemente una dieta especial sin medicamentos (baja en alimentos que hagan trabajar mucho al páncreas)— antes de recetar insulina. Todas estas medidas pueden dar buenos resultados en los casos de detección temprana o diabetes leve, porque el metabolismo de los carbohidratos (azúcar) no está solamente influenciado por la insulina. Muchas otras glándulas y órganos, como las suprarrenales, segregan hormonas que son de vital importancia para regular el nivel de azúcar en la sangre.

El ajo contiene algunos minerales de valor comprobado en el metabolismo de los carbohidratos. No es el único alimento que los tiene, pero puede ser una rica fuente, en vista del hecho que ha ayudado a controlar la diabetes en casos que se han documentado. Consulte a su médico.

POSIBLE EFECTO DEL AJO EN LA DIABETES

El ajo es rico en potasio (529 mg en 100 g). En los casos de diabetes, la acidez excesiva (acidosis) puede privar al organismo de tanto potasio que se puede producir un estado de inconsciencia o coma diabético. Como lo señala un especialista:

> **"Los pacientes de diabetes con frecuencia tienen insuficiencia de potasio, el que, aunque necesario para utilizar el azúcar, desciende por debajo de los valores normales cuando baja el nivel de azúcar en la sangre o se produce acidosis".**

Se ha comprobado que el potasio es eficaz en casos de *bajos* niveles de azúcar en la sangre —lo cual es muy similar a la diabetes. El bajo nivel de azúcar en la sangre hace perder mucho potasio en la orina. Sus síntomas son la debilidad, los mareos, los dolores de cabeza, los temblores, la transpiración e incluso los desmayos. Si una persona normal deja de comer alguna comida, o un diabético toma insulina y deja de comer alguna comida, pueden surgir estos síntomas. En casos de bajo nivel de azúcar en la sangre, el hecho de tomar cloruro de potasio brindó alivio inmediato y previno los desmayos.[1]

POSIBLES EFECTOS DE OTROS MINERALES EN EL AJO

El ajo tiene zinc —que se encuentra en forma concentrada en el hígado, el bazo y el páncreas. El zinc es un componente de la in-

---

[1] Cuando el nivel de azúcar en la sangre es bajo, el organismo produce demasiada insulina. Cuando se come azúcar o almidón, demasiada insulina —segregada por el páncreas— los elimina tan rápidamente de la sangre para almacenar grasa que el nivel de azúcar en la sangre se vuelve extremadamente bajo, lo cual resulta en poca energía, fatiga y dolores de cabeza. El remedio para esta condición, dicen los doctores, consiste en evitar los alimentos almidonados, azucarados y chatarra (caramelos, chocolates, bebidas gaseosas, pasteles) que las personas con un bajo nivel de azúcar en la sangre comen generalmente para cargarse de energía rápidamente. Estos alimentos causan que se produzca demasiada insulina —el azúcar es eliminada aún más rápido— y los síntomas empeoran. En general, se recomienda una dieta rica en proteínas y carbohidratos bajos o naturales (frutas y vegetales frescos). En la mayoría de los casos, la dieta es seguida por pérdida de peso, restauración de la energía y alivio automático de los síntomas.

sulina que suelen tomar los diabéticos (generalmente insulina protamina). La insulina se da en inyecciones, agregando zinc se prolonga su efecto, lo hace durar más tiempo, por lo tanto se necesitan menos inyecciones por día. Según las investigaciones, el contenido de zinc en el páncreas de los diabéticos es la mitad del de las personas normales.

En su libro *Nutrition and the Soil*, Picton nos relata que "como resultado de las investigaciones la profesión médica sugiere que la falta de zinc está estrechamente relacionada con el surgimiento de la diabetes".

El ajo contiene manganeso —un mineral rastro que los seres humanos necesitan en cantidades microscópicas. Existen pruebas de que los diabéticos necesitan manganeso. G.J. Everson y R.E. Sharder informaron en el *Journal of Nutrition* que la falta de magnesio puede, de hecho, afectar la tolerancia a la glucosa, la habilidad de eliminar el exceso de azúcar en la sangre. Anteriormente, ellos habían informado que los animales con insuficiencia de manganeso a menudo tenían crías con deformaciones en el páncreas o sin páncreas.

En los humanos la insuficiencia de manganeso puede contribuir a la diabetes. L.G. Kosenko informa en *Clinical Medicine* que cuando se examinó a 122 diabéticos de entre 15 y 81 años, el contenido de manganeso en la sangre era la mitad del de las personas normales. Cuanto más tiempo un paciente sufra de diabetes, más bajo será el nivel de manganeso en la sangre. En muchos países, según artículos publicados en *Nutrition Reviews*, se han utilizado extractos de plantas con alto contenido de manganeso como remedios caseros para la diabetes... como por ejemplo el arándano azul, la cebolla, la levadura de cerveza y, por supuesto, el ajo.

Para finalizar, el azufre, mineral que da al ajo el olor, se encuentra en la insulina pancreática.

UNA VITAMINA DEL AJO QUE ACTÚA ¡COMO LA INSULINA!

El ajo contiene vitamina C, y aumenta la absorción de otros alimentos. La vitamina C actúa como la insulina (la hormona segregada por el páncreas), según el profesor S. Bamerjee de la *School of Tropical Medicine*, en Calcuta, India. Según el Profesor Bamerjee, la vitamina C —como la insulina— ayuda a metabolizar los carbohidratos en los alimentos. Asimismo, ha descubierto que los animales de laboratorio tienen insuficiencia de insulina en sus sistemas cuando no se les da vitamina C.

¡MIEL Y DIABETES!

La miel es en gran medida una combinación de diversos azúcares y contiene un tipo raro de azúcar conocido como levulosa, que tiene la ventaja de ser absorbida tan lentamente que no produce el efecto de "shock" como otros azúcares que son difíciles para las personas con altos o bajos niveles de azúcar. Un médico, experto en terapias con miel, sugiere que hay más posibilidades de usar la miel para estos pacientes.

> **Otro médico afirma: "...el uso de miel en el tratamiento de la diabetes puede parecer poco científico, médico, aun un poco tonto para las mentes teóricas, los no iniciados, o para un observador superficial. En este momento, mis abejas... están trabajando juntando miel de una planta que está en flor... Hacemos tinturas y extractos fluidos de esta planta... y yo la receto a los pacientes diabéticos en gotas (definitivamente con buenos resultados)".**

Si la planta es buena para los pacientes, él piensa, ¿por qué no lo va a ser la miel que ella produce? El Dr. A.Y. Davidov de Rusia ha descubierto que la miel es un buen sustituto del azúcar en la diabetes. Uno de sus pacientes utilizó una libra de miel en 10 días sin haber aumentado el azúcar en la orina. Cuando dejó de comer miel, aumentó el azúcar. Con cuatro cucharadas de miel por día, el nivel de azúcar bajó. Informó de otros seis casos en que la miel había tenido buenos efectos para los diabéticos. El Dr. L.R. Emerick de Eaton, Ohio, especialista, usó la miel en la dieta de más de 250 pacientes diabéticos con éxito.

CASOS APARENTEMENTE INCURABLES ¡CURADOS!

Algunas personas dicen que la miel se ha utilizado en personas que padecían de diabetes y se creía incurables con el mejor de los éxitos y resultados. Un hombre nos relató:

- "Me enfermé de diabetes y tuve que jubilarme porque me sentía muy débil. Los médicos me dijeron que no tenía cura. Luego empecé una dieta basada en verduras crudas endulzadas con miel y lima: espinaca, lechuga, col, zanahorias, tomates frescos y pan integral. Después de iniciar esta dieta, los médicos me dijeron que no encontraban rastros de azúcar. ¡Ahora, puedo comer de todo y trabajar más que un hombre de mi edad!"

- Otro hombre nos cuenta que curó a muchas personas que sufrían de reumatismo y diabetes utilizando miel. Menciona el caso de un hombre y su esposa que sufrían de diabetes, habían visitado a diversos médicos durante mucho tiempo sin encontrar mejoría. Finalmente, ¡empezaron una dieta a base de gran cantidad de miel y mucha fruta y hoy están los dos muy bien y contentos!

Si usted sufre de diabetes, sin embargo, es conveniente no utilizar miel sin el consejo y el control estricto de su médico.

¡CÓMO SE CURÓ LA DIABETES EN FORMA PERMANENTE!

Para fines del siglo XIX, el Dr. Ramm, de Preetz, Alemania, que hacía experimentos con las vainas de frijoles rojos, descubrió que la diabetes, los rastros de azúcar, desaparecieron de la orina cuando los pacientes bebían el agua en que se había hervido las vainas de los frijoles. (Vea el Capítulo 5 para más detalles.) El tiempo que llevaba eran 3 a 4 semanas, en las que se aconsejaba seguir una estricta dieta diabética. Años antes de que apareciera la insulina, ¡muchas personas que parecían casos incurables se curaron en forma permanente!

El Dr. Ramm informa de personas diabéticas que habían hecho el tratamiento 12 años antes, que estaban curadas y dejaron de tomar ese agua y, aun así, no había signos de que la enfermedad hubiera regresado.

Otras personas que sufrieron una reaparición de azúcar en la orina también encontraron alivio bebiendo agua de judías durante unas semanas. Como sucede con todos los remedios en este libro, es necesario obtener el permiso del médico antes de automedicarse.

¡PEREJIL Y DIABETES!

El señor C.D. sufría de agrandamiento de próstata, con infecciones de pus y finalmente retención total de la orina. Estaba muy asustado, tenía fiebre y escalofríos. Lo llevaron de urgencia al hospital y un médico le insertó rápidamente un tubo para drenar la vejiga. No podía orinar sin el tubo. Le dijeron que necesitaba cirugía, pero no lo podían operar porque era diabético. Le aconsejaron que probara el té de perejil. Después de beberlo, pudo orinar sin problemas y sin el tubo, ¡el azúcar descendió al nivel normal y se evitó la cirugía! ¡Hay muchas otras personas que informan de alivios semejantes!

¡TÉ DE ARÁNDANO AZUL PARA LOS NIVELES ELEVADOS DE AZÚCAR EN LA SANGRE!

La señora C.O. nos relató: "Aunque me dijeron en el hospital que padecía de diabetes leve, estaba decidida a curarme yo misma si podía. Cuidé mi dieta alimenticia muy de cerca —no comía alimentos con azúcar, usaba muchas verduras, frutas y, desde luego, algo de carne. También tomé vitaminas y minerales, como la harina de hueso, la dolomita y vitaminas A y D, complejo de vitaminas B que tenía vitaminas B-6, vitamina E y C y, especialmente importante, usé té de hojas de arándano azul dos y tres veces al día. Después de cinco meses, el médico me hizo un análisis de sangre; al día siguiente me informó que la sangre estaba perfectamente normal, que no tenía más diabetes".

¡LEVADURA DE CERVEZA Y DIABETES!

La señora F.M. informó: "Hace unos dos años, después de revisarme, el médico me dijo que tenía diabetes. No era tan avanzada como para usar inyecciones de insulina. Mientras tanto, me mudé a otro estado y me hice revisar por otro médico. En esta oportunidad me dijo que no tenía diabetes. Nunca supe qué era lo que me había curado hasta que leí que la levadura de cerveza podía ayudar al páncreas a producir insulina y de esa forma ayudaba a prevenir la diabetes. He venido comiendo levadura de cerveza durante un año. Mi desayuno favorito consiste en una banana en rodajas con germen de trigo, semillas de girasol molidas y levadura de cerveza con leche".

CIEN POR CIENTO DE CURACIONES CON UNA NUEVA DIETA REVOLUCIONARIA Y UN PROGRAMA DE GIMNASIA PARA LOS DIABÉTICOS

Hace varios años, en un periódico nacional se informó que médicos del gobierno de Estados Unidos que trabajaban con 20 diabéticos con un nivel promedio de azúcar en la sangre de 170, ¡obtuvieron un 100% de curaciones en tres semanas con una nueva dieta revolucionaria y un programa de ejercicios!

Los médicos del Hospital de Veterans Administration en Lexington, Kentucky, informan que en otro grupo, el 75% de los diabéticos adultos crónicos —algunos usaban hasta 20 unidades de insulina por día— ¡en 3 semanas dejaron de usar medicamentos y no tenían ningún síntoma de diabetes! ¡El nivel promedio de azúcar en sangre bajó de 230 a 120, normal!

Un vocero señaló que sobre la base de esos estudios, unos 2,5 millones de diabéticos adultos —casi tres de cuatro— se pueden controlar sin medicamentos con esta dieta ¡en sólo tres semanas! La dieta es basada en carbohidratos, alimentos de bajas calorías con mucha fibra. Además, los pacientes deben caminar a paso normal durante 30 minutos, tres veces por día, de ser posible después de las comidas. Los médicos insistieron en que los pacientes pueden llevar una vida normal sin medicamentos en tanto sigan este programa.

¡DIABÉTICA QUE SE SALVÓ DE UNA AMPUTACIÓN!

La señora S.R., diabética, sufría de una horrible infección en el pie. Tenía terribles dolores y apenas podía caminar. Los médicos le habían amputado un dedo del pie y querían amputarle todo el pie.

Se enteró que los diabéticos podían evitar las amputaciones, debidas al endurecimiento de las arterias prematuro y la mala circulación en las piernas, haciéndose baños de agua tibia (no caliente) con agua salada o con peróxido y agua.

¡Hizo eso y una semana después su médico quedó sorprendido! ¡Estaba casi completamente curada! No era necesario amputarle el pie según la radiografía. Desaparecieron el dolor y la hinchazón y ¡el diagnóstico fue que estaba curada! Para la señora S.R. los baños de pie con agua tibia con sal ¡fueron un Milagroso Alimento Curativo!, según señaló su médico.

¡LA VITAMINA E CURÓ LA GANGRENA!

Los doctores Stephen Tolgys y Evan Shute señalaron en un artículo publicado en el *Canadian Medical Association Journal,* que alrededor del 50% de los pacientes con gangrena, como resultado de arterioesclerosis, diabetes y enfermedad de Buerger, habían evitado la amputación con vitamina E. Un hombre de 30 años tenía gangrena en los dedos de una mano. Usando 500 mg de vitamina E y una pomada con vitamina E se curó completamente en dos meses. Testigos señalan que "era difícil de creer que las manchas púrpuras y negras" se transformaran en tejido rosado normal simplemente con este tratamiento a base de un Milagroso Alimento Curativo, la vitamina E.

¡MILAGROSOS ALIMENTOS CURATIVOS PARA EL ESTÓMAGO!

¡Indigestión! Todos hemos sufrido de indigestión en algún momento de la vida: pesadez después de comer, flatulencia, eructos, náusea, a veces palpitaciones y fuertes dolores de cabeza. Los alcalinos comerciales dan resultados, pero agotan el ácido hidroclórico del estómago sin el cual es imposible digerir los alimentos. Es posible que se desarrollen insuficiencias de vitaminas y minerales.

¿Qué se puede hacer para aliviar esta situación —en forma rápida, fácil y conveniente— sin usar medicamentos químicos? En primer lugar, seguir una dieta basada en alimentos naturales, ajo, carnes magras, pescado, aves, verduras y frutas frescas que harán milagros para mantener un equilibrio sano de ácido/alcalino en el estómago.

Todo lo que produce un exceso de ácido (azúcar, almidón, dulces, tabaco) se puede reducir o eliminar con resultados maravillosos. En forma natural, sin medicamentos, la naturaleza puede darle un alivio instantáneo al estómago y los intestinos.

LA "PÍLDORA MÁGICA" DE LA NATURALEZA

La papaya es una fruta tropical del tipo del melocotón (durazno), valiosa por su enzima digestiva poderosa llamada *papaína*. La mayoría de las tiendas de alimentos naturales venden papaya envasada y cortada en rodajas. La enzima también se puede obtener en forma de tabletas masticables en todas las tiendas de alimentos naturales. Se ha comprobado el gran valor de la papaya en casos de indigestión, flatulencia, acidez, diarrea y la digestión incompleta de los alimentos. Es especialmente valiosa para las personas que tienen dificultades para digerir la carne, los huevos y la proteína. ¡Es tan poderosa que su extracto se usa como ablandador para hacer más tierna la carne (*meat tenderizer*)!

El señor J.P. de 80 años que administra una hostería tenía que recibir a sus huéspedes caminando dolorosamente en muletas. No podía digerir ningún alimento hasta que alguien le informó acerca de la papaya. Empezó a comer este Milagroso Alimento Curativo y se fortaleció. En poco tiempo dejó las muletas y retomó su rutina de pasear por las tiendas de la ciudad a ¡2 millas de distancia!

Durante 5 años, Gloria T. tuvo un tumor grande en el abdomen, demasiado grande para quitarlo con cirugía. Era muy doloroso. Los médicos no estaban seguros de su origen, incluso después de una operación exploratoria. Finalmente, el médico le aconsejó que probara una dieta basada en mango y papaya. La masa dura en su estómago e intestinos comenzó a desaparecer hasta que finalmente toda la zona se ablandó y era normal sin dolores.

¡LAS TABLETAS DE ENZIMA SON UN MILAGROSO ALIMENTO CURATIVO!

El señor E.R. nos relató: "Hace cinco años, me operaron porque tenía úlcera y me quitaron las 3/4 partes del estómago. Después de la operación, nunca me sentí bien. Siempre me sentía lleno después de comer, tenía flatulencia en el estómago y en los intestinos lo que me hacía visitar a los médicos con frecuencia, pero lo que me recetaban eran calmantes de todo tipo. Me decían que era un problema nervioso. Me pusieron en una dieta sólo de alimentos blandos. Incluso con píldoras y alimentos especiales, seguí teniendo diarrea. Debido a los intestinos flojos, después de la operación adelgacé. Al parecer, no digería completamente los alimentos —entraban y salían en media hora.

"No soy médico, pero creía que porque no tenía estómago los alimentos entraban a medio digerir en los intestinos y todo el proceso se desarrollaba en los intestinos. Los alimentos a medio digerir eran eliminados casi enteros. Un día vi una propaganda de tabletas de enzima. Había probado de todo, ¿por qué no esto? Créame, nunca pensé que podía mejorar.

"Las enzimas ayudan a la digestión. ¡Mis dolores causados por la flatulencia casi desaparecieron! Me siento el 100% mejor. Ojalá mi médico me hubiera dicho que esto ayudaba a la digestión. No hubiera padecido cinco años sin necesidad".

ÚLCERAS SANGRANTES DESAPARECIERON Y ¡SE EVITÓ LA CIRUGÍA!

Testimonio del señor R.Y. de 25 años que tenía úlceras sangrantes. Había estado internado en hospitales todas las semanas durante más de un año, una vez tres semanas y los médicos insistían en quitarle una parte de su estómago. Estaba por decidirse a hacer ¡cualquier cosa para aliviar ese terrible dolor!

En lugar de eso, decidió seguir el consejo de su madre y estuvo de acuerdo en comer sólo lo que ella le daba: alimentos sanos, jugos, huevos, requesón (queso *cottage*), panes caseros, levadura de cerveza, hígado disecado, germen de trigo, leche fortificada (cada cinco horas durante las dos primeras semanas) y una dosis máxima de todas las vitaminas, incluso 30 mg de zinc por día.

"En dos meses", se dijo, "no tenía úlceras y su salud general mejoró considerablemente". ¡Se desentendió completamente de todos los medicamentos para las úlceras!

¡ACIDEZ Y ÚLCERAS ALIVIADAS INSTANTÁNEAMENTE!

La col (repollo, *cabbage*) contiene vitamina U que combate las úlceras, más cloro y azufre que ayudan a limpiar las membranas mucosas del estómago. Esto, dicen las autoridades médicas, sólo es posible si se come *crudo* o se bebe el jugo *fresco*. El valor del jugo de col cruda como remedio para las úlceras es reconocido en la actualidad por muchos médicos, desde que el Dr. Garnett Cheney del Departamento de Medicina de la Facultad de Medicina de la Universidad de Stanford lo anunció por primera vez alrededor de 1950.

El señor L.W. informó: "Estaba en casa sintiéndome mal compadeciéndome de mí mismo. Me acababa de enterar que mi vieja úlcera había vuelto a aparecer en las radiografías, según me informó el médico y para completarlo tenía una nueva. Una vez más, me enfrenté a la curación de dos cosas molestas con el viejo tratamiento a base de antiácidos. Me enteré que la col era buena para las úlceras. Así que saqué mi vieja juguera. Comencé con cinco vasos de jugo de col el primer día y casi de inmediato, el dolor desapareció. Continué durante otra semana y luego reduje la dosis a tres vasos por día. Ambas úlceras se curaron como se pudo observar cuando me hice radiografías dos meses después para control. Estoy seguro que estaban curadas varias semanas antes de la revisación porque ya no tenía dolores ni malestares. Pensé que le gustaría saber que esto realmente da resultados".

Si se me permite dar una opinión personal, no creo que la curación se haya producido sólo por la llamada "vitamina U", una sustancia hipotética de la que se sabe muy poco. Creo que se debió al contenido de vitamina C de la col. Sin importar la cantidad que recibieron, la vitamina C o ácido ascórbico es algo que a los pacientes con úlcera generalmente se les niega. Los médicos creen que irrita el estómago. ¿Cómo es posible que el tejido roto —la úlcera— se cure sin vitamina C, el ingrediente principal del colágeno (la que fortalece el tejido)? Como el modesto contenido de vitamina C de la col sirvió para prevenir el escorbuto en los primeros viajes por mar, creo que simplemente curó las úlceras de estos pacientes.

Casos relatados:

- Jordan H. de 52 años sufría de una aguda úlcera péptica. Necesitaba ser operado pero tenía que esperar que hubiera lugar en el hospital. Para aliviarlo de inmediato, su médico sugirió que tomara un cuarto (litro) de jugo de col fresca (cuatro vasos) por día. ¡En unos días, se sentía bien, y canceló la operación!

- Un hombre a quien en una clínica de renombre le habían dicho que tenía un tumor cerebral y úlcera estomacal, su médico le aconsejó que tomara cuatro vasos de jugo de col cruda por día, dejara de fumar y comiera alimentos naturales. En poco tiempo, su úlcera desapareció. Aún más sorprendente, ¡el tumor cerebral desapareció y estaba completamente sano!

¡REMEDIO PARA LA INDIGESTIÓN ÁCIDA (DIVERTICULITIS ALIVIADA)!

La señora O.C. nos cuenta lo siguiente: "Mi esposo ha descubierto un remedio eficaz y simple para la indigestión ácida. Tengo diverticulitis así que me sentía molesta, especialmente a la noche, dolores de estómago y ácido en la garganta, y tomaba alcalinos comerciales para aliviarme. Una noche mi esposo también tuvo indigestión ácida y ¡comió *rábanos* y se curó! ¡Un rábano grande es mágico, de inmediato alivia todos los síntomas de la indigestión!"

¿PUEDE EL AJO CURAR LAS ENFERMEDADES ESTOMACALES?

El ajo si se come con frecuencia puede curar las enfermedades estomacales e intestinales, dice un científico y experto en terapias con ajo. Se ha comprobado que el állicin en el ajo estimula las paredes del estómago y los intestinos para segregar las enzimas digestivas. Pero las personas con esos problemas deben diluir el ajo o mezclarlo con otros alimentos, dice este experto. Una forma excelente de suavizar el ajo es cocinarlo o mezclarlo con huevos o leche.

Sin embargo, ni siquiera es necesario comer ajo. Es posible usarlo externamente en forma de cataplasmas o baños de pies y manos para aliviar el estómago. Usado de esta forma ha dado resultados positivos en el 95% de los casos.

¡ACLAMADO EN TODO EL MUNDO!

Desde la antigüedad hasta ahora, el ajo ha sido aclamado en todo el mundo por sus efectos para aliviar la flatulencia, los calambres y los síntomas de catarro (inflamación). Damrau y Ferguson realizaron la labor clásica en esta esfera que finalmente estableció una base científica sólida para la utilización del ajo en los casos de problemas en el estómago y digestivos, trabajo que fue publicado en *Review of Gastroenterology*. Se trató a 54 pacientes. A cada uno le dieron 2 tabletas de ajo 2 veces por día, después del almuerzo y de la cena durante dos semanas.

¡SE ALIVIARON TODOS LOS SÍNTOMAS!

Se obtuvieron resultados maravillosos que han sido tabulados y descritos minuciosamente como se indica a continuación:

- En 15 casos se alivió la pesadez después de comer completamente, y en forma parcial en seis de 25, ¡con un total del 84% de eficacia!
- El eructo se alivió completamente en 13 casos, parcialmente en 9 de 25 —¡un total del 88% de eficacia!
- La flatulencia se alivió completamente en 20 casos de 25 —¡un total del 80% de eficacia!
- Los cólicos producidos por la flatulencia se aliviaron completamente en trece casos y parcialmente en ocho —¡un total del 84% de eficacia!
- La náusea se alivió completamente en seis de ocho casos —¡un total del 75% de eficacia!

Se informó que el ajo no daba alivio temporario, sino libertad permanente en los casos de problemas gástricos. Los investigadores concluyeron que el ajo es un carminativo que se puede utilizar en los casos de flatulencia y cólicos, para eliminar el gas del estómago y los intestinos y para disminuir los dolores fuertes.

¡CÓMO UTILIZAR EL AJO PARA ALIVIAR AL ESTÓMAGO Y LA DIGESTIÓN!

Es posible usar el ajo para aplicaciones externas en forma de cataplasmas y baños de pies y manos (vea el Capítulo 2 y el 4). El ajo se puede comer cortado en rodajas con miel, antes o después de las comidas (use medio diente). El ajo también se puede usar en forma de tabletas o cápsulas; siga las instrucciones en la etiqueta. Se pueden comprar sin recetas en las tiendas de alimentos naturales. Tiene la ventaja de no tener sabor ni olor para aquellas personas que no se atreven a comer ajo crudo.

¡EL AJO ES EFICAZ EN EL 95% DE LOS CASOS DE PROBLEMAS DIGESTIVOS!

En su libro, *Of Men and Plants,* Maurice Mességué da cuenta del 95% de eficacia (80% curados, 15% aliviados) en los casos de problemas digestivos, con el siguiente remedio —cuyo ingrediente principal es el ajo— para usar como cataplasma abdominal y en baños de pies y manos, solamente, no se debe tomar por boca.[1]

Problemas de Digestión

Ajo — una cabeza grande triturada

Manzanilla romana (*chamomile*) — una docena de cabezas trituradas

Menta piperita (*peppermint*) — hojas, un puñado

Tomillo (*thyme*) — hojas, un puñado

Siga las instrucciones de la página 71 (Capítulo 4) para hacer la cataplasma, usando ortiga (*nettle*) —hojas frescas de ser posi-

---

[1] Reimpreso con la autorización de Macmillan Publishing Co., Inc., del libro de Maurice Mességué titulado *Of Men and Plants.*

ble— y berro (*watercress*) —un ramo picado. En la página 31 (Capítulo 2), están las instrucciones que debe seguir para la preparación básica. Vierta un vaso de licor lleno de la preparación básica sobre la cataplasma. Se debe aplicar caliente, después de las comidas, dice Mességué. Los baños de manos se pueden preparar sólo con la preparación básica.

Mességué recomienda otras dos aplicaciones externas con ajo para usar en los casos de malestares estomacales:[2]

Dispepsia

Ajo — una cabeza grande triturada

Milenrama (*milfoil*) — flores, un puñado

Chirivía (*parsnip*) — raíces, hojas, semillas — un puñado, mezclado

Manzanilla romana (*chamomile*) — una docena de cabezas trituradas, o...

Menta piperita (*peppermint*) — hojas, un puñado

Genciana amarilla (*yellow gentian*) — raíces, un poco

Malva de hojas redondas (*mallow*) — hojas y flores, un puñado

Tomillo (*thyme*) — hojas, un puñado

Utilícelo en baños de pies y manos.

Gastralgia

Ajo — una cabeza grande triturada

Milenrama (*milfoil*) — flores, un puñado

Espino (*hawthorn*) de una semilla — en flor, un puñado

Amapola (*corn poppy*) — flores y cápsulas, un puñado

Malva de hojas redondas (*mallow*) — hojas y flores, un puñado

Zarzamora (*blackberry bramble*) — hojas, un puñado

Se deben aplicar compresas calientes sobre el estómago. Baños de manos.

---

[2] Mességué, *op. cit.*

¡RESULTADOS INCREÍBLES!

Los doctores Harry Barowsky y Linn J. Boyd, ambos médicos, han escrito acerca de la utilización del ajo en cincuenta pacientes que sufrían de "diversos problemas asociados comúnmente a síntomas gastrointestinales". En la mayoría de los casos se logró aliviar la flatulencia (gas). Asimismo, se informó de alivio en casos de náusea, vómitos, distensión abdominal y malestares después de comer.

Para resumir, el ajo —ya sea tomado en tabletas o cápsulas o como excelente alimento en su forma natural— puede ser útil para corregir muchos síntomas que surgen de los malestares digestivos.

¡UNA VITAMINA DEL AJO QUE HA CURADO ÚLCERAS!

El ajo contiene vitamina C y aumenta la absorción de otros alimentos con los que se come. Varios investigadores han demostrado que la vitamina C es una excelente terapia en relación con la úlcera. De hecho, la insuficiencia de vitamina C puede *causar* úlceras estomacales y duodenales.

Los investigadores Eddy y Dahldorf informan acerca de un grupo de pacientes con úlcera que siguieron una dieta blanda, baja en vitamina C (porque la vitamina C es un ácido, muchos médicos temen utilizarla en ese tipo de pacientes). En 15 días, los pacientes comenzaron a tener síntomas de insuficiencia de vitamina C. Luego se la agregó a su dieta. Como resultado, ¡el 70% de esos pacientes de úlcera se curó![3]

En *The British Medical Journal* se publicó un artículo acerca de un paciente con hemorragias en el tracto digestivo. Habida cuenta de que tenía una úlcera péptica (estómago) se le había aconsejado que evitara tomar vitamina C durante varios años. Media hora después de recibir una inyección de 1000 mg de vitamina C intravenosa, el paciente —que había estado casi moribundo— se

---

[3] Eddy y Dahldorf, *The Avitaminoses* (Williams y Wilkins).

puso atento y alegre. Dejó de tener hemorragias y se le consideró curado.

CONSUELDA: ¡EL REMEDIO SIMPLE QUE HACE MILAGROS!

La consuelda (*comfrey*) es una hierba de cocina común que tiene poderes curativos extraordinarios. Ello se debe a la sustancia que contiene llamada alantoína. Es difícil descartar las viejas historias acerca de esta hierba. Lea lo siguiente y juzgue por usted mismo.

- El señor Emmet T., de 60 años, que sufría dolores después de comer, vomitaba sangre y tenía otros síntomas de úlcera, sin que lo aliviaran los medicamentos, finalmente decidió que lo operaran. Casi fallece en la mesa de operaciones después que vieron el estómago (tenía una úlcera). Tuvieron que detener la operación y la úlcera siguió en su lugar. Luego, lo trataron con alantoína disuelta en una infusión de consuelda y lo pusieron en una dieta de leche, como resultado se libró de la úlcera en un mes y ¡vivió hasta casi los cien años!

- Otro caso, el de la señora Sylvia D., de 42 años, que estaba al borde de la muerte por un tumor canceroso en el lado derecho. Le dieron una infusión mucilaginosa de raíces de consuelda reforzada con una solución de alantoína. En un mes el tumor desapareció. ¡Se cambió el diagnóstico a benigno!

- Jeanne B., de 16 años, tenía una úlcera sangrante en el estómago con náuseas y vómitos. El médico le dio la dieta usual, medicamentos, y le advirtió que no comiera algunos alimentos. En unos días, estaba completamente curada —luego confesó que nunca tomó ni una gota de los medicamentos que le recetó el médico. Todo lo que hizo fue beber té de consuelda hasta que se curó.

CASOS SIN ESPERANZA CURADOS ¡CON MIEL!

El Dr. Schacht, de Weisbaden, Alemania, dice que ha curado a muchos casos sin esperanza de úlceras gástricas e intestinales con miel, sin cirugía. Otro médico señala que "la miel curará las úlceras gástricas e intestinales" que él llama "una enfermedad molesta... y la más peligrosa, un precursor del cáncer". Pero dice que la noticia aún no ha llegado al 99% de la profesión médica, y aquellos que *sí* la conocen temen decirlo ¡para no hacer el ridículo ante sus colegas! El Padre Kneipp, el gran naturista, señaló lo siguiente: "Las úlceras más pequeñas del estómago se contraen, rompen y curan con miel".

Un hombre informó: "He sufrido del estómago ulcerado varios años, parcialmente en el hospital, a veces en cama, y casi siempre con mucho dolor. Observé (después de comer miel) que me sentía mucho mejor y no me puse a pensar por qué, pero seguí comiendo miel porque me gustaba. No he vuelto a sufrir ataques desde entonces".

¡QUINGOMBÓ EN POLVO PARA LA COLITIS Y LAS ÚLCERAS!

El hecho de que el quingombó (quimbombó, *okra*) es grueso y gomoso cuando se cocina o utiliza en jabón, hace que sea un tratamiento apropiado para las úlceras estomacales y la inflamación del colon (colitis). Un médico observó que su paciente que padecía de colitis mucosa, una enfermedad que produce estreñimiento y diarrea, mejoraba cuando usaba gran cantidad de quingombó. Esto llevó al Dr. J. Meyer de Chicago y a sus colaboradores a estudiar el quingombó.

Se seleccionó a diecisiete personas con úlceras en el estómago o en la primera parte de los intestinos y se les suministró quingombó en polvo como único tratamiento para su enfermedad. Se los diagnosticó mediante radiografías. De los diecisiete pacientes tratados, ¡catorce se aliviaron de inmediato!

Según los estudios realizados por el doctor Evans y los doctores Meyer, E.E. Seidman y H. Necheles, el quingombó en polvo no sólo alivia los malestares sino también vacía el estómago rápidamente.

El quingombó es delicioso cocinado o en sopa de verduras. Para que tenga efectos medicinales más eficaces, se debe hacer jugo y beberlo o hacer gárgaras para el dolor de garganta. También es bueno para la inflamación de la membrana que cubre los pulmones (pleuresía).

¡APIO PARA LA ACIDEZ ESTOMACAL!

La señora E.C. informó: "Durante mi primer embarazo, tenía acidez y descubrí que si comía un tallo de apio me aliviaba el malestar. El apio nunca faltaba en nuestros paseos, o viajes. Un manojo de tallos de apio en una bolsa de plástico era mi remedio y un bocado maravilloso para los niños. También es una forma sana de no engordar, ¡lo que es un problema en los embarazos!"

¡ÚLCERA CURADA CON LECHE DE CABRA!

La señora K.M. dijo: "Un vecino tenía úlcera y 15 médicos le dijeron que era 'incurable'. Un viejo amigo le dijo que se alimentara con leche de cabra. La probó y, como se vio en las radiografías, ¡sus úlceras habían desaparecido completamente!"

¡MÁS MILAGROSOS ALIMENTOS CURATIVOS PARA LAS ÚLCERAS!

El masaje de los nervios puede aliviar el dolor de las úlceras en minutos y, a veces, las cura, dicen los expertos. Para aliviar las úlceras, masajee la parte suave en la base del pulgar, entre los dedos en las dos manos. Luego masajee entre los dedos (esto también alivia el hipo, y si frota el dedo meñique con el de al lado también puede aliviar el malestar de viajar en automóvil). Hay testimonios de una mujer que tenía terribles dolores por la úlcera en el estómago y le dieron este Milagroso Alimento Curativo. Sintió un alivio inmediato, "¡Ahí, eso afecta la zona!" En menos de 5 minutos, su dolor había desaparecido completamente.

Los problemas emocionales le pueden causar un caso grave de acidez y síntomas de úlcera. El poder mental puede aliviar esos síntomas; un experto llega a decir que el pensamiento positivo puede curar completamente cualquier úlcera, sin importar su gravedad. Este Milagroso Alimento Curativo le garantizará a usted y a sus seres queridos que no tengan úlceras, dice un experto, añadiendo que ¡no sólo libera al organismo del dolor sino que cura las úlceras!

CAPÍTULO 8

¡MILAGROSOS ALIMENTOS CURATIVOS PARA EL ESTREÑIMIENTO, LA DIARREA, LA COLITIS Y OTRAS DOLENCIAS INTESTINALES!

Los alimentos ricos en fibra, incluyendo las frutas frescas, las nueces, los vegetales, las semillas, los cereales con salvado y el pan integral, son considerados como Milagrosos Alimentos Curativos para el estreñimiento. Aun más notable es el hecho de que varios estudios han demostrado que los alimentos ricos en fibra pueden ayudar a prevenir afecciones tales como cálculos biliares, dolencias estomacales y problemas circulatorios, ¡incluyendo las hemorroides y las venas varicosas!

¡COMO UNA RESPUESTA A SUS ORACIONES!

La señora V.E. indica que: "Desde que perdí gran cantidad de peso (de 230 a 110 libras) he tenido problemas con mis intestinos. Tenía usualmente estreñimiento y cuando iba al baño tenía que pujar con tanta fuerza que mi rostro se tornaba de color rojo. Mi médico me puso en una dieta baja en residuos, la cual simplemente parecía que empeoraba las cosas. Luego escuché algo acerca del salvado sin procesar y el germen de trigo. Tomé una cucharada de cada uno con el café dos veces al día y fue como una respuesta a mis oraciones.

"Empecé inmediatamente a tener movimientos normales de los intestinos cada mañana, en los cuales yo sentía por primera vez que estaba vaciando mis intestinos. Hoy en día tomo solamente una cucharada de cada uno en la mañana con mi café y obtengo los mismos resultados. Estaba realmente sorprendida al averiguar cuántas personas tienen el mismo problema y ahora tengo varias amistades que los toman también.

"Lo que más me sorprende es que ¿cómo es posible que los médicos nunca recomiendan este tratamiento? ¿Es simplemente porque ellos no saben nada acerca del salvado y el germen de trigo, o en realidad no les importa? Cuando se lo dije a mi médico se sorprendió y me preguntó si funcionaba *realmente*".

LUEGO DE MUCHOS AÑOS, ¡ALIVIO CON EL SALVADO!

El señor L.E. informó: "Yo sufrí de estreñimiento durante muchos años, teniendo evacuaciones cada dos o tres días. En muchas ocasiones forzaba la deposición y la eliminación era frecuentemente una experiencia dolorosa. Luego aprendí acerca de los beneficios del salvado sin procesar (*unprocessed bran*). Me apresuré y lo compré y he estado comiendo una cucharadita colmada diaria, con el desayuno, durante un poco más de un año.

"La evacuación se ha convertido en un placer —sin dolor ni esfuerzo— y ocurre por lo menos una vez al día y frecuentemente dos o tres veces diarias. Si alguien está sufriendo del estreñimiento y sus varios síntomas y efectos secundarios, pruebe el salvado que estoy seguro que le gustará".

La señora W.V. informó: "Yo no tuve un movimiento intestinal normal durante siete años. Fui a diferentes clínicas y me hice todo tipo de exámenes. Recurrí a los médicos, quienes me empeoraron con sus recetas. Sentía que era un caso sin esperanza hasta que un amigo me comentó acerca del salvado natural. Y me alivié por tan sólo 59 centavos".

Casos relatados:

- La señora S.G. informó: "Durante años solía estar estreñida todo el tiempo y sólo me aliviaba con el uso de los enemas. Ahora, luego de comer frutas crudas y tomar muchos suplementos alimenticios, tengo dos o tres movimientos intestinales al día".

- La señora N.J. escribió: "Toda mi vida he sufrido de estreñimiento. He tratado todo lo que la gente me ha recomendado pero nada funcionó — incluyendo al salvado natural. Luego me di cuenta de que la papaya me ayudaba a mejorar la digestión por lo que traté de comerla. Fue grande mi sorpresa cuando encontré que mi problema estaba resuelto... Vale la pena intentarlo y tomando en cuenta que la papaya es tan deliciosa y fácil de ingerir, barata también, usted no tiene nada que perder". (La papaya viene también en forma de tabletas.)

- Mr. E.D.B. escribió: "Quiero decir que las semillas de girasol son las mejores en lo que se refiere a la regularidad. Ellas actúan como un laxante y proveen también al organismo de una buena nutrición, de manera que pueden ayudar a mejorar la salud en general. Yo compro bultos de semillas de girasol y las distribuyo a mis amigos. Un amigo estuvo estreñido por años. Las semillas de girasol fueron la solución para él".

¡REMEDIOS FAMOSOS PARA EL ESTREÑIMIENTO!

Uno de los laxantes más suaves es el aceite de oliva (una cucharada a la hora de irse a dormir). En la forma de enema es usada por lo general para aliviar la impactación fecal o la obstrucción. Se recomiendan los higos —en un programa de un día basado en higos y nada más. La sencilla adición de bananas (*plátanos*) a la dieta es beneficiosa por lo general. Añadiendo simplemente más agua a la dieta, se puede aliviar el estreñimiento en las personas que lo han padecido por mucho tiempo (20 años). Los médicos recomiendan usualmente tomar un vaso de agua de la llave *antes* del jugo de naranja y el cereal en el desayuno, y por lo menos un vaso más de agua antes de irse a dormir.

Charles G., de 58 años de edad, estaba tan estreñido que pensó que tenía un tumor, un pólipo, o algún tipo de obstrucción intestinal. Un viejo médico italiano le dijo francamente, "Usted no necesita de ningún laxante, ni siquiera una operación. Le diré algo: vaya a su casa, compre un poco de escarola (en su supermercado local —se parece a una lechuga), hiérvala en agua y luego tómese el agua". ¡Funcionó como por arte de magia!

Desde ese momento en adelante, ha tenido evacuaciones completamente naturales sin dolor ni esfuerzo. Una amiga, Beverly F., de 34 años de edad, luego de oír esto, decidió probar también la escarola. Se había vuelto muy estreñida desde que tuvo su bebé años atrás. Pero en lugar de hervir y tomarse el agua (ella no tenía tiempo), comía primeramente en la mañana un poco de escarola cruda. Funcionó increíblemente bien, tal como dijo el médico. Todo esto parece comprobar su hipótesis —la próxima vez que tenga dolor, en lugar de dirigirse a su farmacéutico local, quien le cobrará una fortuna (y lo llenará de medicamentos), vaya a su supermercado local, en donde puede conseguir alivio ¡por unos pocos centavos!

¡LAS HEMORROIDES AGRANDADAS DESAPARECIERON!

El estreñimiento por lo general termina en hemorroides. Un buen remedio para las hemorroides son las cebollas verdes picadas, mezcladas con harina de trigo, fritas en grasa (manteca) animal. Esparza esta mezcla en un paño de algodón y aplíquelo antes de irse a dormir. Repita cuantas veces sean necesarias. Se dice que este remedio aliviará su afección ¡en dos días!

El señor W.N. informó: "Luego de sufrir por varios años de forma intermitente traté de aplicarme *Lecithin 1200*, una concentración gelatinosa de extracto de soja. Me la apliqué una vez al día durante dos o tres días y las hemorroides agrandadas desaparecieron por completo. Y ellas no han regresado. Esta cura funcionó luego de que muchas otras habían fracasado".

El señor M.T. informó: "Estaba teniendo muchos problemas con mis hemorroides. La hinchazón era grave y el dolor terrible. Probé varios remedios y parecía que nada me aliviaba. Luego empecé a utilizar rutina (*rutin*) y logré aliviarme en sólo un par de días. Un amigo mío tenía el mismo problema. Él la utilizó también y se benefició de inmediato. Yo he continuado tomando rutina desde ese entonces, teniendo en cuenta que es barata y que ayudará a prevenir el regreso de las hemorroides".

¡ALIVIO INMEDIATO DE LAS HEMORROIDES!

La señora H.B. dijo: "Alrededor de un mes atrás yo tenía un virus intestinal severo que me tuvo continuamente en el baño durante seis días. La diarrea constante agravó las hemorroides que desarrollé mientras estaba embarazada, de tal manera que me sentía absolutamente miserable. Luego de unos pocos días de aplicarme vitamina E, aceite de ricino (*castor oil*) y un remedio popular vendido sin receta —ninguno de los cuales me alivió— llamé a una amiga conocedora del tema para pedirle un consejo.

> "Lo que ella me dijo que hiciera me trajo un alivio inmediato y es ¡absolutamente increíble! Coloqué un puñado pequeño de arándanos agrios (*cranberries*) en la licuadora para picarlos finamente. Luego envolví aproximadamente una cucharada en un pedazo de estopilla (gasa, *cheesecloth*) y cubrí el área afectada con éste. Al cabo de 30 minutos yo ya podía sentir que el dolor se estaba yendo.

"Luego de una hora, cuando el paño empezó a tornarse de un color rojo intenso a un café castaño, apliqué una compresa nueva. No estoy exagerando cuando le digo que luego de dos horas me sentí de maravilla y dormí toda la noche sin despertarme por causa del dolor. A pesar de que reconozco y prefiero los remedios naturales, debo admitir que no podía creer o entender realmente cómo los arándanos agrios podían ayudarme, pero porque tengo un gran respeto por mi amiga, decidí probarlo. Usted puede estar completamente seguro de que a pesar de que casi nunca tengo esta clase de problema, tendré una bolsa de arándanos agrios en mi refrigerador, solamente por si acaso".

¡ALIVIO INMEDIATO DEL DOLOR!

El señor N.T. escribió: "Durante un largo tiempo he sufrido de ataques (esparcidos por varios años) de hemorroides externas. Las preparaciones comerciales no funcionaron; las recetas no fueron mejores. Por lo general, el ataque finalizaba con una operación de bajo riesgo en el consultorio médico, luego de la cual venía una recuperación lenta y dolorosa. Luego mi médico se mudó, lo cual me puso en un gran dilema cuando llegó el próximo ataque. Habiendo leído de los maravillosos resultados de la vitamina E con las quemaduras y las dolencias de la piel, decidí aplicármela —mitad en forma de supositorio y la otra mitad externamente por medio de una cápsula de 1000 unidades internacionales (*I.U.*) para cada tratamiento. El dolor desapareció casi inmediatamente con una recuperación completa en aproximadamente dos semanas. Se requiere de la aplicación constante y paciencia".

¡ALIVIO COMPLETO DE LA PICAZÓN RECTAL INSOPORTABLE!

La señora E.D. informó: "Durante un buen tiempo he sufrido de picazón en el área rectal. Cierta preparación comercial me trajo solamente un alivio temporal. Un día pensé en el vinagre. El aplicarme durante la noche un manojo de algodón saturado completamente en vinagre ordinario me ha brindado un alivio total hasta ahora —¡Muchos meses después! Si el área se ha irritado por rascarse constantemente usted experimentará, por supuesto, una sensación de ardor temporal. He descubierto que el vinagre traerá también alivio inmediato y una recuperación rápida para la dermatitis o las inflamaciones de la piel causadas por la hiedra o el zumaque venenosos. Aplíquelo varias veces al día".

El señor B.J. informó: "Me he rascado el trasero por más de 15 años y los médicos me han dicho que esto era causado por los antibióticos que estaban matando las bacterias de mis intestinos. Me han recetado suero de leche (*buttermilk*), yogur y varios ungüentos para reducir mi incomodidad. Sin la necesidad de decirlo, ninguno me ha ofrecido un

alivio duradero. ¡Luego descubrí el aceite de germen de trigo (*wheat germ oil*)!

"Simplemente me lavé con jabón, me enjuagué y me sequé con una toalla y luego apliqué el aceite de germen de trigo en todas las partes afectadas. Han pasado ya casi dos semanas y no he tenido ninguna sensación de picazón y no he sufrido de ninguna inflamación. Solamente alguien que se ha rascado por tanto tiempo como yo, puede entender lo maravilloso de este alivio".

¡ALIVIO PARA LAS INFLAMACIONES RECTALES!

Las inflamaciones rectales *deben* ser examinadas por un médico calificado para determinar si ellas no son nocivas. Si no son nocivas, aquí tiene un remedio que las puede hacer desaparecer por completo. La señora L.E. informó: "Por más de dos años, he sufrido de inflamaciones en el área anal. En los últimos seis meses empezaron a ponerse graves, particularmente cuando tenía un movimiento intestinal. Recurrí a toda clase de médicos y cada uno me recetó un ungüento diferente. Esto no las eliminó y se fueron empeorando cada vez más. Estaba a punto de convertirme en una persona parcialmente incapacitada debido al dolor y al deterioro de toda el área. Finalmente, me dieron un tratamiento de rayos X, sin embargo no las eliminó. Y las inflamaciones volvieron nuevamente con una intensidad feroz.

"Desesperada, decidí usar un tratamiento casero. Por primera vez en dos años pude eliminarlas por completo y no han regresado todavía. El milagro verdadero es el aceite de germen de trigo. En la mañana, utilizo agua muy caliente, baño el área durante dos minutos, luego aplico el aceite de germen de trigo durante dos minutos. Lavo suavemente el área con un jabón no irritante, la enjuago nuevamente con agua caliente y la vuelvo a lavar.

"Permita que el área se seque sin tocarla. El secado es muy importante. Luego aplique el aceite de germen de trigo y manténgalo así durante todo el día. Yo llevo conmigo cápsulas y me aplico una cuando lo creo conveniente. Por la noche repito todo el procedimiento. Esto es un poco complicado, pero usted se sorprenderá de sus excelentes resultados". El germen de trigo contiene vitamina E, la cual ayuda a la curación.

¡DETUVO EN CUESTIÓN DE MINUTOS EL DOLOR DE LAS HEMORROIDES!

Según se informó, en cientos de casos, el dolor de las hemorroides se detuvo en minutos, completa y permanentemente, sin que se volviera a producir —aun en los peores casos—, con un masaje de los nervios. Una mujer sufría de hemorroides sangrantes dolorosas tan severas, que pensó que tenía cáncer, porque no se podía curar. Sin embargo, su médico no veía nada anormal. Con este masaje de los nervios —un Milagroso Alimento Curativo—, sus hemorroides se aliviaron en cinco minutos y ¡nunca la volvieron a molestar!

Con este método, las hemorroides desaparecerán en dos o tres días, declara un experto. Empiece masajeando los filos huesudos de los tacos de los pies y las palmas de las manos, con un movimiento giratorio y de presión. Luego con sus dedos pulgares, masajee hacia arriba el centro de los brazos, desde la muñeca hasta el codo.

¡MILAGROSOS ALIMENTOS CURATIVOS ALIVIARON LA COLITIS ULCERATIVA!

La colitis ulcerativa es una forma severa de diarrea, que en ocasiones alterna con períodos de estreñimiento. La señora J.S. informó: "Ahora tengo 33 años de edad. La colitis ulcerativa me atacó cuando yo tenía 11 años. Los médicos me hablaban con muchas evasivas. Los pepinillos, la leche y demás, no me molestaban. Mis dolores no se encontraban en los 'lugares adecuados' y para su desconcierto, las bebidas alcohólicas causaban sangrado rectal. Mi médico, utilizando mis radiografías como un diagrama, me indicaba pacientemente por qué el alcohol ¡no podía causar sangrado rectal! No gastaré más tiempo en describir mi pasado.

"Empecé a comer pan integral y arroz moreno y a tomar jugo de naranja fresco todos los días. Luego de algún tiempo, me di cuenta de que ya no tenía diarrea y que los síntomas de mi enfermedad estaban aparentemente ausentes. Mi médico me había advertido que, como un paciente con colitis ulcerativa, mis posibilidades de contraer cáncer del colon eran 20 por ciento mayores a las de una persona promedio.

"Él me recomendó rayos X anuales para mantener bajo observación el desarrollo de mi enfermedad. Cuando mi hija tenía dos años y medio, decidí que era tiempo de hacerme un chequeo. Luego de que los rayos X habían sido revelados... desearía haber tenido una grabadora para registrar su sorpresa. El área infectada estaba completamente curada. ¡No había actividad! "Él es un médico brillante que está relacionado con un hospital reconocido (como profesor) de la ciudad de Nueva York. ¿Cómo puede ser posible que yo sepa algo que él no sabe? ¡Él es supuestamente el experto!"

¡TOMATES PARA LA DIARREA!

La pulpa seca del tomate en una base de pectina constituye un remedio bien conocido para la diarrea. Esta combinación se utiliza en un medicamento llamado *Tomectin*.

La utilización exitosa de la pulpa de tomate (*tomato pomace*) en más de 100 casos de diarrea ha sido descrita por el Dr. Lester M. Morrison, M.D., en el *American Journal of Digestive Diseases*. El doctor Morrison dice que la diarrea provocada por causas simples o no orgánicas fue usualmente detenida ¡al cabo de cuatro horas de haber utilizado el tratamiento de tomates!

En casos de envenenamiento con alimentos, alergias, mala nutrición y colitis espasmódica, la diarrea se alivió al cabo de 12 horas de haber suministrado la primera dosis. En todos los casos, se tomaba cada dos horas leche con una cucharada de pulpa de tomate.

Como la mayoría de las demás hierbas y vegetales, el tomate es mucho mejor cuando se lo come fresco. Enlatado o cocinado, pierde la mayoría de su valor nutritivo. El tomate fresco o el jugo de tomate son alcalinos. Cuando se lo combina con almidón o azúcar en la misma comida, se convierte en ácido y puede causar ardor estomacal (como cuando se lo come con galletas y con el estómago vacío).

¡LA DIARREA SE DETUVO CASI INMEDIATAMENTE!

La señora K.V. informó: "Tuve diarrea durante mucho tiempo y estaba tan débil que apenas podía moverme. Me sentía agotada y rebajé de peso dramáticamente. Cada vez que dejaba de tomar la receta del médico, la diarrea regresaba, peor que nunca. Luego me dijeron que probara el ajo, tomando una cucharadita de pedacitos en forma de cubos con leche o miel, dos o tres veces diarias. Lo increíble es que ¡mi diarrea se detuvo casi inmediatamente!"

¡TERAPIA DE AJO PARA LAS ENFERMEDADES DEL TRACTO DIGESTIVO!

El Dr. E.E. Marcovici, M.D., en un artículo titulado "Garlic Therapy in Diseases of Digestive Tract Based on 25 Years' Experience" informa que se interesó por primera vez en el ajo cuando, como médico del ejército, tuvo la oportunidad de estudiar y tratar casos innumerables de infecciones gastrointestinales.

El doctor Marcovici encontró que el ajo traía un alivio rápido en los casos extremos de diarrea de disentería. A algunos pacientes no les gustaba el sabor fuerte y penetrante de la planta, de manera que se usaron las tabletas de ajo obteniendo los mismos resultados. Los resultados fueron tan estupendos que luego el ajo fue incluido como un tratamiento de rutina y una medida de purificación en cientos de casos de desórdenes digestivos.

Para la hipertensión (alta presión sanguínea) crónica de los ancianos, el doctor Marcovici cree que el ajo puede dar buenos resultados debido a que purifica y limpia los gérmenes intestinales que causan la putrefacción. Por lo

tanto previene que estos venenos sean absorbidos por el torrente sanguíneo.

"Se conoce que estos pacientes sufren frecuentemente de estreñimiento crónico, estasis cecal (obstrucción intestinal) o apendicitis crónica", señala el médico. "Como resultado de estos desórdenes, trozos de alimentos predigeridos incompletamente en el estómago, debido a subacidez o hiperacidez, llegan a la región cecal en donde pasan un proceso de putrefacción patológica. Como consecuencia, las toxinas son absorbidas y llevadas al torrente sanguíneo. Esta toxemia es responsable por los síntomas variantes que estos pacientes sufren: dolores de cabeza (migrañas), mareos, fatiga, espasmos capilares y demás". El ajo mata los gérmenes de putrefacción para purificar y limpiar el sistema.

¡AJO PARA LA DIARREA!

El Dr. E. Roos, escribiendo para el *Munchener Medizinische Wochenschrift*, una revista médica alemana, indica cómo usar una preparación de ajo exitosamente para el tratamiento de muchas dolencias intestinales, la mayoría relacionadas con la diarrea. Él afirma que el ajo es eficaz en tres aspectos: alivia, purifica y reduce la inflamación. El ajo, señala, tiene un efecto casi narcótico. Como un narcótico, parece que hace desaparecer, al cabo de muy corto tiempo, los dolores de estómago, la diarrea y otras dolencias intestinales. A diferencia de los narcóticos, el ajo rara vez causa estreñimiento.

"Hace muy poca diferencia", afirma el doctor Roos, "qué clase de diarrea usted esté tratando o en dónde tenga principalmente su origen. Se ha obtenido un resultado favorable en la gran mayoría de los casos tratados, aun en casos crónicos con reapariciones periódicas".

A pesar de que los resultados no pueden ser garantizados, él indicaba, en casos de desórdenes orgánicos serios tales como el cáncer o la tuberculosis, dio varios ejemplos de casos sin esperanza parecidos que habían sido tratados exitosamente. (Los nombres en los casos han sido cambiados.)

Casos relatados:

- Un profesor, Milton F., había sufrido durante 17 años de gases, dispepsia y colitis. Ocasionalmente, la diarrea alternaba con ataques de estreñimiento. Se le recetaron dos gramos de una preparación de ajo dos o tres veces diarias. En dos meses y medio el paciente se dio cuenta de que estaba curado.

- La señora Odetta S., de 59 años, sufrió de diarrea por casi nueve meses. Antes de que esto sucediera, ella siempre había sufrido de estreñimiento —con un sistema digestivo muy delicado y sensible. Al cabo de un mes de seguir un tratamiento de ajo, ella subió de peso, mejoró su estado de salud y sus deposiciones eran completamente normales. La evidencia de grandes depósitos de bacterias nocivas en sus intestinos desaparecieron por completo.

- Lucas R., de 33 años, un clérigo, sufría de colitis crónica, que incluía dolor e incomodidad abdominal. Él empezó a tomar dos gramos de ajo dos veces al día durante 14 días. Luego tan sólo una vez al día. Al cabo de los primeros días ya se sentía mejor. Tres semanas después, tenía dos movimientos intestinales normales al día.

- Lena H., de 24 años, experimentó repentinamente dolor de cuerpo, náuseas, escalofríos y fiebre, junto con una diarrea persistente. Su afección fue diagnosticada como enterocolitis aguda. Ella tomó dos gramos de ajo tres veces al día y al quinto día su estado era perfectamente normal.

- Clifford P., de 48 años, un panadero maestro, sufría de intensas presiones y dolores en la parte superior de su abdomen. El dolor le había molestado durante más de un año, en algunas ocasiones durante todo el día —y sin embargo no sufría de gases. Se le recetaron dos tabletas de ajo tres veces al día —y en cuestión de unos pocos días experimentó una recuperación notable. Alrededor de un mes, declaró que su estado de salud era perfecto.

- Irwin W., un investigador, que sufría de dolores abdominales, problemas estomacales, hiperacidez y diarrea, tenía una cita para realizarse una apendicetomía. Para su buena suerte, el cirujano no estaba disponible. Mientras tanto, se le suministró una preparación de ajo, dos gramos dos veces diarias. Luego de pocos días, declara que se sentía perfectamente bien y la operación se canceló. (El doctor Roos citó este ejemplo simplemente para mostrar los efectos calmantes del ajo, no para recomendarlo como un sustituto de una cirugía necesaria.)

"A menudo, luego de un corto tiempo", señala el doctor Roos, "las dificultades mejoran, los pacientes se sienten aliviados y se ven mejor... Según las declaraciones de nuestros pacientes, este efecto parece ser duradero". El doctor recomienda tomar dos tabletas de ajo tres veces al día como la mejor dosis posible para tratar los problemas intestinales; en los casos severos, dos tabletas cinco veces al día y en casos leves, dos tabletas una o dos veces diarias. Lo más importante de todo, señala, es que estas tabletas pueden tomarse sin el miedo de sufrir efectos secundarios desagradables.

¡LA MEJOR MANERA DE TOMAR EL AJO PARA CURAR LA DIARREA!

La señora H.L. de Bethesda, Maryland, dio estos consejos beneficiosos acerca de cómo tomar el ajo para curar la diarrea:

"En algunas ocasiones he sido víctima de una diarrea persistente", declaró. "Los diferentes medicamentos recetados por mi médico no dieron resultado y me hicieron sentir más enferma. Finalmente empecé a comer ajo crudo luego de cada comida y la diarrea desapareció de inmediato.

"Evidentemente", continúa ella, "la diarrea era causada por muchas bacterias nocivas que fueron eliminadas por el ajo. A mí no me gusta masticar el ajo de manera que lo picaba finamente y me lo tragaba con la ayuda de un jugo de frutas".

¡AGRADABLE CUANDO SE USA CORRECTAMENTE!

¿Cuántas veces ha escuchado esta queja? "Comí un poco de ajo rallado y mi estómago se molestó de tal manera que pensé que me iba a morir". Esto se debe casi siempre al uso impropio del ajo. Cuando se lo usa correctamente el ajo es delicioso y no tiene olor.

La manera de suavizar realmente el ajo es ¡cocinarlo! Esto le da una textura suave y mantecosa y un delicioso sabor a nueces. Y el plato que prepare ¡no tendrá ningún olor a ajo! Esto es verdad incluso en ciertos platos exóticos cocinados en los cuales se deben usar ¡hasta 60 dientes de ajo! La razón es que la esencia (u olor) del ajo es un aceite volátil que se desprende rápidamente con el calor.

El ajo cocinado, declara un experto, es seguro y sabroso —como los son pequeños cubitos del mismo puestos en ensaladas o carnes— y lo recomienda para las personas que tienen una salud deficiente, o sufren de alergias o problemas estomacales.[1] Por lo general, las dosis de ajo crudo son las que las personas encuentran más desagradables. Para esas personas el ajo debería ser diluido de alguna manera, como por ejemplo en la sopa o con leche y galletas.

¡UN REMEDIO EFICAZ PARA EL ESTREÑIMIENTO!

Hipócrates recomendaba el ajo como un laxante eficaz. Un científico reconocido y experto en la terapia de ajo señala que las personas que sufren de estreñimiento pueden encontrar alivio comiendo regularmente cantidades moderadas de ajo mezcladas con cebollas y leche o yogur. El állicin presente en el ajo, indica, estimula el movimiento peristáltico de las paredes intestinales y de esta forma produce el movimiento intestinal. Kristine Nolfi, M.D., una doctora naturópata danesa, señala también que "el ajo provoca un efecto fortalecedor y laxante".

¡LA RECUPERACIÓN OCURRE EN CUESTIÓN DE MINUTOS!

El ajo es inusualmente rico en potasio —529 mg por cada 100 gramos. El potasio es esencial para la contracción de cada músculo del cuerpo. Sin el potasio, las contracciones de los músculos in-

---

[1] Tadashi Watanabe, D.Sc., *Garlic Therapy* (Tokyo: Japan Publications).

testinales disminuyen su ritmo notablemente —estos músculos incluso pueden llegar a paralizarse completa o parcialmente. ¡Esto provoca el estreñimiento!

"A pesar de que los músculos se vuelven débiles, laxos, delicados o parcialmente paralizados, la recuperación se produce al cabo de unos minutos luego de que se toma el potasio", declara un experto. El ajo, por lo tanto, como una fuente rica en potasio puede explicar el por qué de su eficacia en los casos de estreñimiento.

Otras fuentes de potasio incluyen las frutas y las verduras. El cocinar las frutas y los vegetales causa una gran pérdida de potasio —al igual que agregarles sal. Una dieta baja en sal y rica en proteínas y potasio puede prevenir usualmente esta deficiencia.

¡MILAGROSOS ALIMENTOS CURATIVOS PARA LOS OJOS, LOS OÍDOS, LA NARIZ Y LA GARGANTA!

La antigua creencia de las madres de que el comer zanahorias le daría un color de ojos azul pueda que no sea correcta, sin embargo, los médicos especializados en la vista han descubierto que lo que usted come puede afectar la manera en que usted ve. Durante muchos años, especialistas de la vista del *Wills Eye Hospital* en Filadelfia y el *Harvard's Retina Center*, en Cambridge, Massachusetts, y otros científicos especializados en la corrección y cura de los defectos de la visión se han dado cuenta de la conexión que existe entre la dieta y la pérdida de la vista.

"No tiene sentido el dañar sus ojos con su boca", dice el Dr. Arthur Keeney, oriundo de Kentucky, quien era el jefe del personal en el hospital Wills. El doctor Keeney explica que el ojo —particularmente el área sensible en la mitad de la retina conocida como mácula lútea— es muy sensible a los cambios provocados por una dieta rica en grasa.

De hecho, explica, el colocar al paciente en una dieta baja en grasa es uno de los medios por los cuales los médicos controlan un defecto visual misterioso pero común conocido como degeneración macular, la cual impide al individuo mirar hacia adelante. Irreversible, en la mayoría de los casos, debido a la obstrucción o el goteo en los diminutos vasos sanguíneos que se entrelazan con la mácula (un punto redondo sensible a la luz que se encuentra en el centro de la retina). La víctima se da cuenta de que se está volviendo ciega en el área central de su campo visual. La dieta puede ayudar. Al parecer, en muchas enfermedades de los ojos, los Milagrosos Alimentos Curativos ¡han ayudado!

Casos relatados:

- En uno de los testimonios, un hombre de 60 años sufrió de glaucoma por varios años. Durante el último año, su vista era tan mala que podía ver solamente sombras. Siguiendo el consejo de un amigo, empezó a comer tres zanahorias diarias hervidas en un cuarto de galón de agua. Se tomaba toda el agua y no usaba ninguna clase de condimento. En nueve días, empezó a recuperar un poco de su vista. Luego de utilizar las zanahorias durante dos meses, él puede ver formas y colores e identificar el carro Volkswagen de un amigo ¡estacionado en la vereda al frente de su casa!

- El señor D.R. informó: "Mi vista era tan débil, que no podía leer una página impresa. Incluso las letras grandes se veían borrosas. Mi médico decía que esto se debía a mi edad y pobre circulación. Al poco tiempo, tenía que utilizar lentes muy gruesos y usualmente una lupa. Cuando escuché cómo el líquido puro de Lecitina limpia el torrente sanguíneo, empecé a tomar 3 cucharadas diarias. Al cabo de dos semanas, mi visión se aclaró. Mi médico simplemente se encogió de hombros y sonrió. ¿Por qué él nunca me recomendó este tratamiento?"

- La señorita E.M. escribió: "Estaba peligrosamente cerca a contraer glaucoma con una presión ocular de 17 y 21 en el tonómetro. Una lectura de 25 significa que existe glaucoma. Mi médico me aconsejó que redujera la cantidad de café que tomaba, lo cual no pude hacer. Al mismo tiempo, empecé a tomar vitaminas A, C y E y también abono de huesos pulverizados. Estaba temerosa de volver a examinarme mis ojos pero tenía que cambiar la medida de mis lentes. El médico estaba impresionado al averiguar que mi presión ocular había bajado a una lectura de 15 y 14. Había rebajado un total de nueve puntos y decía que esto era excelente. En ese momento le expliqué que había tomado muchas vitaminas. Me explicó que la vitamina C disminuye la presión del ojo. ¡Mi visión a distancia ha mejorado mucho!"

¡UNAS PALABRAS SOBRE EL GLAUCOMA!

Es extremadamente importante que usted no intente tratar el glaucoma por usted mismo haciendo cambios dietéticos sin la aprobación de su médico, debido a que esta enfermedad tiene varias formas.[1] Si usted simplemente toma nuevas medidas dietéticas y gotas para aliviar la presión del ojo, no tendrá éxito. Una simple operación puede ser realizada para aliviar la presión y salvar la vista. Algunos investigadores creen que no hay ninguna conexión entre el glaucoma y la carencia de vitaminas A, B y C. Muchos médicos creen también que se debería evitar tomar café.

¡CÓMO ELIMINAR LAS CATARATAS!

La catarata constituye una pérdida de transparencia del lente cristalino del ojo. Esta se manifiesta también de varias formas —una en la cual el lente se endurece y se vuelve de un color café oscuro, otra en la cual es verde (glaucoma), otras formas en las cuales es gris o lechoso, o afectando solamente parte del ojo, quizás con cicatrices o irritación de la piel —que hacen un total de varias docenas, las cuales pueden ser diagnosticadas sólo por un médico. En la forma más común, la visión se vuelve nublada, como una ventana con escarcha y se produce una irritación y un desgarramiento profuso.

Casi un 100 por ciento de las curaciones de las cataratas, ha sido lograda mediante el uso de la terapia de vitamina B-2. Una notable recuperación ocurrió de 24 a 48 horas. La visión se aclaró y la quemazón, picazón, enrojecimiento y

---

[1] Los pacientes de glaucoma que se tratan por sí mismos corren el riesgo de volverse ciegos, debido a que esta enfermedad tiene varias formas, siendo la más peligrosa el glaucoma fulminante, la cual puede literalmente borrar la visión de la noche a la mañana.

desgarramiento desaparecieron, usando nada más que 15 miligramos de vitamina B-2 al día. Los sujetos se curaron por completo con este Milagroso Alimento Curativo.

Estos resultados increíbles han sido reportados por el doctor Sydenstricker de la Universidad de Georgia, quien trató a 24 pacientes, 18 de los cuales tenían una capa blanca en sus ojos (signo de comienzos de catarata). Todos los demás tenían avanzadas cataratas. Para comprobar que era la vitamina B-2 —y nada más— la que las curaba, se les pidió a unos pocos voluntarios que dejaran de tomarla. Las cataratas empezaron a formarse. Las mismas desaparecieron cuando se les suministró en forma de tabletas este Milagroso Alimento Curativo. Alimentos comunes que contienen la vitamina B-2 incluyen el hígado de ternera, el bróculi, la col rizada (*collards*) cruda, la parte superior de los nabos (*turnip tops*), las remolachas (betabel, *beets*), el germen de trigo (*wheat germ*), los maníes (cacahuetes, *peanuts*), la levadura de cerveza (*brewer's yeast*), el pollo, el salmón, las nueces y los frijoles y habichuelas.

A la vitamina C se la relaciona generalmente con las cataratas —los que padecen de esta enfermedad por lo general carecen de esta vitamina. En experimentos realizados con animales de laboratorio a los cuales se les habían inducido unas cataratas, el desarrollo de la enfermedad se detuvo mediante un mayor consumo de vitamina C.

En *Eye, Ear, Nose and Throat Monthly*, un médico señala que su método para prevenir o corregir las cataratas consiste en recetar a sus pacientes una dieta especial que incluye la parte superior de los vegetales —a los cuales yo los llamo "alimentos para ajo" (alimentos que combinan bien con el ajo). También deben tomar un poco de leche y dos huevos diarios, con vitaminas C y A y tabletas de clorofila (*chlorophyll*). Al calcio se lo relaciona generalmente con las cataratas. Aparentemente, la carencia de calcio permite la formación de las cataratas. Entre los alimentos ricos en calcio se encuentran las judías comunes, los ramos verdes de las remolachas, el berro (*watercress*), las hojas de diente de león (*dandelion greens*), los ramos verdes de la mostaza (*mustard greens*), el perejil y los ramos verdes de los nabos (*turnip greens*). (Todos contienen aproximadamente 200 mg por cada ración.)

Casos relatados:

- La señora W.M. informó: "Empecé a interesarme por los suplementos naturales hace cuatro años y medio, cuando mi abuela de 90 años se dio cuenta que se estaba volviendo ciega debido a las cataratas (visión opaca, ojos rojos, llorosos y una niebla notable). Ella empezó a tomar vitaminas A, B-2, C, D y E, hígado deshidratado, comida de semilla de girasol (*sunflower seed meal*), *organex* y proteínas. A sus 94 años de edad, las cataratas han desaparecido y su salud física y mental ha mejorado notablemente. (¡Cuide su organismo y los ojos se cuidarán por sí mismos!)"

- El señor M.A. informó: "Hace tres años, mi otorrinolaringólogo me dijo que tenía que remover las cataratas de mis dos ojos. Empecé a tomar las vitaminas A y del complejo B, junto con hígado y levadura. Ingería aproximadamente 3 gramos de vitamina C cada día, alga marina *kelp*, dolomita (*dolomite*), abono de huesos pulverizados (*bone meal*) y otras tabletas de calcio, lecitina y ácido pantoténico... Las cataratas están desapareciendo gradualmente y puedo ver mucho mejor".

- La señora W.M. escribió: "A mi abuela le dijeron que se le estaban desarrollando cataratas en sus ojos y que tendría que someterse a una operación para salvar su vista. Luego de persuadirla, ella aceptó probar los suplementos que le sugerí. Le empezamos a dar vitaminas A, C, B y abono de huesos pulverizados (*bone meal*). Esto sucedió hace dos años y el estado de salud de mi abuela ha mejorado notablemente, y su vista ha mejorado también hasta el punto que puede sentarse a jugar cartas con nosotros sin 'llorar', lo que le había causado tanta incomodidad en el pasado".

- Un hombre escribió: "Me dolían mucho los ojos —una capa nubosa se estaba formando sobre ellos". Se acordó que alguna vez había leído acerca del valor medicinal del aceite de oliva. Entonces se lo aplicó en sus ojos y párpados, también debajo de los ojos y los párpados. Él declaró que luego de dos o tres aplicaciones, ¡su vista se había restaurado por completo!

• Otro hombre explicó: "Yo tenía un caballo que se estaba volviendo ciego debido a una capa que se había formado sobre sus ojos, la cual parecía causarle dolor. Su ojo estaba cerrado y lloroso. Por varias noches, apliqué con una pluma un poco de miel blanca en sus ojos. Alrededor de un día más tarde la capa había desaparecido y el ojo lucía brillante y en buen estado".

¡ALIVIO PARA LAS LCERAS DE LA CÓRNEA!

El *British Medical Journal* ha indicado que en un estudio de 51 casos de pequeñas úlceras de la córnea del ojo, a la mitad de los pacientes se les suministró vitamina C (1500 mg) y la otra mitad recibió un placebo sin ningún valor medicinal. Las úlceras profundas ¡se curaron rápidamente! en aquellos que recibieron la vitamina C.

Una publicación científica holandesa especializada en medicina botánica[2] señala: "La tintura o el extracto de fluido de botón de oro (hidraste, *goldenseal*) aplicado externamente en la córnea con una dilución de dos gotas en un enjuague del ojo curarán la úlcera de la córnea. Hay que utilizarlo tres veces al día".

Por último, las úlceras severas de la córnea del ojo han sido tratadas con buenos resultados mediante el uso de inyecciones de vitamina C, y grandes cantidades de la misma se sugieren en los casos de cataratas, según el *American Journal of Ophthalmology*.

¡ALIMENTOS PARA MEJORAR LA VISIÓN DE CERCA Y DE LEJOS!

La vitamina A es esencial para una buena visión. Una leve deficiencia produce dificultad para ver durante la noche. En una

---

[2] *Acta Fitoterapéutica* XII:9.

forma más grave, provoca dolores de cabeza debido a la luz brillante. Se puede desarrollar una sensación de quemazón, picazón y aspereza debajo de los párpados. En los estados más avanzados, se pueden formar úlceras y pus y manchas oscuras pueden aparecer en la parte de adelante de los ojos (escotoma).

La miopía puede ser debida a la falta de calcio y vitamina A en la dieta, de acuerdo con el *American Journal of Ophthalmology*. La American Medical Association recomienda alrededor de 5.000 unidades internacionales de vitamina A diariamente —de 10 a 15 veces más en los casos de deficiencia. Entre los alimentos comunes ricos en vitamina A se encuentran la acelga (*chard*) cocida, las hojas de diente de león (*dandelion greens*) y los ramos verdes de remolacha (*beet greens*). Una ración de cuatro onzas (150 g) de estos alimentos contiene de 15.000 a 20.000 unidades internacionales de vitamina A. Estos alimentos son también ricos en calcio. Otras fuentes buenas son el berro, la col rizada y los ramos verdes de mostaza, nabo y perejil.

Se ha descubierto que las semillas del girasol alivian la hipermetropía, la tensión del ojo, el dolor y la sensibilidad extrema a la luz, tales como el reflejo brillante de la nieve o el brillo de las luces de los automóviles y las pantallas de televisión. Las semillas de girasol contienen 50 unidades internacionales de vitamina A por cada 100 gramos y también son ricas en las vitaminas del complejo B, hierro y calcio.

Casos relatados:

- El señor H.B. informó: "Las semillas de girasol me han beneficiado grandemente. Yo necesitaba lentes para leer desde que tenía 45 años. Ahora tengo 65 años y he comido las semillas durante aproximadamente dos años o más y puedo leer bastante sin la necesidad de utilizar lentes".

- La señora F.N. escribió: "Recuperé mi vista con las semillas de girasol, tres cucharaditas colmadas de esencia diariamente. Antes todo era borroso para mí, pero ahora puedo leer sin la necesidad de utilizar lentes. Incluso mi cabello está reviviendo".

- El señor S.G. informó: "Luego de haber sufrido de problemas visuales severos por muchos años decidí probar las semillas (de girasol). Comía un manojo generoso cada día y luego de dos semanas me di cuenta de un cambio definitivo y casi increíble. La tensión y el dolor habían desaparecido casi por completo, y yo podía trabajar el día entero sin experimentar ningún problema. Un especialista de la vista (uno de los mejores), luego de haberme examinado declaró que mis ojos habían mejorado y me recetó unos lentes con una medida menor".

- El señor J.S. declaró: "Desde la primera vez que comí semillas de girasol sentí los resultados! En ese instante yo sabía que las semillas de girasol eran buenas para mí y algo que mis ojos necesitaban. Y mientras más las como, mejor se encuentran mis ojos. Los resultados son inmediatos y a la vez duraderos".

- La señora O.B. escribió: "Tengo 66 años de edad y siempre he utilizado lentes. Tengo una visión hipermétrope inusual, de manera que los objetos cercanos eran difíciles de distinguir... Nunca he tomado vitaminas. Utilizo aproximadamente media taza de semillas de girasol al día. Las como mientras plancho, camino, mientras estoy en el autobús o mientras leo o escucho la radio. En algunas ocasiones puedo enhebrar una aguja y coser sin la ayuda de los lentes. Por lo general paso todo el día sin lentes, lo cual no había podido hacer por muchos años. Siento que las semillas realmente me están ayudando a recuperar la vista".

¡LA VITAMINA PRESENTE EN EL AJO QUE AYUDA A RECUPERAR LA VISTA!

Finalmente, existe un ingrediente que eleva la tiamina y se encuentra en el ajo, ¡incrementando diez veces más! la absorción de B-1 (tiamina) de nuestro organismo.

Esta vitamina es de vital importancia para la salud del ojo y los nervios. La visión oscura, el daño del campo visual, los apagones, la inhabilidad de enfocar o ver bien de cerca

("ambliopía") —causada por el exceso de alcohol o tabaco—
han sido todos corregidos con B-1, de la siguiente manera.

F.D. Carroll, en el *American Journal of Ophthalmology*, se
refiere a un caso en el cual aproximadamente la mitad de las
calorías del paciente provenían del alcohol y su consumo de vitaminas B se consideraba inadecuado. Sin disminuir el consumo
de alcohol o tabaco, o mejorar la dieta, la visión normal se recuperó administrando 40 mg de tiamina al día por vía oral y 20
por vena. El mejoramiento se mantuvo mientras el paciente
tomaba 10 mg de tabletas de tiamina diarias. Sin ellas, la visión
se distorsionaba.

¡LAS MANCHAS EN LOS OJOS SE PUEDEN CURAR!

Por lo que se conoce, las manchas en los ojos se pueden curar con
las vitaminas B. Esas manchas no son más que "flotadores" —pequeñas partículas moviéndose dentro del ojo. Generalmente,
usted nunca las ve, pero cuando los ojos se fatigan, como en el
caso de la carencia de las vitaminas B, los nervios ópticos se vuelven tan excitados que incluso se pueden notar aquellas sombras.

Robert B. pensó que se estaba volviendo ciego cuando empezó a ver manchas grandes en la parte delantera de sus
ojos. No podía leer, mirar televisión, ni concentrarse en
nada —incluso el placer de ver por la ventana en un día brillante y soleado se arruinaba por estas manchas molestas
que parecían moverse al mismo tiempo que sus ojos lo
hacían— o fijarse directamente en su línea de visión.

Le describió las manchas a su médico: Tenían formas extrañas
y lucían como gérmenes en un microscopio. La mayoría eran trans-
parentes pero algunas eran borrosas y un poco oscuras. Su médico
le dijo que no se preocupara —que estos eran solamente pigmentos
o partículas de colores flotando dentro del globo del ojo. Le dijo a
Robert que si en alguna ocasión veía una mancha oscura, el problema podría ser serio y que lo debería hacer examinar —pero que
estos flotadores desaparecerían y que no había nada más que hacer
que esperar.

Luego Robert leyó que las vitaminas B curaban los nervios, en particular los nervios ópticos y que el ajo incrementaba diez veces su absorción. Razonando que un buen programa de alimentación basado en ajo podría borrar estas manchas, empezó a comer ajo con alimentos ricos en vitaminas B. Dos días después, de repente se dio cuenta de que ¡las manchas habían desaparecido! El todavía sigue su programa de alimentación basado en ajo. Su visión es perfecta y el problema ¡nunca regresó!

¡DESAPARECEN LOS "FLOTADORES" DE LOS OJOS!

El señor R.N. informó: "Por casi cuatro años tuve considerables problemas con unas manchas (flotadores) que se encontraban en la parte trasera de mis ojos. Cuando fui a visitar al optometrista, este me indicó que estas manchas me molestarían probablemente siempre, de manera que tenía que resignarme a vivir con este problema. Luego, hace casi cuatro meses, decidí autotratarme con vitamina C por un dolor de cabeza provocado por la sinusitis. Tomé dos gramos cada hora por casi 16 horas. El dolor de cabeza desapareció de la noche a la mañana y me di cuenta que al mismo tiempo las manchas en mis ojos habían desaparecido también. No las he vuelto a ver desde ese entonces".

¡DESAPARECEN LOS SÍNTOMAS DEL GLAUCOMA!

La señora B.E. informó: "Tengo 36 años de edad, demasiado joven para tener glaucoma, piensan la mayoría de los médicos. Hace un año, cuando me examinaron, la presión en uno de mis ojos era de 36 y en el otro era de 32. Empecé a usar gotas y encontré que además de no disminuir la presión, irritaban mis ojos.

"El médico dijo que podíamos tratar con gotas más fuertes pero me negué a hacerlo. Hace tres meses decidí probar con las vitaminas. He usado de 2.000 a 3.000 mg de vitamina C con escaramujos de rosas (*rose hips*), más 150 mg de rutina (*rutin*) dos veces al día durante tres meses. La semana pasada examinaron nuevamente la presión de mis ojos y estaba normal (20). Mi oftalmólogo no podía creerlo. Le conté acerca de mis vitaminas y se interesó tanto que me comentó que se lo iba a recomendar a sus otros pacientes con glaucoma". Otras personas han obtenido los mismos resultados.

¡UNA HIERBA COMÚN OFRECE UNA CURA MILAGROSA PARA LOS OJOS!

Al parecer, una hierba común, la consuelda (*comfrey*) posee poderes curativos extraordinarios cuando se la utiliza como cataplasma o té. Los médicos han utilizado su extracto medicinal, *alantoína*, para tratar casos de úlceras persistentes, quemaduras y heridas abiertas, ¡obteniendo resultados espectaculares!

> **Un oftalmólogo quedó impresionado cuando un paciente, que sufría de una quemadura profunda en el globo del ojo —debido al ardiente cobre fundido que le había salpicado— fue curada milagrosamente con un líquido derivado de la hierba común consuelda. La hinchazón de la córnea desapareció, las capas más profundas se curaron y además se formó un tejido nuevo. Todo sucedió de una forma ¡rápida y dramática!**

¡SE ALIVIAN MUCHOS CASOS DE PERSONAS CASI CIEGAS!

Muchos casos próximos a la ceguera han sido aliviados mediante el masaje de los nervios. Para la debilidad del ojo, masajee las almohadillas de la base del segundo y el tercer dedo de las dos manos, mano izquierda para el ojo izquierdo, mano derecha para el ojo derecho. La presión en las puntas de estos dedos puede aliviar la tensión del ojo en unos pocos minutos. Para parar los ojos llorosos, masajee los tejidos entre estos dedos. Una anciana con cataratas usaba este Milagroso Alimento Curativo para los ojos. En poco tiempo, su ceguera casi total se alivió al punto que ¡ella podía leer y no necesitaba que nadie la guiara!

¡SE PUEDE MEJORAR LA AUDICIÓN EN UN 90%!

Usted también puede usar este método para ayudar a recuperar la audición, declara un experto. Presione la punta del tercer dedo, o dedo medio, por aproximadamente 5 minutos, varias veces al día (mano izquierda para el oído izquierdo, mano derecha para el oído derecho). La presión en las articulaciones de este dedo y el dedo meñique puede ser beneficiosa también. Hay médicos que aseguran que se obtiene un mejoramiento de más del 90%, en casi todos los casos de sordera debidos al engrosamiento de la membrana del oído, los ruidos en los oídos y el zumbido en los oídos. Todos obtienen algún beneficio, declara un experto. Un hombre que estuvo sordo durante 25 años y apenas podía oír cuando alguien hablaba en voz alta, utilizó este Milagroso Alimento Curativo —luego de cinco minutos ¡podía escuchar un susurro al otro extremo del salón! Otro hombre, casi totalmente sordo, lo utilizó y el cabo de diez minutos podía escuchar el tictac de los signos de las direccionales de su carro, las voces de los niños, la televisión —sin ninguna ayuda auditiva, ¡por primera vez en su vida!

¡MILAGROSOS ALIMENTOS CURATIVOS PARA LOS OÍDOS!

Los Milagrosos Alimentos Curativos bien pueden aliviar sus problemas auditivos. El *Medical World News* relata la historia del Dr. J.T. Spencer, Jr. de Charleston, West Virginia, quien sufría de una pérdida progresiva de la audición y mareos ocasionales. Pero luego de seguir una dieta baja en colesterol y carbohidratos (por un problema alérgico), repentinamente se dio cuenta de que había recuperado gran parte de su audición. Probó el mismo tratamiento en algunos de sus pacientes (él es un especialista del oído) y declara que muchos han mejorado su audición.

> La sordera repentina requiere de atención médica inmediata, debido a sus varias posibles causas —tales como la enfermedad de Ménière, ciertos tipos de infecciones, un coágulo de sangre, mala circulación, u otras causas. En el *Journal of the American Medical Association*, el Dr. O. Erick Hallberg escribe que el endurecimiento de las arterias podría conducir a un suministro insuficiente de sangre aloído interno, por consiguiente causando una sordera repentina.

La sordera debida al insuficiente suministro de sangre es regularmente constante, con zumbidos en los oídos y mareos, explica el doctor, mientras otros tipos de sordera pueden aparecer y desaparecer. No es muy probable que ataque a los dos oídos al mismo tiempo. Al discutir el tratamiento general de la sordera provocada por el endurecimiento de las arterias, el doctor Hallberg dice: "El uso continuo de grandes dosis de ácido nicotínico (una vitamina B) parece ser lo mejor. Esto se debe a su efecto dilatador de los conductos (ensanchamiento de las arterias) y también a su tendencia aparente a reducir el nivel del colesterol. Los pacientes deberían seguir también una dieta baja en grasas y deberían seguirla por el resto de sus vidas". Entre los alimentos que contienen la vitamina B se encuentran el hígado, el germen de trigo y la levadura de cerveza. El doctor Hallberg menciona también la adición de aceites vegetales saturados en la dieta como una manera de rebajar el nivel de colesterol de la sangre. Dos de los mejores son el aceite de oliva y el aceite de soja (el cual contiene un importante diluyente de grasa, la lecitina).

Casos relatados:

* Un médico, de 40 años de edad, notó de repente una sensación borrosa en su oído izquierdo. El no tenía un resfrío ni mareo, pero sentía que había algo en su oído. Los exámenes no mostraron ninguna clase de obstrucción; sin embargo, un audiograma mostró una marcada pérdida de la audición en ese lado. Los exámenes de sangre revelaron un alto nivel de grasa. Se le puso en una dieta baja en grasa (carnes magras, frutas frescas y vegetales —no mantequilla, huevos, crema, salsa, almidones, o quesos procesados). ¡En dos semanas, su audición volvió a la normalidad!

* El señor J.D. se quejaba de sordera y zumbidos en su oído por muchos años. Cuando empezó a utilizar todos los días mucha lecitina proveniente de la soja, repentinamente ¡los zumbidos desaparecieron y su audición se aclaró! Se encuentra tan feliz que tiene planeado seguir usando este Milagroso Alimento Curativo que mejora la circulación y limpia las venas y las arterias incrustadas de grasa, causando ¡un mejoramiento inmediato de la audición en muchos casos!

¡OTROS PROBLEMAS AUDITIVOS QUE SE ALIVIAN CON LOS MILAGROSOS ALIMENTOS CURATIVOS!

La señorita L.C. informó: "He usado ajo durante un año para el dolor de los oídos. He visto que hace maravillas en unos 10 o 15 minutos. Hay que perforar una cápsula de aceite de ajo, verterla dentro del oído y cubrirlo con un poco de algodón. He comentado a mis amigos y familiares acerca de cómo el dolor desaparece rápidamente, ¡y todos lo pueden jurar!

"Mi hermana tenía una infección interna del oído y lloraba toda la noche debido al dolor. Me llamó en lágrimas a las 4 de la mañana. Su esposo vino a mi casa y se llevó un poco de aceite y el dolor se alivió en 15 minutos. También, casi por accidente descubrí que las quemaduras se alivian si se frota ajo sobre ellas. El dolor desaparece casi inmediatamente luego de aplicarlo y frotarlo sobre la herida.

"Mi sobrino se quemó su mano en la hornilla eléctrica. Cuando se le aplicó el aceite de ajo, él se sentía muy aliviado y durmió toda la noche sin llorar".

¡SE ALIVIA EL ZUMBIDO DE LOS OÍDOS!

El señor S.A. informó: "He descubierto un remedio muy sencillo y barato para la mala audición y el zumbido en los oídos. Mis oídos zumbaban demasiado y mi audición era bastante nublada. Hace tres años leí que: 'se dice que una gota de jugo de cebolla en el oído es buena para la mala audición'. Lo probé obteniendo resultados magníficos. Empiece haciéndolo tres veces a la semana y conforme su condición va mejorando, puede rebajar la dosis. Ahora lo utilizo cada semana o cada diez días y mantengo los buenos resultados".

¡UNA HIERBA CON UN PODER CURATIVO MILAGROSO!

Un médico informó acerca del caso de un hombre con un tumor grande en su nariz y boca, el cual fue removido quirúrgicamente.

Un mes después, el tumor regresó nuevamente. El tumor se encorvó a través de la incisión y casi cerró el ojo derecho. Era de color azul, firme y no se rompía. Su caso no tenía esperanza y el médico lo envió a casa a que esperara su muerte.

Pocas semanas después, el paciente ingresó a la oficina del médico luciendo más saludable que nunca. El tumor había desaparecido completamente de su cara y no había ninguna huella del mismo en su boca. No tenía ningún dolor y se encontraba aparentemente bien.

Le dijo al médico que había tratado el tumor aplicando cataplasmas de consuelda y que la hinchazón había desaparecido gradualmente. El médico respondió diciendo que no creía que eso fuera posible. (Como en todos los casos relacionados con el ojo, el oído, la nariz y la garganta, se le aconseja al lector que busque ayuda médica inmediata. No se recomienda que se auto trate, a menos que su médico lo apruebe.)

¡SE ALIVIA UN TERRIBLE DOLOR DE LA GARGANTA!

Uno de estos Milagrosos Alimentos Curativos es tan poderoso que —mientras no existe una cura— ha sido utilizado para aliviar los terribles dolores del cáncer a la garganta. Es un hecho conocido el que los sufridores de esta enfermedad han declarado que solamente el té de hojas de violeta, utilizado como una bebida, enjuague bucal o gárgaras, alivia su agonía. El uso de este té común no es permitido sin la autorización de su médico. No constituye un substituto del cuidado médico calificado.

¡REMEDIO PARA LA INFLAMACIÓN DE LA GARGANTA!

La señora A.T. informó: "Mi lengua frecuentemente se inflamaba y era muy molestoso. Dos médicos no le prestaron atención ya que no había ningún signo visible de irritación. Pero cuando lo consulté con mi dentista, él me preguntó si estaba siguiendo alguna dieta especial. Lo estaba haciendo —para una úlcera, lo que implicaba que no comiera frutas frescas. Me comentó que un escorbuto se estaba empezando a formar y me dijo que tomara grandes dosis de vitamina C. ¡El problema desapareció en un par de días!"

¡REMEDIO PARA EL ARDOR DE LA LENGUA!

El *Journal of the American Medical Association* ha indicado que el ardor de la lengua, que incluye generalmente los dos lados y viene acompañado con una garganta seca o inflamada, es una queja común en las mujeres veteranas o menopáusicas. La falta de ácido hidroclórico en el estómago es una causa frecuente, en la cual los médicos suministran un estimulante del ácido. A los pacientes con ácido estomacal normal, se les receta un suplemento de hígado, junto con vitamina B-12 y riboflavina. Se informó que la mayoría de los pacientes se alivian con estos tratamientos.

¡UN MILAGROSO ALIMENTO CURATIVO PARA LA NARIZ Y LA GARGANTA!

Al ajo se ha conocido por mucho tiempo como un antiséptico milagroso en los casos que se relacionan con la inflamación del ojo, el oído, la nariz y la garganta. Tal como lo indica la doctora Kristine Nolfi, M.D.:[3]

> **"Si uno coloca un pedazo de ajo en la boca, al comienzo de un resfrío, en los dos lados entre las mejillas y los dientes, ¡el resfrío desaparecerá al cabo de pocas horas, o al máximo, en un día!"**

El ajo tiene también un efecto curativo para las enfermedades crónicas de los órganos respiratorios superiores. La doctora dice que el ajo absorbe los venenos —y esto es verdad en casos de "inflamaciones crónicas de las amígdalas, glándulas salivales y glándulas linfáticas cercanas, empieza de la sinusitis maxilar, las laringitis y laringitis severas" y otras condiciones. Por ejemplo:

---

[3] *My Experiences with Living Food*, por Kristine Nolfi, M.D., Humlegaarden, Humleback, Denmark, n.d.

- Esta planta medicinal milagrosa, dice la doctora, "¡hace que los dientes flojos se afirmen nuevamente y elimina el sarro!"

- Tiene un efecto curativo para el catarro del ojo y la inflamación del conducto lacrimal (lágrima).

- ¿Tiene dolor de oído? Simplemente envuelva la planta con un poco de gasa, explica la doctora, y colóquela en el canal externo del oído.

- ¿Tiene un dolor de cabeza? El ajo es la aspirina natural, dilata las venas y las arterias para aliviar la congestión. ¡Simplemente exprima un poco de ajo en una cucharadita de miel (es un remedio antiguo de los indios americanos)!

- ¿El estornudo, la nariz tapada o la alergia lo tienen agobiado? Pruebe un poco de ajo sumergido en agua. Según se conoce el ajo ¡hace milagros en esos casos!

¡TRATANDO LOS RESFRÍOS CON AJO!

El Dr. J. Klosa experimentó con el ajo y publicó sus descubrimientos en una edición de la revista alemana *Medical Monthly*. El doctor Klosa experimentó con una solución especial preparada a base de aceite de ajo y agua (dos gramos de aceite de ajo en un kilogramo de agua).

En 71 casos, las narices entupidas y supurantes ¡se descongestionaron completamente! luego de 13 a 20 minutos. El ardor y el cosquilleo en la garganta pueden ser detenidos de inmediato administrando 30 gotas de la solución de aceite de ajo —si se ataca a los síntomas en la primera etapa de la enfermedad. De otro modo, los síntomas van disminuyendo hasta el punto que ¡desaparecen en 24 horas!

El doctor Klosa informó los resultados obtenidos con pacientes que sufren de gripe, inflamación de la garganta y rinitis (nariz entupida y supurante). La fiebre y los síntomas del catarro de 13 casos de gripe fueron disminuidos en todos los casos. Se suprimieron los síntomas de la tos. Ninguno de los pacientes sufrió de las típicas quejas posteriores a la gripe, tales como la hinchazón de las glándulas linfáticas, ictericia, dolores en los músculos o las articulaciones, o inflamación crónica de los pulmones. Todos los pacientes mostraron una disminución definitiva del período de convalecencia. La dosis consistía de 15 a 25 gotas suministradas en parte de forma oral y también siendo colocadas directamente en las fosas nasales cada cuatro horas.

¡EL AJO PARA LA INFLAMACIÓN DE LA GARGANTA!

El ajo funciona más rápidamente que la vitamina C para curar los resfríos. De acuerdo con mis experiencias, si uno mantiene un diente de ajo dentro de la boca, el resfrío desaparecerá dentro de pocas horas, o al máximo en medio día. No le quemará de ninguna manera a menos que usted lo mastique. Simplemente presiónelo con sus dientes de vez en cuando para que salga un poco de jugo. (Si el ajo es demasiado fuerte, trate uno de sus más suaves primos como el rocambole —*giant garlic*— o el puerro de arena —*sand leek*.)

De esta manera se puede detener la inflamación de la garganta ¡en cuestión de *minutos*! He descubierto que funciona todo el tiempo y es más confiable que la vitamina C, la cual puede ser que no funcione y por lo general sólo previene lo inevitable. El ajo le brinda un alivio permanente.

Es mucho más sencillo que la vitamina C, la cual debe ser tomada en grandes dosis, 500 mg cada dos horas (según F. Klenner, M.D.) o hasta 1.000 mg *por hora* (según el Dr. Linus Pauling) y se demora 48 horas para hacer efecto.

¡EL AJO PARA LA SINUSITIS!

La señora L.E. informó: "Deseo dejarles saber de los extraordinarios resultados que obtuve con el ajo, para aclarar y atacar la sinusitis. Normalmente, cuando mi hija pequeña empieza a tener fiebre (alrededor de dos veces al año), dolores de cabeza y mareos, la llevo de inmediato al médico. La última vez que empezó a sentirse mal yo recién había acabado de leer lo bueno que el ajo es para tratar las infecciones y los resfríos, de manera que decidí probarlo. Compré ajo (con clorofila) y le di dos tabletas cada cuatro horas. Luego de haber tomado seis tabletas, mi hija se levantó la siguiente mañana con la cabeza despejada y se sentía muy bien. Todos los signos de la congestión provocada por la sinusitis habían desaparecido".

LAS ENCÍAS RETRAÍDAS Y LOS DIENTES FLOJOS ¡SE REAFIRMARON!

El señor S.C. informó: "Desde que tenía 13 años (ahora paso los 61), he tenido problemas con mis encías —como resultado de la acumulación de sarro debajo de la línea de las encías. Esta condición causaba 'cavidades' donde la encía se retraía de los dientes, resultando probablemente en un efecto dominó que incluía encías sangrantes, hinchazón y en algunas ocasiones dientes flojos.

"El único remedio disponible para las personas como yo consistía en recurrir a los servicios de un dentista muy competente quien tenía 'raspaba' mis dientes en la línea de las encías y por debajo de ella para remover la acumulación de sarro. En una ocasión, tuve que recurrir a la cirugía para cortar el tejido de las cavidades con el objetivo de incentivar la curación de las encías. Esta rutina era un procedimiento estándar para mí aproximadamente dos veces por año.

"Hace casi seis meses, por casualidad, empecé a tomar 250 mg de vitamina C al día ya que había escuchado que era buena para los resfríos. En mi última visita al dentista una semana atrás, él me enfatizó lo firme que se habían vuelto mis encías ya que sus instrumentos apenas podían pasar por debajo de la línea de las encías. Me dijo que yo debía de haber estado haciendo un muy buen trabajo con mi cepillo de dientes. Yo no pienso lo mismo. Yo creo que eso se debió a la vitamina C, la cual representaba el único cambió significativo en mi dieta".[4]

---

[4] El ajo puede ser bueno para la infección de las encías. Un doctor señaló: "El ajo, por alguna razón desconocida, parece tener una afinidad por las cavidades de pus. Esto se debe probablemente a su alto contenido orgánico de azufre, el cual actúa como un mineral limpiador antiséptico".

¡SE ALIVIA INSTANTÁNEAMENTE EL AGUDÍSIMO DOLOR DE MUELAS Y ENCÍAS!

La señorita G.C. informó: "Hace aproximadamente tres semanas mi dentista extrajo mi muela del juicio (cordal) superior. Me dio unas píldoras de codeína y me envió para la casa.

"Pocos días más tarde ese lado de my boca me dolía tanto que estaba casi histérica; mi madre mezcló un poco de sal de la higuera con agua caliente y me dijo que hiciera gárgaras en el lado izquierdo de mi boca con esta preparación. Lo tenía que repetir varias veces y seguir escupiéndolo. ¡Funcionó como por arte de magia para mí!

"Cada vez que el dolor empezaba a regresar yo utilizaba más sal de la higuera con agua caliente. Luego de casi un día, todo el dolor había *desaparecido por completo*. Cualquier persona con dolores de las muelas del juicio (cordales) *¡debería tratarlo! ¡Funciona realmente!*"

¡SE CURAN LAS ENCÍAS SANGRANTES!

La señorita L.W. informó: "Mis encías han estado sangrando horriblemente por al menos siete años. He visitado a varios dentistas, he gastado mucho dinero, pero nada me ha aliviado. Por diferentes razones, empecé a tomar 20 mg de zinc y 500 mg de vitamina C diariamente hace casi un mes y medio. Anoche me di cuenta de que estaba cepillando vigorosamente mis dientes (¡restregándolos realmente!). Estaba impresionada y tuve que sentarme y pensar que esta era la primera vez en años que realmente me estaba cepillando mis dientes. Tenía que ser un resultado del haber tomado el zinc y la vitamina C, ¿pero cuál? Recuerdo haber leído en algún lugar, cómo un hombre con encías sangrantes accidentalmente se curó utilizando vitamina C. ¡Increíble! Simplemente no lo puedo creer. Luego de años de intensa lucha —literalmente— la condición ¡ha desaparecido por completo!"

¡MILAGROSOS ALIMENTOS CURATIVOS PARA SALVAR LOS DIENTES!

La señora L.R. informó: "Por un buen tiempo he sufrido de problemas extremos con mis encías. Un periodontista quería extraer la mayoría de mis dientes para resolver el inconveniente. Siendo no tan vieja (30 años) sentí que tenía que existir otra solución.

"Encontré un periodontista que creía que podía salvar mis dientes y que mi problema era definitivamente sistemático. Lo primero que hizo fue enviar a un laboratorio una muestra de mi cabello junto con un cuestionario y una muestra de sangre. Los resultados regresaron —mis niveles de casi todos los minerales importantes y algunos elementos rastros eran bastante bajos— lo cual causaba la deterioración de los huesos, infecciones de las encías, y demás.

"Luego de tomar suplementos por varios meses ahora, todavía tengo mis dientes, mi salud ha mejorado en general. El dentista recomienda también una dieta de alimentos naturales y mucha vitamina C —todo junto parece ¡funcionar realmente!"

CAPÍTULO 10

¡MILAGROSOS ALIMENTOS CURATIVOS PARA LA FIEBRE DEL HENO Y LAS ALERGIAS!

En Vermont, se utiliza la miel para tratar la fiebre del heno. Si se puede encontrar el polen que origina esta fiebre, el paciente es alimentado con miel fabricada con este mismo polen. También, se les aconseja a las víctimas de la fiebre del heno que mastiquen los panales por varios meses antes y durante la temporada de la fiebre del heno, y que tomen miel mezclada con vinagre de sidra de manzana tres o cuatro veces al día. Según se informa, el masticar los panales mantiene los conductos nasales abiertos y actúan como un sedante.

Casos relatados:

- Un hombre informó que durante 25 años había sufrido de fiebre del heno cada mes de junio. Los ataques comenzaban en la primera semana de junio y finalizaban en la primera semana de julio. Luego de haber escuchado que los panales de abejas eran recomendados para tratar la fiebre del heno, compró un poco y masticó una cucharadita llena durante un ataque severo. La fiebre del heno desapareció en cuestión de segundos, y cada vez que volvía a aparecer, ¡el mismo remedio simple la eliminaba!

- La señora F.O. informó: "Mi esposo solía tener una fiebre del heno muy mala. (Entonces un amigo nos sugirió que usáramos miel), dos cucharadas diarias, empezando un mes antes del período de la fiebre del heno, y continuando durante toda la

151

temporada. Realmente funcionó. Antes se hacía inocular contra las alergias y utilizaba aire acondicionado. Este es el segundo año que no ha tenido inyecciones. Mi hija contrajo la fiebre también. Ella no quería probar la miel al principio. No le gustaba para nada, sin embargo ahora la toma. Ahora ya no necesita inyecciones. Esto es maravilloso. También hace una gran diferencia el tipo de miel que se utilice. Nosotros utilizamos la miel del otoño".

LA CONSUELDA —¡EL MILAGRO BOTÁNICO PARA LA FIEBRE DEL HENO!

La señora B.C. informó: "Varios años atrás, mi abuelo, quien había sufrido de fiebre del heno durante toda su vida, escuchó que la consuelda era buena para el tratamiento de las alergias. Consiguió algunas raíces y las plantó en su jardín.

"Desde el momento en que las plantas están lo suficientemente grandes como para poder deshojar algunas hojas, él empieza a comer diariamente dos hojas de seis pulgadas —quizás tres o cuatro. Esto ha controlado completamente su fiebre del heno. Sus hijos, su hija, y yo misma hemos probado este remedio obteniendo los mismos resultados —un completo fin a la fiebre del heno en tanto ingiramos consuelda a lo largo de la temporada.

"Antes de que me convencieran a que la usara, sufrí durante seis semanas con mi nariz húmeda, picazón en los ojos, y demás. Tomó alrededor de una semana de comer consuelda diariamente para poder controlar la fiebre. A medio verano, me descuidé y dejé de comerla diariamente. Luego de varios días los síntomas regresaron. El volver a comer la consuelda me alivió nuevamente. Debido a que las hojas son peludas, descubrimos que envolverlas hacia adentro en forma de cuadrados pequeños con el tallo y la punta de la hoja, las hacen más agradables al paladar.

"Se sabe también que el masticar completamente las hojas frescas es bueno para las úlceras. El hervir las hojas en forma de té puede ser tan eficaz como las hojas frescas, pero ninguno de nosotros los ha probado de esa manera para controlar la fiebre del heno o las úlceras".

¡UN REMEDIO MARAVILLOSO PARA LA TOS NOCTURNA DEBIDA A LA ALERGIA ASMÁTICA!

"Accidentalmente", la señora B.C. continuó, "descubrí un remedio maravilloso para esa desagradable tos asmática, alérgica, o aquella tos seca que sufren los niños durante la noche. Mi hija pequeña se despertó tarde una noche tosiendo de una manera que yo estaba segura nos iba a mantener despiertos toda la noche.

"Por casualidad tenía un poco de té de consuelda (*comfrey*) en la estufa, que había estado allí casi todo el día y todavía tenía las hojas. Alrededor de un cuarto a media taza de té, con una cucharadita de miel para endulzarlo, permitieron que ella volviese a dormir luego de 15 minutos. Ese fue el fin del ataque de tos.

"Desde ese entonces yo recomendé el tratamiento a dos amigos con niños asmáticos o alérgicos. ¡Ellos no pueden creer lo bien que funciona! Luego de haber estado sentada por tantas noches junto a un niño que respira solamente con dificultad, el té de consuelda parece un milagro.

"Mi tío se despertó una noche con una tos fuerte y recordó lo que yo le había comentado acerca de la consuelda. Se dirigió a su jardín y tomó un par de hojas, pero las masticó despacio en lugar de hervirlas en forma de té. El resultado fue el mismo —él durmió durante toda la noche. El poder de un vegetal ¡de veras! es un milagro.

¡OTRO HOMBRE QUE JURA POR LA CONSUELDA!

El señor S.M. escribió: "Durante los últimos siete años, he invertido mucho dinero pagando a mis médicos y tratamientos para la alergia —todos sin un final positivo. El más reciente tratamiento me agotó extremadamente y produjo en mí mareos y sueño, convirtiéndolo en un remedio poco práctico durante el día de trabajo.

"Mi madre me presentó a la consuelda y las tabletas de consuelda para cuando no era conveniente preparar el té. Desde ese entonces tomo alrededor de dos tazas diarias: una en la noche y una al medio día. El alivio ha sido permanente.

"La consuelda no tiene efectos secundarios y la prefiero sobre los tés comerciales que compraba en mi oficina. A cualquier persona que sufra de fiebre del heno o alergias similares le recomiendo que pruebe la consuelda. Si su experiencia es similar a la mía, usted se puede llevar una sorpresa agradable y duradera".

¡UNA CURA POPULAR PARA LAS ALERGIAS!

El gran herbolario francés, Maurice Mességué, en su libro *Of Men and Plants,* da un remedio para las alergias en el cual el ajo es un ingrediente primordial:

Ajo — una cabeza triturada

Espino (*hawthorn*) de una semilla — en flor, un puñado

Celidonia mayor (*greater celandine*) — hojas y tallos (de ser posible semi frescos), un puñado

Gramilla colorada (*couch-grass*) — raíces, un puñado

Retama común (*common broom*) — flores, un puñado

Salvia (*sage*) — hojas, un puñado

Tilo (*linden*) — capullo —un puñado

Esta solución, explica, debe ser utilizada en baños de los pies y las manos. (Vea las instrucciones para las preparaciones básicas, página 31.)[1]

La protagonista de la historia es una empleada doméstica, Klara Y., quien sorprendió a sus empleadores contrayendo raras veces un resfrío y resistiendo enfermedades contagiosas mientras los demás tenían desórdenes bronquiales serios y dolencias típicas de la estación invernal.

---

[1] Reimpreso con la autorización de Macmillan Publishing Co., Inc., de *Of Men and Plants*, escrito por Maurice Mességué.

Ella decía que su remedio popular consistía en masticar y comer ajo diariamente para ayudar a construir una resistencia contra las infecciones y actuar como un curandero natural para los desórdenes respiratorios o bronquiales. Otros miembros de la casa empezaron a tomar esta cura popular y pudieron curarse de sus síntomas de la alergia.

Como informa Carlson Wade en su libro, *Magic Enzymes*, "Los efectos perjudiciales de los virus son desactivados y se experimenta un poder curativo. Para muchos europeos, comer ajo es una forma natural de ayudar a combatir los desórdenes alérgicos que van desde un resfrío común hasta espasmos y ataques bronquiales".[2]

¡COMO UNA NUEVA EXPERIENCIA RELIGIOSA!

La señora A.S. informó: "La mejor cosa que me ha pasado referente a mi salud fue... ¡el ajo! Había estado afectada durante años por problemas respiratorios y estomacales. 'Alergias', me decían los médicos y se olvidaban del asunto".

Iba empeorando progresivamente hasta las 11:00 p.m. que se volvió la hora más temida del día. Cuando finalmente podía dormirme, muy pronto me levantaba casi ahogándome. Tosía, jadeaba y me sofocaba por respirar. A los 56 años de edad, amenacé con retirarme tempranamente... Me convertí en un cliente importante de las compañías que fabricaban medicamentos antiácidos. Estos medicamentos creaban otros problemas. Luego escuché acerca del aceite de ajo para las alergias. Empecé a tomar 20 gotas diarias.

"Los resultados son como una nueva experiencia religiosa. Yo pude sentir la diferencia al cabo de siete días. No tengo palabras para describir la comodidad y el alivio que siento hoy en día. Si todo sigue igual, completaré mi carrera antes de retirarme".

---

[2] Parker Publishing Co., Inc.

UN REMEDIO EFICAZ PARA LOS VIRUS
Y OTRAS INFECCIONES

Según se informa, un remedio eficaz para tratar los virus y otras infecciones consiste de seis dientes de ajo. Estos se pueden picar y añadir a la ensalada verde o se pueden machacar y mezclar con mantequilla para esparcir la mezcla sobre un pedazo de pan (o tostada). Además, uno debería tomar un vaso lleno de agua caliente mezclado con cuatro cucharadas de vinagre de sidra y dos cucharadas de miel.

¡SE ALIVIA UN ATAQUE DE ESTORNUDOS GRAVÍSIMO!

La historia nos la cuenta un hombre joven —al cual llamaremos Harry I.— de Reno, Nevada, quien había estado estornudando durante cuatro días. Los médicos trataron de todo, pero nada pudo detener los espasmos.

Finalmente, un médico que había leído del caso en su periódico local, sugirió que el paciente se alimentara con mucho ajo. El paciente lo hizo. Casi de inmediato, dejó de estornudar y cayó en un sueño profundo —¡el primero desde que había empezado a tener sus ataques!

"Yo creo que el ajo lo curó", decía su médico. En otro caso, Carmella J., de 21 años, de Oak Ridge, Tennessee, experimentó un ataque casi continuo de estornudos durante seis días. Una dieta basada en ajo detuvo el ataque. Sus estornudos, que habían sido tan rápidos como 14 por minuto, menguaron gradualmente y al fin se detuvieron, cuando se comía el ajo.

¡SE CURAN LA FIEBRE DEL HENO
Y LAS ALERGIAS CRÓNICAS!

Phyllis S. sufría de fiebre del heno y una gran variedad de alergias que la mantenían estornudando, aspirando sus mucosidades, y muy desdichada durante todo el año. Con tan sólo mirarla uno podía darse cuenta que apenas podía respirar. Sus ojos se enrojecían, hinchaban y lucían llorosos. Ella limpiaba constantemente su nariz y utilizaba mucho papel higiénico. El jadeo y el estornudo continuos le dificultaban el poder hablar. Se quejaba de una sensación de congestión que incluso le impedía conciliar el sueño (ella tenía que reclinarse sobre sus almohadas —sentarse derecha rápidamente era la única manera de poder descansar).

Phyllis era alérgica a prácticamente todo, incluyendo perros, gatos, césped, polvo, polen, ambrosía, moho y esporas. Su casa parecía una farmacia, llena de toda clase de píldoras y rociadores, los cuales le brindaban solamente alivio temporal provocándole efectos secundarios como somnolencia, sarpullidos e indigestión. Ella visitó a muchos médicos. Un médico le recomendó que evitara el frío y las corrientes de aire y que mantuviera su cuello abrigado (ella era muy susceptible a los resfríos y sufría repetidamente de infecciones que iban desde su nariz a su garganta a sus pulmones, con horribles ataques de bronquitis y una tos pectoral profunda.) Otro médico le dijo que lo que ella tenía eran pólipos nasales, los cuales los extrajo por medio de una operación dolorosa, pero prontamente estos volvieron a crecer. Otro médico quería darle una serie de vacunas para las alergias en un programa especial de tres años, el cual ella rechazó. "Estoy tan cansada de tener mi cabeza llena de materia, mis ojos llorosos, y un goteo posnasal", ella declaró, "lo que necesito realmente es un cuerpo nuevo".

Luego descubrió el ajo, la planta milagrosa del rejuvenecimiento, y el programa de alimentación basado en ajo con alimentos ricos en vitamina C, y hierbas como la consuelda y la baya del saúco (*elderberry*) en forma de té, las cuales parecían brindar un alivio inmediato. Ella probó los varios remedios basados en ajo, incluyendo los baños de las manos y los pies. Al cabo de dos semanas, se sentía mejor, como nunca se había sentido en años. Luego de un mes, un alergólogo le dio un diagnóstico de buena salud. Sus exámenes revelaron que las alergias ¡habían desaparecido!

¡UN ALIVIO INCREÍBLE PARA LA FIEBRE DEL HENO!

La cebolla, una forma no muy fuerte del ajo, se usa generalmente para aliviar la fiebre del heno (causada por el polen de los árboles o de las rosas), en la medicina homeopática. En la homeopatía, se trata a la enfermedad dándole algo a la persona —usualmente una planta o una hierba— que produciría sus síntomas en una persona saludable, con la finalidad de "insensibilizar" a la víctima. De esta manera, se construye la inmunología gradualmente. Este es el concepto básico detrás de las vacunas y las inoculaciones para muchas enfermedades.

La fiebre del heno es una alergia, la cebolla constituye un medicamento real para la fiebre del heno. Un médico declara: "He encontrado que la dilución concentrada de cebolla constituye el medicamento más eficaz para la fiebre del heno de la primavera y el otoño..."[3]

Dado que la cebolla está tan cerca como la tienda de la esquina, él afirma, usted puede preparar fácilmente ¡su propio medicamento de la forma homeopática! De la misma manera que los médicos homeópatas lo hacían hace más de 150 años, ¡antes del desarrollo de nuestras farmacias modernas!

Un medicamento botánico como la cebolla común (*Allium cepa*) es particularmente fácil de preparar en casa, debido a que sus hojas molidas son solubles. Se prepara un remedio mezclando completamente una gota de la pulpa molida con nueve gotas de una mezcla de 87% de alcohol etílico y agua. (Debido a que usted necesita una receta de su médico para poder comprar alcohol etílico puro, el vodka probablemente sea el mejor sustituto; puede usar también brandy o whisky. Y usted debería hacer esto en una botella irrompible de vidrio —usted necesita de seis a doce botellas.) Agregue una gota de esta mezcla a una segunda botella, que contenga otras nueve gotas de vodka mezcladas con agua. Golpee fuertemente la botella N° 2 contra la palma de su mano, su zapato o sus muslos, o cualquier otro objeto firme pero suave, que no haga añicos el vidrio. Coloque una gota de la botella N° 2 en otra botella limpia (N° 3), que contenga una mezcla de 9 gotas de vodka y agua, y repita el procedimiento. Continúe de esta manera de botella a botella hasta que usted haya usado seis o doce botellas. *La última botella de la serie*, la N° 6 o N° 12, es la que usted va a

---

[3] James H. Stevenson, M.D., *A Homeopathic Doctor's Treasury of Health Secrets* (West Nyack, N.Y.: Parker Publishing Co., Inc.).

utilizar. (Cuando el procedimiento ha sido repetido seis veces, usted tiene una dilución 6X, y 12X significa que lo ha hecho doce veces.) Esta dilución puede ser conservada en una botella opaca resistente a la luz tapada con un corcho o una tapa de plástico neutral o vidrio.

Según se informa, la dosis normal es de una gota de la botella final en un vaso de agua. Tome un sorbo y note su efecto. Si se siente mejor, deténgase. Si no ha surgido ningún efecto, tome otro sorbo luego de tres horas, y repítalo en tres horas si es necesario. Si todavía no ve ningún cambió en sus síntomas, trate un sorbo cada mañana durante una semana. Si no ocurre ningún cambio durante la semana, deténgase. Y deje de hacerlo cada vez que note un mejoramiento —es muy probable que siga mejorando. Si usted tiene una recaída, comience todo de nuevo, deteniéndose inmediatamente cuando sienta que está mejorando.

¡ALIVIO INMEDIATO PARA LA RESACA!

Un médico informa que ¡la mayoría de las resacas es causada por las alergias! Esto significa que la persona es alérgica —o extremadamente sensible— a algo en la bebida, como el maíz, el centeno o la levadura. Él encontró que esto era cierto en casi 20.000 casos. Más increíble aún, sostiene que una dosis homeopática de tan sólo una gota de lo que usted bebió la noche anterior —en un vaso de agua— puede aliviar su resaca ¡casi de inmediato! Tome dos o tres sorbos. Si los efectos de la resaca tales como dolor de cabeza, mareo, trastornos digestivos, tembladeras, o fatiga no han desaparecido en 5 minutos, tome toda el agua. Los resultados son por lo general tan dramáticos, él afirma, que la víctima de repente ¡parece una persona nueva! ¡Se asegura casi un 100 por ciento de curas! Si esto no funciona, entonces la alergia no es la causa.

En ese caso, trate un masaje de los nervios. Un hombre se quejaba de un terrible dolor de cabeza a "la mañana siguiente" de una fiesta. Nada de lo que tomó parecía aliviarlo. Se le indicó que se frotara su dedo gordo (justo debajo del nudillo). Él estaba escéptico pero lo trató, y se sorprendió al ver que su dolor de cabeza ¡desapareció casi instantáneamente! La pregunta sigue en pie.

¿Por qué funcionan los remedios homeopáticos? La razón, según los médicos homeópatas, es que una pequeña dosis de un medicamento homeópata dará al organismo la oportunidad de *insensibilizarse* por sí mismo del irritante alérgico, y producir un aumento de las sustancias naturales del organismo —en una manera tan libre de daños y dolores que usted ni se dará cuenta. Estos inmunizadores *permanecen* dentro de su organismo por un buen tiempo para neutralizar cualquier dosis mayor que el agente irritante (como el polen) que pueda cruzarse en su camino.

Por increíble que parezca, UNA DOSIS es todo lo que usted necesita —y los síntomas ¡desaparecerán permanentemente! Aun si los efectos no son permanentes, dice un médico, el alivio de los síntomas puede continuar, lo cual es una bendición en el caso de las alergias de temporada como la fiebre del heno.[4]

En un caso conocido, Joseph W., 25 años, un profesor, sufría cada primavera de una fiebre del heno aguda, la cual hacía su vida muy desdichada. Todos estamos familiarizados con la forma en que nos sentimos cuando pelamos una cebolla —la nariz y los ojos supurantes y ardientes, y la descarga nasal picante y aguosa. Así es como Joseph W. se sentía, junto con estornudos y dolores de cabeza tediosos, los cuales empeoraban durante la noche —especialmente en un cuarto cálido, de manera que no podía relajarse ni concentrarse en nada— sin embargo, no eran tan severos al aire libre. Aconsejado por su médico, preparó un poco de *Allium cepa* 12X, y ahora ¡es libre de su fiebre del heno primaveral!

¡MÁS ALIVIO INMEDIATO PARA LA FIEBRE DEL HENO!

La señorita C.M. escribió: "Para mi buena suerte, el verano pasado escuché acerca de que el tomar 500 mg de vitamina C tres veces al día era bueno para la fiebre del heno. Yo he sufrido de esta maldición por diez años. Tomé las vitaminas y casi de inmediato me sentí mejor. Podía dormir recostado en mi cama, respirar por la nariz y mis ojos no me picaban —¡que alivio!"

---

[4] Stevenson, *op. cit.*

¡UN REMEDIO DE PÉTALOS DE ROSA PARA LA FIEBRE DEL HENO!

Según se informa, en el caso de la fiebre del heno, los ojos inflamados e irritados se pueden aliviar dejando en remojo unos pocos pétalos de rosa en una taza de agua caliente. Esta tiene que ser filtrada cuidadosamente, y el líquido se lo debe aplicar en cada ojo unas cuatro o cinco veces diarias. *Estivin,* gotas para los ojos usadas ampliamente para aliviar la fiebre del heno, es una "infusión procesada de pétalos de rosa".

¡LAS CÁSCARAS DE LAS NARANJAS SON ANTIHISTAMÍNICAS!

La señora A.R. informó: "He encontrado que la cáscara de la naranja es el mejor antihistamínico que he probado. He sido una víctima de las alergias por toda mi vida. Conservo las cáscaras en el refrigerador por varios días hasta que tengo suficientes como para empezar a trabajar con ellas. Las corto en rodajas pequeñas y las mojo en una solución de vinagre de sidra de manzana durante varias horas. Luego las escurro bien, las colocó en una cacerola y las cocino, pero no hasta que se conviertan en una sustancia caramelosa. Finalmente las coloco en el refrigerador y las como según las necesite. Coloco algunos pedazos en mi boca cuando me voy a dormir en la noche. Se acabaron la congestión y las vias respiratorias obstruidas que me despertaban todas las noches".

¡LA MANDARINA PARA LA NARIZ SUPURANTE!

El señor G.E. informó: "En esta ciudad llena de smog (niebla contaminante), tengo problemas durante la noche con mi nariz supurante. Esto dura de 2 a 3 horas. Luego de haber escuchado que las cáscaras de mandarina (*tangerine*) son las más ricas en bioflavonoides, decidí probarlas. ¡Esto funciona! Detiene la nariz supurante al cabo de 5 a 10 minutos. Seco las cáscaras a temperatura ambiente por una semana, rompo un pedacito, aproximadamente de una pulgada cuadrada, lo mastico y me lo trago".

¡SE ALIVIAN LAS ALERGIAS, EL ASMA, Y LOS PÓLIPOS NASALES!

La señora S.W. informó: "Hoy en día, después de dos años de buena salud y comodidad tras a 16 años de sufrimiento con alergias, asma y pólipos nasales, siento la necesidad de compartir mis descubrimientos.

"Medicamentos, exámenes de alergias, inyecciones, ayunos, dietas, inhaladores, cardiogramas del corazón, exámenes de sangre, exámenes de hipoglucemia, máscaras de oxígeno, diagramas de la temperatura y el pulso, atención dental extra y siete operaciones a la nariz para remover más de 130 pólipos, me dejaron completamente miserable y con un gasto de $25.000.

"Luego alguien me habló acerca de la rutina (*rutin*), como un buen alivio para las alergias, así como también acerca de las vitaminas y los minerales. Todos los días tomé vitamina A, levadura de cerveza, múltiples vitaminas B (potencia fuerte), de 1.000 a 1.500 mg de vitamina C con bioflavonoides y rutina, 400 unidades internacionales (*I.U.*) de vitamina D, 600 unidades de vitamina E, tres cápsulas de ácido grasoso no saturado, tres cápsulas de lecitina, seis de harina de hueso (*bone meal*), dos cápsulas —en forma de perla— de ajo y seis de alga marina *kelp*.

"Los resultados hay que gritarlos a los cuatro vientos. Tengo 56 años, trabajo nueve horas diarias, administro y manejo un hogar grande, me divierto un poco y tengo tiempo para coser mi propia ropa. Me he transformado de ser una persona jadeante y resollante con mi tumor en la nariz lleno de pólipos, a ser una persona ¡con un entusiasmo y una fortaleza infinitos!"

C A P Í T U L O   1 1

¡MILAGROSOS ALIMENTOS CURATIVOS PARA LOS NERVIOS!

Un médico afirmaba que el tomar diariamente un poco de vinagre de sidra de manzana mezclado con agua, o dos cucharadas de miel, detendría cualquier dolor de cabeza, incluso una migraña, al cabo de media hora. Otro método que recomendaba era colocar partes iguales de vinagre de sidra de manzana y agua en un vaporizador, cubrirse la cabeza con una toalla y hacer 75 inhalaciones. Esto, también, ¡alivia el dolor de cabeza en media hora!

Una mujer que padecía de migrañas informó que ella se curó tomando una cucharada de miel, tan pronto como presentía que iba a tener un dolor de cabeza. Si el dolor de cabeza regresaba, tomaba una segunda dosis de miel y tres vasos de agua. El dolor de cabeza desaparece por completo y no regresa.

El señor S.W. escribió: "Desde que tenía 10 años de edad padecía de dolores de cabeza migrañosos. En ocasiones estos dolores de cabeza eran tan severos que tenía que permanecer en cama por dos o tres días... El verano pasado en un jardín grande en un lote vacío junto a mi casa, sembré muchos vegetales, además de las frutas que tenía plantadas en el patio... No tuve dolores de cabeza desde julio hasta el Día de Acción de Gracias. Al terminarse lo que coseché en el jardín —los tomates, coles, pepinos, rábanos, etc., que saboreé plenamente junto con las frutas naturales— volví a tener dolores de cabeza.

"Llegué a la conclusión de que mi sistema necesitaba estos vegetales crudos para obtener enzimas, minerales y volumen. Empecé a comer estos alimentos con cada comida y ¡he aquí! mis dolores de cabeza han cesado. Tomo dos veces al día té de hierbas muy fuerte, sin colarlo, para comerme también la hierba molida. Tengo 78 años de edad. Después de tantos años, estoy muy contento de saber cómo detener los dolores de cabeza debidos a las migrañas".

¡LA LECITINA PARA LAS MIGRAÑAS!

La señora A.M. informó: "Pude curarme de migrañas con lecitina. Durante unos seis años padecí de migrañas y no iba a ninguna parte sin un frasco de *Fiorinal*. Hace algunos meses, recordé que un hombre mayor me había dicho que si él no tomaba lecitina, no podía controlar su temperamento".

"Soy una persona extremadamente nerviosa, por lo que pensé que si la lecitina lo podía ayudar a él a controlar su temperamento, también quizás podría aliviar mis nervios. Cuando empecé a tomar lecitina todavía tenía dolores de cabeza (aunque mucho más leves) y en lugar de tomar *Fiorinal* tomaba una dosis adicional de lecitina tan pronto como comenzaba el dolor de cabeza y me dio resultado".

La señora A.V. informó: "Había sufrido de migrañas desde que tenía nueve años (ahora tengo 36). He estado tomando lecitina con regularidad y aumento la cantidad que tomo cuando siento que voy a tener un dolor de cabeza. *No he tomado ni una sola cápsula de Fiorinal desde entonces.* Estoy muy contenta y agradecida por esto, como también lo estaría cualquier persona que haya experimentado dolores de cabeza".

¡OTROS REMEDIOS PARA LAS MIGRAÑAS!

La señora S.R. informó: "Padecía de dolores de cabeza tipo migrañoso desde que tenía uso de razón. Me despertaba a las 3 ó 4 a.m. tres o cuatro veces a la semana. He intentado todo lo que me han recomendado.

"El año pasado aumente mi dosis de levadura de cerveza a nueve tabletas diarias y desde la primera semana (hace casi ya diez meses) se me han aliviado por completo los dolores de cabeza. No tengo palabras para explicar el alivio que siento, ¡después de todos estos años (tengo 54 años de edad)!"

Otra mujer, de 26 años de edad, quien sufría de migrañas desde los 15 años, empezó a tomar diariamente vitaminas C, E y las del complejo vitamínico B, calcio y hierro, y tomaba el doble durante su período menstrual. Ella afirmó: "Creo verdaderamente que el tomar estas vitaminas ha cambiado mi vida. ¡Ya no padezco más de migrañas!"[1]

DESAPARECIÓ LA DEPRESIÓN...
¡EN MENOS DE UNA HORA!

El señor A.N. informó: "El pasado agosto tuve un ataque repentino de esquizofrenia aguda y me hospitalizaron por tres meses. Cuando salí del hospital, tenía 30 libras de sobrepeso, estaba cansado, agotado, deprimido y temeroso. Como no recibí ningún tipo de ayuda o consejo, decidí hacer mi propia investigación y aprender acerca del tratamiento de vitamina B-3 para los esquizofrénicos. Me abastecí de niacinamida (B-3) y otras vitaminas y empecé a autotratarme.

"En menos de una hora de haber tomado dosis masivas de niacinamida mi depresión desapareció por completo. En un mes mi personalidad cambió totalmente. Volví a tener confianza en mí mismo, desaparecieron los temores, me convertí en una persona

---

[1] Coma tanta espinaca como pueda, señalan los especialistas. Ésta contiene en abundancia una enzima que destruye las sustancias químicas llamadas aminas, las cuales causan los dolores de cabeza. Evite alcohol, chocolates, quesos, leche, bananas, cítricos y todos los alimentos ahumados, encurtidos o fermentados. Disminuya los alimentos fritos ricos en grasa, el café, el té y los mariscos, dicen los médicos. El eliminar los alimentos que contienen glutamato monosódico (*MSG*) y el no dejar hacer todas las comidas (lo que provoca que baje el nivel de azúcar en la sangre) ¡puede aliviar las migrañas! Se recomiendan las comidas bien balanceadas.

vibrante, alerta y llena de energía. Mis amigos estaban impresionados. La niacinamida se usa también para tratar el alcoholismo".

LAS MANOS COSQUILLOSAS SE LIBERAN DEL DOLOR Y ESTÁN ¡MÁS FUERTES QUE NUNCA!

El señor A.R. informó: "Padecí por más de un año de debilidad y cosquilleo en las manos. Ni siquiera podía sostener una navaja de afeitar en mi propia mano para rasurarme. Si mis dedos rozaban contra un objeto, el dolor era intenso. Tenía que dormir con un balde de agua lleno de cubos de hielo al lado de mi cama. Cuando me despertaba, debido al dolor, sumergía la mano izquierda o derecha dentro del agua helada para adormecerla.

"Consulté a seis ortopedistas. Todos concluyeron que mi problema era el síndrome del túnel carpiano. Por último, al darme cuenta de que no podía trabajar ni soportar el dolor, acepté someterme a la cirugía. La noche anterior a la operación, estuve recostado en la cama del hospital, bien despierto hasta la media noche cuando le pedí a la enfermera una pastilla para dormir. Ella se negó. Entonces le dije que me iba para mi casa. Ella se sonrío y me dijo 'No creo que lo haga'. Bueno, lo hice. Me escapé por las escaleras y salí del hospital.

"A la semana siguiente consulté a otro médico, un nutricionista. Le describí los síntomas que tenía y me recetó 200 mg de vitamina B-6 tres veces al día. Después de seis semanas los síntomas desaparecieron. No tenía dolor en las manos y éstas estaban más fuertes que nunca".

¡EL TEMBLOR SE ALIVIÓ RÁPIDAMENTE!

La señora T.J. informó: "Hace seis meses empezó a temblar todo mi cuerpo, especialmente las piernas. Mi médico me dijo que eran los nervios y posiblemente el comienzo de la enfermedad de Parkinson. Una enfermera titulada me dijo que las personas que toman medicamentos para controlar la presión alta tiemblan y se estremece debido a que este tipo de medicación destruye el potasio. Por último, mi médico me recetó potasio y pude notar la mejoría ¡al cabo de tres días! ¿Por qué no pensó el médico eso antes? Ya prácticamente no tiemblo". (Las tabletas de potasio pueden adquirirse en las tiendas de alimentos naturales, sin receta.)

¡MILAGROSOS ALIMENTOS CURATIVOS PARA LA NEURITIS Y LA CIÁTICA!

La ciática es una inflamación dolorosa del nervio ciático que recorre hacia abajo por la parte trasera del muslo y de la pierna. El Dr. E. Braner, informó en el *British Medical Journal* que esta condición puede aliviarse rápidamente con inyecciones de vitamina B-1. El comer ajo junto con la vitamina B-1 causa el mismo efecto que las inyecciones, según señala el científico japonés Fujiwara en el *Pakistan Medical Times*. Entre los alimentos ricos en vitamina B-1 se encuentran la carne de cerdo magra, los frijoles y habichuelas, las arvejas secas, las nueces, el hígado y otras carnes, la leche y los huevos.

Los espasmos faciales, acompañados de un dolor de una naturaleza punzante y un tic nervioso, se conoce con el nombre del *tic douloureux* o neuralgia trigeminal. Se han utilizado muchos medicamentos para tratar esta condición. Es posible que la cirugía la alivie. Hace más de ochenta años, un médico de Praga curó 48 casos ¡con jugo puro de baya del saúco (*elderberry*)!

Los pacientes tomaron diariamente 20 gramos durante cinco días. Algunos se curaron ¡con sólo una dosis! Otros se curaron al cabo de varios días. Se descubrió que el añadir un 20% de alcohol aceleraba la curación. Dos años más tarde un médico noruego combinó diez gramos de vino de oporto con 30 gramos de jugo de baya del saúco y descubrió que los casos agudos ¡se curaban en tan solo un día! Ningún caso demoró en curarse más de dos o tres semanas.

¡LA DOLOROSA CIÁTICA SE ALIVIA CON MILAGROSOS ALIMENTOS CURATIVOS!

La señora A.N. informó: "Tenía una ciática que era casi insoportable. Me hice todo tipo de exámenes y rayos X pero no se encontró ninguna causa directa. Se aplicó tracción, pero no me alivié. Los médicos decidieron suministrarme dosis grandes de proteínas (en forma de gelatina) así como también vacunas de vitamina B-12. Cuando el dolor finalmente cedió, casi no podía utilizar la pierna izquierda. Tuve que aprender a caminar de nuevo. Eso sucedió hace tres años y medio, después de una estadía de cinco semanas en el hospital. Poco después, empecé a tomar durante todo el día suplementos vitamínicos además de vitamina E, harina de hueso (*bone meal*), tabletas de hígado deshidratado, levadura de cerveza (*brewer's yeast*) y mucha vitamina C.

"No he tenido un resfrío en tres años. No me duele nada y trabajo ocho horas diarias como costurera. Todos quieren saber de dónde saco toda mi energía. Sin embargo, ¡son muy pocos los que me creen cuando les cuento!"

¡SE ALIVIARON LOS CALAMBRES EN LAS PIERNAS!

El señor R.G. informó: "Descubrí que al ir a la cama con ropa caliente y sin enfriarme, podía prevenir mis terribles calambres en las piernas. Posteriormente, hace casi ocho meses, empecé a tomar diariamente 200 unidades internacionales de vitamina E, 500 mg de vitamina C, una tableta de dolomita (*dolomite*) que contiene harina de hueso, hígado y levadura de cerveza. ¿Qué pasó? ¡Un milagro! Ya no tengo que ponerme ropa caliente para irme a la cama, de hecho, no me pongo nada en las piernas. ¡Sólo aquellos que han sufrido estos calambres terribles pueden apreciar este alivio maravilloso!

"Como efecto secundario, ¡mi cabello se ha oscurecido! (Tengo 85 años.) Mi esposa fue la primera en darse cuenta, pero ahora otros notan también la diferencia".

¡SE ALIVIÓ EL HERPES ZOSTER!

El Dr. A.L. Oriz alivió el dolor causado por el agrupamiento de pequeñas ampollas, conocidas como *herpes zoster*, en 25 casos, con inyecciones intramusculares de hidrocloruro de tiamina, según el *Medical World News*. Otros médicos han obtenido los mismos resultados. La tiamina es la vitamina B-1.

La señora S.C. informó: "Hace muchos años tenía herpes zoster en mi muslo derecho. El médico me dijo que era una inflamación de las terminaciones nerviosas pero no me recetó ningún medicamento. En casa me puse a pensar: los nervios necesitan vitamina B, la mejor fuente es el hígado. Una semana después el médico me preguntó, '¿Es muy doloroso?' Se sorprendió cuando le respondí que no. Yo tomo hígado deshidratado. El sabor es fuerte, de manera que lo mezclo con leche y melaza, media taza de leche, dos cucharadas de melaza, media cucharadita de hígado. Lo dejo que se asiente por un momento y que los granos de hígado se ablanden". El herpes zoster no la ha vuelto a molestar en años.

¡MILAGROSOS ALIMENTOS CURATIVOS CURAN UN CASO HORRIBLE DE HERPES ZOSTER!

A.N. informó: "Hace un par de años, le mostré mi pecho a mi médico y me informó que yo tenía un tipo de herpes zoster resistente. Tenía ampollas por toda la espalda y el pecho. Era imposible ignorarlas. Me volvían loca. Me abastecí inmediatamente de altas concentraciones de vitaminas B así como otras vitaminas, especialmente la vitamina E y compré un frasco grande de aceite de vitamina E que apliqué libremente sobre las manchas rojas en mi pecho y espalda. Dos semanas después fui a mi cita con el médico y me quité animadamente la camisa. Me observó atónito y con incredulidad. Me manifestó, '¡*Nunca* he visto nada como esto! ¿qué fue lo que utilizó?' Cuando le respondí que aceite de vitamina E, él adoptó un tono de burla. De más está decir que me curé rápidamente".

¡ALIVIO INMEDIATO PARA EL HERPES ZOSTER!

La señora L.V. declaró que ella obtuvo alivio inmediato del herpes zoster con una hierba común —botón de oro o *goldenseal*— disponible en polvo o en cápsula en la mayoría de tiendas de alimentos naturales. Disolvió un poco en agua y lo aplicó en el área afectada varias veces al día y antes de ir a dormir. Esto funcionó después de no tener éxito con una loción recetada por el médico. Explica que "casi inmediatamente, el herpes zoster empezó a secarse". En dos semanas, desapareció por completo. Tomó también una cápsula con agua tibia una hora antes de cada comida según se informa, una dosis más segura es 1/3 de cucharadita al día, no más.

¡MILAGROSO ALIMENTO CURATIVO QUE CURÓ LO INCURABLE!

La esclerosis múltiple ha sido curada repetidamente en animales de laboratorio añadiendo magnesio a sus alimentos, según el Dr. Robert Hill, del *Mercy Institute for Biomedical Research.* El primer paso consistía en alimentar los animales sólo con leche —carente de magnesio. A pesar de que la leche estaba fortificada con vitaminas, el doctor Hill podía causar un colapso nervioso en la cubierta de mielina —el nervio protector— de estos animales. (Este colapso nervioso es la causa reconocida de la esclerosis múltiple.)

Los síntomas de la esclerosis múltiple podrían *revertirse* añadiendo sulfato de magnesio a la dieta de estos animales, de acuerdo con un informe elaborado por el doctor Hill para el *Denver Post.* En una investigación auspiciada por el *Public Health Service,* ¡otros médicos han obtenido los mismos resultados!

¡MILAGROSO ALIMENTO CURATIVO DETUVO LA ESCLEROSIS MÚLTIPLE!

En un caso reportado, un médico joven pudo detener el desarrollo de su propia esclerosis múltiple comiendo pasteles de alforfón (*buckwheat*) —gracias al consejo dado por el doctor Hill. El alforfón es rico en magnesio. Él vio desaparecer rápidamente sus síntomas (tirones musculares, temblores y falta de coordinación) y éstos nunca regresaron. Sin embargo, se dice constantemente que ¡la esclerosis múltiple es incurable!

¡OTRO MILAGROSO ALIMENTO CURATIVO DETIENE LA ESCLEROSIS MÚLTIPLE!

La señorita L.A. escribió: "Dos médicos me diagnosticaron que tenía esclerosis múltiple. Todo mi lado izquierdo estaba débil y mi pierna izquierda estaba tan rígida que en ocasiones no podía subir ni bajar las escaleras. Estaba tomando toda clase de suplementos vitamínicos pero no parecían mejorarme. Alrededor del primero de junio me acordé de un libro que había leído... escrito por un doctor en medicina. En este libro se explica que el vinagre fortalece los músculos. Empecé a tomar una onza diaria de vinagre mezclada con miel.

"Una semana después, visité a mi médico y mis pies ya no temblaban. Me dijo que era evidente que estaba mucho mejor. Todavía me sentía débil por lo que empecé a tomar medio vaso diario. La mejoría fue extraordinaria. Ya he recuperado la mayor parte de mi fortaleza... No sé por qué, pero el vinagre me ha ayudado más que cualquier otra cosa".

¡BIOQUÍMICO SE CURA A SÍ MISMO!

Un bioquímico que escribe para la publicación médica británica *The Lancet* señala: "Hace cinco años me dijeron que tenía esclerosis múltiple. Por cuatro años, a partir del momento en que me lo diagnosticaron, fui empeorando poco a poco... Me sentía apático y me cansaba con facilidad. Tenía dolores de espalda; mi equilibrio era malo; me parpadeaban los ojos; una de mis manos estaba entumecida y una parálisis sensorial se estaba apoderando de mi brazo".

Entonces empezó a tomar una cantidad de vitaminas y minerales, incluyendo 900 mg de magnesio diariamente —y disminuyó su consumo de azúcar blanca, evitando los productos derivados del pan. Nos explicó: "En dos meses, me sentí más alerta y pocos meses después el parpadeo en los ojos y el dolor de espalda habían desaparecido (me quedó solamente un poco de entumecimiento en los dedos)". Descubrió que podía tomar sólo magnesio sin ningún otro suplemento y continuar mejorando.

¡ESCLEROSIS MÚLTIPLE DESAPARECIÓ DESPUÉS DE 20 AÑOS!

La señora G.T. informó: "He padecido de esclerosis múltiple por más de 20 años, con muchas recaídas y remisiones. Sin embargo, en los últimos 18 años desde que comencé mi dieta (y dejé de fumar) no he tenido más problemas.

"Me sorprendí mucho cuando me llevaron a la Clínica Mayo y me dijeron, después de realizarme una punción lumbar, que tenía esclerosis múltiple y que no había nada que pudiera hacerse. La enfermedad era incurable. Estaba tan deprimida que a los pocos días estaba mucho peor que cuando había ingresado en el hospital. Literalmente no podía sostenerme sobre mis piernas, y solamente realizando un gran esfuerzo podía caminar de una manera muy grotesca, moviendo mi pierna derecha muy hacia la derecha.

"Sí, la mayor parte de mi cuerpo estaba entumecida, especialmente mis brazos y piernas. No pasó mucho tiempo antes de que empezara a tener dificultad para tragar los alimentos... Poco después me volví también incontinente (no podía retener la orina), lo cual duró por mucho tiempo hasta que descubrí accidentalmente que con magnesio en forma de polvo de dolomita podía controlarlo. Esto sucedió en tan sólo un día y fue el más grande de los alivios. Sí, podría hablar 'incansablemente' acerca de las maravillas de una buena nutrición y del hecho que la misma me salvó de lo que parecía ser una condición realmente sin esperanza. No he comido por ocho años ningún tipo de harina refinada. He experimentado esta gran recuperación a pesar de tener una cadera rota, hecha añicos por un ladrón de carteras. Si yo lo he podido hacer, seguramente hay esperanza para otros casos, ¡trabajando con un médico que tenga una orientación nutricional!"

¡SE CURA LA CEGUERA CAUSADA POR LOS NERVIOS!

El señor M.P. escribió: "Hace ocho años, tuve un problema neurológico que fue diagnosticado como un 'desorden neurológico degenerativo sintomático de esclerosis múltiple'. Pasé tres semanas en el hospital y me administraron un tratamiento de 80 unidades internacionales de ACTH (hormona adrenocorticotropina) diarias por doce días. No pude trabajar durante casi un año por lo que tuve mucho tiempo para realizar mis propias investigaciones.

"Llegué a la conclusión de que posiblemente el consumo de ácido linoleico y grasa poliinsaturada podría estar relacionado con este tipo de enfermedad. Empecé a seguir una dieta rica en alimentos poliinsaturados, la cual pensé sería rica en ácido linoleico. Esta incluía aceite de alazor, semillas de girasol,[2] vitamina E y una serie de otros suplementos.

"Estaba ciego del ojo izquierdo, mi coordinación y mi habla se vieron afectados y distintas partes de mi cuerpo estaban entumecidas. Sin embargo, he recuperado la visión y todos los síntomas han desaparecido sin sufrir ninguna recaída.

"Todavía continúo con mi dieta y el aceite de alazor y mi médico me recomienda que siga haciendo lo que sea que haya estado haciendo. Había estado tomando medicamentos para los calambres en las piernas, pero ya no los necesito".

¡DESAPARECIÓ LA MIASTENIA GRAVE!

Se ha curado la miastenia grave en pacientes suministrándoles una dieta rica en proteínas, vitamina E, todo tipo de vitaminas B y manganeso, de acuerdo con el Dr. Emannuel Josephson en su libro, *The Thymus, Manganese and Myasthenia Gravis* (Chedney Press). El alivio llegó rápidamente. Todos los síntomas típicos y otras formas de parálisis desaparecieron al cabo de pocas semanas. Se decía que los resultados habían sido "¡rápidos e increíbles!" Sin embargo, todos los días, en la televisión y los medios de comunicación masiva, se dice que ¡esta enfermedad es incurable!

¡MILAGROSO ALIMENTO CURATIVO ALIVIA LA DISTROFIA MUSCULAR!

Se dice que a 25 niños afectados con la agobiadora y desgastadora enfermedad conocida como distrofia muscular se les administró diariamente aceite de germen de trigo,[3] junto con vitaminas C y B.

---

[2] La esclerosis múltiple, considerada incurable, se alivia en gran medida tomando dos cucharadas de aceite de semillas de girasol dos veces al día, según el Dr. Harold Miller y asociados en el hospital Royal Victoria, de Belfast, Irlanda del Norte. Parece que prolonga los períodos de inactividad.

[3] "Experimentos con aceite de germen de trigo", *Journal of Neurology, Neurosurgery and Psychiatry*.

Todos mejoraron al seguir este plan y uno de ellos se recuperó por completo. En otro experimento, a 151 pacientes con distintos desórdenes neuromusculares se les suministró aceite de germen de trigo. Se siguió su mejoría durante doce años:

- En cinco de veinticinco casos (tres niños y dos adultos) con distrofia muscular progresiva, los síntomas disminuyeron y moderaron hasta que se produjo una mejoría notable.

- Tres de cada cinco pacientes con distrofia muscular menopáusica tuvieron una mejoría notable. (Estos pacientes no siguieron ninguna otra dieta que no fuera la de aceite de germen de trigo.)

¡SE CURÓ LA PARÁLISIS CEREBRAL!

Un niño de 7 años, Tommy, padecía de parálisis cerebral, la cual le causó una parálisis espástica en los brazos y piernas (con movimientos descontrolados y bruscos) y le afectó el habla. El médico lamentó que no hubiera una cura para la parálisis cerebral. A Tommy no le quedaba otra opción que irse a tomar las medidas de un aparato ortopédico para la espalda que le ayudara a controlar sus músculos atrofiados.

Mientras tanto, alguien le sugirió un Milagroso Alimento Curativo —aceite de germen de trigo (*wheat germ oil*)— que se ha demostrado alivia en casos de parálisis cerebral. Se añadieron otros Milagrosos Alimentos Curativos, entre ellos proteínas, vitaminas y minerales. Un mes después, cuando Tommy regresó a recoger su aparato ortopédico, ¡no le servía! ¡Sus músculos ya no estaban atrofiados!

Más tarde, se le envió al médico una foto instantánea para mostrarle el increíble progreso de Tommy. La foto mostraba al niño montando en bicicleta —ya se encontraba tan saludable que ¡podía correr y jugar como cualquier niño normal! Sin embargo, se dice todos los días, en la televisión, que ¡la parálisis cerebral es incurable!

¡NIÑA PARALÍTICA CURADA CON ACEITE DE SEMILLAS DE GIRASOL!

En un caso, se utilizó aceite de semillas de girasol (*sunflower seed oil*) para curar a Lydia, una niña de siete años que estaba paralítica, y no se tenía ninguna esperanza de que pudiera recuperarse, de un virus que había afectado su sistema nervioso. El virus, conocido como polineuritis, provoca que los glóbulos blancos dejen de realizar su función, que consiste en luchar contra los virus. En su lugar, atacan el tejido nervioso saludable. En tres semanas, la pequeña niña estaba casi paralítica por completo y no podía mover los brazos ni las piernas. Se despertaba gritando, aterrada al darse cuenta que no podía moverse. Los médicos dijeron que iba a quedarse paralítica de por vida.

Después sus padres vieron en la televisión a un médico que habló sobre los increíbles resultados que había obtenido suministrando aceite de girasol a sus pacientes que habían recibido un transplante de riñón —para evitar que los glóbulos blancos atacaran y rechazaran el riñón nuevo. Entonces compraron un frasco de aceite de girasol en una tienda de alimentos naturales local y le dieron tres cucharaditas diarias. Milagrosamente, en 48 horas, ¡ella empezó a moverse! Su padre duplicó la dosis y ella siguió mejorando. Al cabo de poco tiempo podía correr, saltar y jugar, como cualquier otra niña de su edad y hoy en día ella luce ¡totalmente normal!

¡DOLOMITA COMBATE LA EPILEPSIA!

La señora J.J. informó: "He estado tomando magnesio durante 18 meses para controlar la epilepsia. Tengo 50 años y he padecido de esta enfermedad desde que tenía 17 años. Consulté muchos médicos y me realicé varios exámenes electroencefalogramas sin resultado alguno. Probé varios medicamentos y por último pude disminuir los ataques de epilepsia con uno de ellos. Pero todavía me sentía siempre tensa y nerviosa, y vivía con el temor constante del próximo ataque. Mi médico no pudo ayudarme.

"Con posterioridad, escuché acerca del magnesio, empecé a tomar diariamente dos tabletas de dolomita, junto con mis medicamentos regulares y desde ese entonces no he tenido ningún ataque de epilepsia —pequeño mal ni gran mal— en 18 meses. Espero que otras personas que padecen de esta enfermedad prueben este remedio. También tomo levadura de cerveza, hígado deshidratado, vitaminas C y E para la circulación y dolomita.

"Era un cadáver andante antes de empezar este tratamiento. Hoy en día trabajo todos los días como auxiliar de enfermera y empiezo a vivir los próximos 50 años de mi vida". (Nota: Con respecto a los dos casos anteriores, se ha descubierto que la vitamina B-6, piridoxina, puede controlar la polineuritis y la epilepsia.)

¡LA EPILEPSIA, LA PARÁLISIS Y LA CEGUERA TRATADAS MILAGROSAMENTE!

El Dr. Alfonso del Guidice, quien pertenecía al Instituto Nacional de Salud Pública, de Buenos Aires, Argentina, ha escrito que en casos de enfermedades oculares, de origen nervioso, tratadas con vitamina E, ha obtenido "resultados brillantes" en miopía (vista corta), nistagmos (movimientos rápidos e involuntarios del globo ocular), estrabismo (ojos cruzados), cataratas, parálisis y epilepsia. ¡Todos los pacientes mejoraron!

"Por lo general, el tratamiento empieza con 200 a 300 miligramos diarios de vitamina E, dosis que aumentan en un período de hasta 6 meses a aproximadamente dos gramos diarios", dependiendo en la edad del paciente. "También se administraron dosis diarias de 500 a 1500 mg de vitamina C. Se añadió esta vitamina debido a que creo que refuerza la vitamina E y parece ser indicada especialmente para deficiencias orgánicas y cataratas debidas a una edad avanzada". Pero para estos pacientes, la vitamina E fue el Milagroso Alimento Curativo, subraya el doctor. Al parecer el alivio fue permanente.

Casos relatados:

- Una niña, de 3 años de edad, padecía de epilepsia (producida por una mala caída). A la edad de 2 años, tuvo su primer ataque, con una duración de cuatro minutos, con pérdida del conocimiento, espasmos y espuma por la boca, seguidos por un violento dolor de cabeza que duró seis horas. No pudo hablar por noventa minutos. Después de esto, estaba nerviosa, inquieta, tenía períodos de llanto y se orinaba en la cama. Se empezó a tratarla con vitamina E como única alternativa. En tres meses no tuvo más convulsiones y en menos de un año dejó de orinarse en la cama y se convirtió en una persona normal y amigable.

* Un niño de nueve meses fue diagnosticado epiléptico. Tenía convulsiones varias veces al día, durante las cuales viraba los ojos hacia un lado, su cuello se ponía rígido y perdía el conocimiento. Estaba nervioso e inquieto. Los medicamentos y sedantes no lo aliviaban. Entonces, se le suministró solamente vitamina E. En cinco meses, "ya no tuvo más convulsiones y dormía en paz!"

* Una niña, de 12 años, era retrasada mental y violenta. Gritaba y lloraba constantemente, no podía hablar correctamente, ni podía entender preguntas ni controlar sus necesidades biológicas. Estuvo en este estado durante seis años. Ningún tratamiento la alivió. En menos de un mes con la vitamina E, mejoró de pronto, se tranquilizó, empezó a sentarse correctamente y al finalizar el año ya podía comer por sí sola.

* Una niña de 5 años, tenía paralizadas sus dos piernas y era retrasada mental. No podía hablar. Desde que nació ningún tratamiento resultó exitoso. Después de siete meses con la vitamina E, empezó a caminar y hablar claramente. Cuatro meses después, ¡incluso podía correr!

* Un hombre, de 23 años, padecía de ceguera de origen nervioso. Sus ojos eran normales, pero no podía ver. Ocho años de tratamiento no habían tenido efecto alguno. En menos de dos meses con vitamina E, pudo ver los dedos de una mano a una distancia aproximada de siete pies y reconocer a las personas a diez pies de distancia, con el ojo izquierdo. Veía un poco menos por el ojo derecho, pero ya podía vestirse y alimentarse por sí mismo, viajar solo y ¡caminar por el tráfico de la ciudad!

* Una niña, de 10 años, que nació con cataratas en los dos ojos, estaba totalmente ciega. No podía ver la luz, incluso después de que le operaron el ojo derecho. Ella era en extremo tranquila y

estaba deprimida. Después de seis meses con vitamina E, se convirtió en una persona entusiasta, ¡y pudo ver la luz! Las cataratas comenzaron a desaparecer. ¡El globo de su ojo derecho podía verse ahora con claridad!

- Un niño, de 10 años, que nació con cataratas en un ojo y defectos en los dos, también era retrasado. Empezó a aplicársele la terapia de vitamina E. Se volvió más inteligente y alerta, las cataratas desaparecieron y mejoró la visión en los dos ojos. Todo esto empezó a producirse inmediatamente después de iniciado el tratamiento.

- Una niña, de 10 años, que nació con cataratas en los dos ojos (ambos fueron operados sin obtener buenos resultados), empezó a tomar vitamina E. En ocho meses, ¡pudo ver objetos pequeños a una cierta distancia!

¡AHORA LOS CIEGOS PUEDEN VER Y LOS SORDOS PUEDEN OÍR!

"Quiero darles la gran noticia de que ahora los ciegos pueden ver y los sordos pueden oír", expresa Reginald MacNitt, Ph.D., en su libro, *How to Use Astral Power* (Parker Publishing Company, Inc.). "La recuperación de la audición y la visión se encuentran entre los milagros menores producidos por el Poder Astral", indica el doctor MacNitt, al referirse a la vista y a los sonidos extrasensoriales, los cuales, de hecho, han sido utilizados por personas totalmente ciegas y sordas para ver y oír.

"Sí, esto es verdad", subraya al referirse a los casos que parecen no tener esperanza, "todas las personas ciegas o sordas del mundo pueden experimentar estas cosas", afirma. "No continuarán ciegos, sordos o lisiados. Pueden ver, escuchar o experimentar cualesquiera de estas maravillosas sensaciones, gracias al ¡milagro del Poder Astral!"

"Si usted es ciego o sordo", explica el doctor MacNitt, "este secreto le permitirá oír su propia voz. Puede mirar la televisión. Puede entablar una conversación y ver a todos sus amigos a su alrededor. Puede oír y ver el mundo como es en realidad. Como una persona ciega, ya no necesitará más tantear los objetos ni las caras de los demás. Sabrá cómo lucen las demás personas". Si es sordo, "ya no necesitará más aprender el lenguaje de los signos", plantean otros investigadores.

¡VEA SIN LOS OJOS!

Si, por ejemplo, se destruyera uno de cada dos de los medios transmisores de imágenes visuales al cerebro, éste todavía las recibiría por medio de su centro de control visual. El cerebro tiene miles de millones de células microscópicas en el "cabello", extremadamente sensibles a todas las impresiones eléctricas a su alrededor. De esta manera, tenemos registrados numerosos casos de personas que han podido ver por la parte posterior o superior de la cabeza. El famoso investigador alemán, doctor Albert von Schrenck-Notzing, informó en 1887 cómo una mujer llamada Lisa podía leer libros con los ojos vendados. Los expertos señalan que cualquier persona puede hacerlo, con un entrenamiento paciente de los poderes de la mente.

El caso más famoso fue el de Mollie Fancher, quien quedó ciega a consecuencia de un serio accidente que le destruyó los ojos. Y todavía podía ver tan claramente como una persona normal, en realidad con una nitidez mayor. Ella podía ver a través de la frente. Sabía lo que estaba pasando a su alrededor y podía describir el más mínimo movimiento de cualquier visitante. Distinguía con claridad los colores y ¡podía tejer y bordar a crochet! Podía leer en la claridad y en la oscuridad, mucho más rápido que usted y yo, ¡desplazando sus dedos sobre la página impresa!

Los científicos saben desde hace mucho tiempo que toda la epidermis, o piel exterior que cubre el cuerpo, contiene células fotoeléctricas que pueden transmitir impresiones visuales al cerebro. Cesare Lombroso, un psicólogo famoso a nivel mundial, y el profesor Carmagnola informaron de dos casos de este tipo en el *Italian Medical Journal*. Las dos niñas, de 14 años, estaban casi ciegas, pero veían con tanta claridad como antes, una de ellas veía con la punta de la nariz. La otra podía ver fácilmente con las palmas de sus manos. En ambos casos, podían leer cualquier escrito seleccionado al azar.

EXPERTOS AFIRMAN QUE CUALQUIER FORMA DE CEGUERA O SORDERA PUEDE CURARSE ¡CON ESTE SECRETO!

Los centros visuales y auditivos del cerebro se mantienen receptivos a cualquier impresión que pueda llegar a ellos, declaran los expertos en poder mental, aun cuando los ojos y los oídos estén destruidos. Según se informa, un método para desarrollar la visión y la audición extrasensoriales consiste en inducir un leve trance de hipnotismo concentrándose en una cosa en particular. En un estado de letargo parecido a un sueño, fije la mente en cualquier impresión que desee recibir. En este momento es que su "Tercer Ojo", o el ojo de la mente, puede centrarse en aquello que desea ver u oír. Utilizar las sensaciones táctiles a través de las manos también es un juego de adivinanzas que requiere de una práctica constante y una actitud mental positiva frente a toda evidencia que indique lo contrario.

Sin embargo, el método del doctor MacNitt trasciende la percepción extra sensorial ya que en algunos casos incluye la curación de los órganos enfermos.[4] Para obtener una descripción más detallada de cómo funciona este método vea las páginas 34 a 38. Muchos expertos están de acuerdo en que esto es posible.

---

[4] En su libro, *How to Use Astral Power,* el doctor MacNitt explica cómo una paciente llamada Charlotte se dio cuenta de que no veía con claridad. Un especialista de los ojos le dijo que tenía catarata y que tenía que someterse a una operación. Con este increíble método, su catarata desapareció como por acto de magia en tan sólo un día y recuperó la visión de sus dos ojos ¡casi en 20/20!

Entre estos expertos se encuentra Evelyn Monohan, cuyo muy aclamado curso en la Escuela de Educación de Adultos de la Universidad de Georgia recibió una amplia cobertura en las publicaciones *Time, Newsweek, Midnight* y *National Enquirer.* Durante cinco años, enseñó a personas ciegas a ver con las manos y muchas consiguieron trabajos especializados, como ¡el leer planos! Evelyn Monohan también plantea que el poder de la mente también puede curar órganos enfermos.

¡LA CEGUERA, LA PARÁLISIS Y LA EPILEPSIA SE CURAN EN DIEZ DÍAS!

En su libro, *The Miracle of Metaphysical Healing* (Parker Publishing Co., Inc.), la Dra. Monohan explica cómo se *curó* de estas tres dolencias incurables, después de 9 años de sufrimiento, instantánea y espontáneamente en 10 días, con el poder de la mente. A consecuencia de un accidente, su visión se había reducido a un punto y estaba empeorando. Experimentaba ataques epilépticos (hasta 12 diarios aun cuando tomaba medicamentos). Dos años después, sufrió otro accidente grave, a consecuencia del cual se le paralizó el brazo derecho. ¡Imagínese! ¡Ciega, paralítica y epiléptica! Once especialistas le dijeron que no había nada que pudiera hacerse por su parálisis.

El método que utilizó para curar sus nervios ciegos, paralizados y espasmódicos fue el poder de la mente. Dice que el poder mental puede ser utilizado incluso para sanar a otros que estén lejos, y que es aun más poderoso cuando más de una persona se concentra, utilizando el mismo método. El método consiste esencialmente en una visualización poderosa y pensamiento positivo, varias veces al día, con la convicción de que uno *se está* curando (no "me voy a curar" ni "quizás me cure") y teniendo médicos y amigos que le feliciten por su logro, para eliminar por completo cualquier pensamiento negativo.

Al describir su método, la Dra. Monohan lo denomina una "cura" y manifiesta que es el mismo que ella siguió para curarse y recuperarse de la ceguera. "Con este método usted encontrará que la curación no demora en la persona para quien se utiliza". Además, expresa: "Esta técnica milagrosa garantiza la bendición de gozar de una salud perfecta para usted y todos sus seres queridos que padecen de epilepsia". Y añade que este método funcionó para ella así como para innumerables personas quienes recuperaron la libertad de movimiento de las extremidades paralizadas. Señala que este método producirá una curación milagrosa para todos los que padecen de "cualquier tipo de parálisis". Asegura que su eficacia está garantizada y que no puede fallar. Si el poder de la mente puede curar los nervios, entonces es obvio que sea el Milagroso Alimento Curativo para los nervios.

Casos relatados:

- David L., de 19 años, se despertó una mañana totalmente paralizado desde el cuello hasta los pies. Sólo podía mover los ojos y los labios. Los médicos estaban perplejos ya que no podían encontrar la causa de su parálisis. David, que había sido un atleta campeón, pasó acostado los siguientes cinco años y medio de su vida, mirando al techo. Entonces la Dra. Monohan le mostró a él y a su madre cómo funcionaba este método. Al cabo de dos semanas y media David estaba completamente curado y ¡podía moverse libremente!

- El brazo derecho de John había estado paralizado por tres años después de un accidente en el cual varios nervios habían sido cortados. John no creía que este método iba a funcionar en su caso y estaba lleno de enojo y resentimiento por estar lisiado. Sin embargo, cuando la doctora Monohan le explicó cómo su propia parálisis se había curado, aceptó. Al cabo de dos semanas, su parálisis había desaparecido por completo y usted nunca hubiera imaginado que ¡alguna vez él había estado paralítico!

¡CIENTOS DE PERSONAS INFORMAN HABERSE CURADO MILAGROSAMENTE CON EL MÉTODO *MEDIPIC*!

Cientos de personas informan haberse curado milagrosamente de enfermedades que al parecer eran incurables, con *Medipic*, el

método de curación del séptimo sentido, según Benjamin O. Bibb
y Joseph J. Weed en *Amazing Secrets of Psychic Healing* (Parker
Publishing Co., Inc.). "En realidad", señalan Bibb y Weed, "todo lo
que funciona mal en los seres humanos puede solucionarse" ¡con
este secreto! Aún en los casos de enfermedades terminales, a
menudo ¡usted puede vivir un poco más de tiempo! Si logra con-
vencer a su mente interna, añaden, "¡Ninguna cura es imposible!"

**¿Cuántas veces ha oído usted decir que no hay cura para el
resfrío común? Sin embargo, la cura existe, según Bibb y
Weed. "La mente interna de la persona resfriada puede curarlo, por lo general en pocos minutos". Simplemente con
pensar en el resfrío, usted puede sugerirle telepáticamente a
la mente interior una forma de curarlo.**

Utilice imágenes mentales claras de las cosas que quiere
hacer. Esa es la manera por la que usted se comunica con su
mente interior. Por ejemplo, si existe alguna obstrucción, visualice
unos dedos curadores que la levantan cuidadosamente y eliminan
la obstrucción. "Los dedos mentales", un "cepillo mental o un
limpiador de tuberías", o "una cinta adhesiva mental" pueden
sonar como cosas imaginarias ridículas. Sin embargo, representan
el tipo de imágenes mentales claras que la mente interior necesita
si usted desea comunicarse con ella e indicarle qué hacer. Después
de haberle indicado a su mente interna los pasos que tiene que
seguir para aliviar una dolencia, *ella encontrará la manera* de
hacer que estas cosas se produzcan dentro de su organismo ya que
la mente puede controlar el cuerpo. Puede controlar todas las funciones que NORMALMENTE son controladas por el sistema
nervioso central. Puede asumir el control, algo parecido a lo que
sucede cuando una máquina que está programada para funcionar
automáticamente se coloca en "funcionamiento manual", de manera que una persona puede indicarle que haga algo que normalmente no hace.

¡Aseguran haber obtenido resultados increíbles!

- En casos de miopía o de hipermetropía, indican Bibb y Weed,
  "cualquiera que fuera la causa, usted puede en casi todos los

casos aliviar o curar estas dos aflicciones y el astigmatismo (desequilibrio del ojo)". Se pueden fortalecer mentalmente los músculos de los ojos, ¡en 24 horas!

- Puede "corregir permanentemente o curar el glaucoma" con este método, señalan Bibb y Weed. "Independientemente de cual sea la causa, usted puede aliviar el glaucoma rápida y fácilmente", a pesar de que no permanecerá de la misma manera a menos que evite permanentemente la tensión nerviosa. "En casi todos los casos este método hará que el ojo recupere su función normal y aliviará la tensión y el dolor del glaucoma".

- Cuando el hígado duele este método es el mejor tratamiento y el más sencillo, y también aliviará la cirrosis, ictericia, hepatitis y la fibrosis hepática, aseguran Bibb y Weed. "Muy a menudo, este método será el único remedio que se necesite y que aliviará por completo al que padece de alguna enfermedad".

- Los cálculos biliares se alivian de la misma manera. "Mentalmente, usted puede disolver y eliminar todas las piedras vesiculares", indican Bibb y Weed. "Nosotros hemos demostrado que se puede aliviar esta condición por completo y, al parecer, permanentemente", ¡sin cirugía!

- Todos los malestares intestinales pueden aliviarse con facilidad mediante este método, dicen Bibb y Weed, incluida la apendicitis, la gastroenteritis, la diverticulosis, la obstrucción intestinal, las úlceras, la disentería o el envenenamiento con alimentos. ¡Las úlceras cicatrizan! ¡Las bolsas diverticulosas desaparecen de la pared intestinal!

- El método *Medipic* puede detener el dolor artrítico y con frecuencia curarlo, indican Bibb y Weed. "Una persona que padece de bursitis puede obtener un alivio rápido. La mente puede curar la tendinitis. Al igual que la bursitis, la tendinitis puede aliviarse rápidamente, por lo general en una hora más o menos". ¡Los depósitos de calcio se eliminan y las articulaciones se lubrican!

- "En todos los casos de daño o alteraciones de la columna vertebral (incluidas la fibromiositis, la sensibilidad, el dolor y la rigidez en las articulaciones y músculos, el dolor en la región lumbar, el hombro, los muslos o el músculo cuádriceps)... *Cada una de estas dolencias puede curarse* por el método *Medipic*", señalan Bibb y Weed. La ruptura de discos e incluso las deformidades de nacimiento de la columna, a las cuales los médicos las denominan incurables, pueden curarse, añaden Bibb y Weed. La osteomielitis (un tipo de infección ósea) pueden tratarse exitosamente de esta manera y los tumores y la tuberculosis de los huesos y de las articulaciones pueden eliminarse, manifiestan.

- Las venas y las arterias dañadas (incluidas las venas varicosas) y los problemas sanguíneos desde la anemia hasta el envenenamiento de la sangre, la hemorragia y los peligrosos coágulos sanguíneos "pueden curarse con los tratamientos del método *Medipic*", aseguran Bibb y Weed.

- La leucemia ("invariablemente fatal" de 6 a 12 meses, según el Diccionario Médico Stedman) puede curarse, afirman Bibb y Weed. Explican que su método restablece el equilibrio normal de los glóbulos blancos y rojos y elimina las toxinas acumuladas en el sistema "en casi todos los casos" y "puede emplearse para efectuar una curación".

- La hemofilia, la enfermedad del sangrado, considerada incurable, "puede curarse con el método *Medipic*", estimulando a la sangre para que produzca coagulantes, afirman Bibb y Weed.

- La enfermedad de Hodgkin ("generalmente fatal en cinco años") puede aliviarse por el método *Medipic,* expresan los autores. "En muchos casos este método logrará aliviar y curar".

El método *Medipic* puede "aliviar el dolor en cuestión de minutos", aseveran Bibb y Weed. Puede "sanar heridas, cortadas y raspaduras *el mismo día que se producen*", citan casos de quemaduras graves, cortadas y heridas grandes y abiertas que se curan prácticamente ante los ojos sorprendidos de las víctimas, dejando solamente una mancha roja pequeña y ligera que también desaparece. Este método puede "fortalecer al corazón y solucionar cualquier problema que dificulte su funcionamiento", "cura la diabetes", produce un alivio "instantáneo" en la próstata y mucho más.

Resulta difícil negar estos sorprendentes planteamientos ante todas las pruebas presentadas. Bibb y Weed citan cartas recibidas de las personas que han logrado estos extraordinarios resultados.

Casos relatados:

- Una mujer tenía un coágulo de sangre doloroso en una pierna, con marcas azules. Su médico le dijo que necesitaba ser operada. Ella se asustó. Con este método, a la mañana siguiente el coágulo se había diluido y desapareció. Su médico no pudo encontrar en la paciente antecedentes del coágulo.

- Un niño quedó prácticamente ciego por el desprendimiento de la retina. Con este método, la retina se "fijó" nuevamente en su lugar al siguiente día. Los médicos estaban impresionados. La retina parecía sólida. El ahora tiene una visión de 20/20 y está ¡completamente curado!

- Un hombre padecía de leucemia y había recibido transfusiones "empacadas" por mucho tiempo. Con este método, en tres semanas la cantidad de sus glóbulos rojos era normal y nunca más necesitó transfusiones de sangre. Sus médicos estaban atónitos.

- Una mujer estaba tan enferma con una dolencia del hígado que no podía retener ningún alimento y padeció de calambres y náuseas por una semana. Los medicamentos que le recetó el médico no la aliviaron. Con este método, se sintió tan bien que pudo comer una comida deliciosa y retenerla por completo y ¡nunca más volvió a tener complicaciones!

- Un hombre con cálculos biliares se despertó a las 2 de la mañana con un insoportable dolor en el pecho y náuseas. Pensó que tenía un ataque cardiaco y vomitó varias veces. Con este método, pudo conciliar el sueño en pocos minutos y cuando se despertó a la mañana siguiente no tenía dolor alguno.

- Un hombre estaba acostado boca arriba con un disco roto y mucho dolor. Los medicamentos no lo aliviaban. Con este método, todo el dolor desapareció a los pocos días y para siempre. Ya se reincorporó a su trabajo donde tiene que inclinarse, agacharse y levantar objetos, y él se siente muy bien.

- Una mujer tenía un tumor del tamaño de un huevo en el recto, cerca del útero. Su médico le aconsejó que se sometiera a una operación de inmediato. Ella estaba estreñida, con deposiciones con sangre, la prueba citológica (prueba del Pap) y los rayos X eran positivos por lo que estaba muy asustada. Con este método, el tumor desapareció lentamente y los médicos determinaron que ¡ya no era maligno!

Si el Poder Astral, la Curación Metafísica, el Pensamiento Positivo, la Terapia de la Meditación, el método *Medipic* o cualquier otro método del poder que utilice el poder de la mente puede lograr esto, es evidente entonces que constituye un Milagroso Alimento Curativo para el organismo. Al parecer es perfectamente seguro utilizar el poder de la mente ¡junto con el cuidado médico calificado!, no como un sustituto.

CAPÍTULO 12

¡MILAGROSOS ALIMENTOS CURATIVOS PARA LOS PROBLEMAS DE LA MUJER!

La señorita B.R. relató: "Soy una mujer de 26 años y por muchos años he tenido dolorosas menstruaciones de mucho flujo. Dos y a veces hasta tres aspirinas, no aliviaban el dolor, así que tomaba cuatro a cinco aspirinas cada dos o tres horas hasta que el dolor desapareciera.

"El sangrado era casi como el de una hemorragia, y finalmente me di cuenta que las aspirinas tendrían algo que ver. El mes pasado tomé dos tabletas de dolomita en vez de la aspirina. A los 20 minutos los cólicos menstruales habían desaparecido y el flujo del sangrado era mínimo. Creo realmente que esto me salvó de una posible anemia crónica".

La dolomita (*dolomite*), por supuesto contiene calcio y magnesio. ¿Qué hace al calcio tan importante en el cuerpo de una mujer? Los científicos dicen que una dieta pobre sumada a la pérdida de calcio durante la menstruación afectan dañinamente el cuerpo de la mujer.

EL DOLOR DE PECHO DESAPARECIÓ ¡DE INMEDIATO!

La Señorita H.L. relató: Desde hace cuatro años he sufrido de dolores en los pechos muy fuertes, de diez días a dos semanas antes de cada período. Estaba tan adolorida que no podía dormir boca abajo. Entonces empecé a tomar harina de huesos y tabletas de dolomita que compré en una tienda de alimentos naturales.

"Repentinamente noté que ya no tenía más el dolor, y le dije a una compañera de trabajo quien tenía los mismos problemas, que debía ser la harina de huesos y las pastillas de dolomita. Ella empezó a tomarlas y también sintió un gran alivio.

"Este verano, cuando me encontraba de vacaciones no las llevé y todo lo que puedo decir es cómo me arrepiento. Ese mes el dolor fue tan fuerte como había sido anteriormente. Ya casi me había olvidado de lo doloroso que podía ser. Ahora las tomo regularmente ¡ y vaya qué bendición!"

¡ALIVIO INSTANTÁNEO PARA LOS CÓLICOS!

De esta forma, vemos qué importante es el calcio para la mujer. El incrementar el consumo de calcio puede hacer mucho para aliviar los problemas menopáusicos y de la menstruación.

Se ha dicho que el calcio puede aliviar tanto la tensión premenstrual como los cólicos menstruales. Los cólicos usualmente desaparecen media hora después de tomar el calcio. Según expertos, durante la menopausia, cuando se toma calcio, los sofocos, sudores, calambres y depresiones mentales generalmente desaparecen.

Incluso los dolores de parto disminuyen a tal punto que algunas madres aseguran que no sintieron dolor alguno durante sus partos, ¡sólo una ligera sensación de "gas"! Entre los alimentos ricos en calcio se encuentran: frijoles y habichuelas, los ramos verdes de remolacha (*beet greens*), acelga (*chard*), berro (*watercress*), las hojas de diente de león (*dandelion greens*), endibias, calabazas, los ramos verdes de la mostaza (*mustard greens*), el perejil, los ramos verdes de los nabos (*turnip greens*), leche y huevos.

¡CÓMO ESTE SECRETO ALIVIÓ LOS DOLORES MENSTRUALES!

La señora R.L. relató "El calcio me ha liberado completamente de las drogas. Duplico o triplico mi dosis diaria de calcio tan pronto como siento subir la tensión el día anterior a mi período. Cuando los cólicos se anticipan tomo aún más calcio (siempre asegurándome de tomar las cantidades adecuadas de magnesio, vitamina D y aceites o grasas). A propósito, cuando mis dos bebés nacieron, el calcio era mi único alivio para el dolor. ¡Funcionó maravillosamente!"

Una mujer escribió: "Mi hija de 15 años, había sufrido de cólicos menstruales desde que tenía 11 años. Pero cuando ella empezó a tomar harina de hueso (*bone meal*) con vitamina D, apenas sentía llegar su período. Ahora, ya no sabe lo que es tener cólicos. Pensé que sería bueno que sepan acerca de esta cura".

OTROS MILAGROSOS ALIMENTOS CURATIVOS ¡ALIVIAN LOS PROBLEMAS MENSTRUALES!

Prácticamente toda molestia y dolor que sufre una mujer puede ser atribuido a una dieta pobre sumada a la pérdida de nutrientes vitales tales como el hierro (para el oxígeno y la energía), las vitaminas del complejo B y el cobre (para los nervios y absorción del hierro), el potasio (que alivia las hinchazones y evita el agarrotamiento de los músculos), el magnesio (el mineral que mantiene la piel suave y trabaja con la vitamina B para controlar los nervios de la coordinación), las vitaminas C y D (para impedir las infecciones) —todos estos se encuentran en un nivel bajo durante la menstruación debido a la pérdida de sangre y al desequilibrio hormonal. Es por ello que algunos alimentos ricos en nutrientes vitales pueden dar alivio a los problemas de la menstruación.

MANOS Y PIES HINCHADOS ¡RÁPIDAMENTE ALIVIADOS!

Un médico relata que la vitamina B-6 alivia la hinchazón y la retención de líquidos, y que parece funcionar donde los diuréticos fallan. Una mujer sufría de manos y dedos tan hinchados y dolorosos, que le era prácticamente imposible levantar cualquier objeto —se le diagnosticó retención de líquidos premenstruales (edema). El médico le recetó dos tabletas de 50 mg de Vitamina B-6 diarias. Al cabo de tres días se pudo poner sus anillos y tipear, y el dolor e hinchazón desaparecieron. Ella toma ahora una tableta diaria, diez días antes de su período. A cierta mujer con ocho meses de embarazo y con los pies extremadamente hinchados se le recetó inyecciones de 50 mg de Vitamina B-6 cada dos días. A los cuatro días la hinchazón había prácticamente desaparecido. Las mejores fuentes alimenticias son frutas frescas y verduras crudas, especialmente las bananas (plátanos), nueces (*walnuts*), avellanas (*filberts*), maníes (cacahuetes, *peanuts*), frijoles de soja (*soybeans*), semillas de girasoles (*sunflower seeds*), pescado, carne blanca de pollo, y carne magra.

¡ALIVIO INSTANTÁNEO PARA LOS PROBLEMAS FEMENINOS!

Una mujer relató que sus síntomas menopáusicos incluían sofocos y una extrema sequedad en la vagina. Ella dijo: "Si bien estoy llegando a los 60, no me siento cómoda al mencionar mi vida sexual por escrito, sin embargo debo decir que después de tomar hormonas durante años para controlar los síntomas menopáusicos, renuncié a ellas después de leer que pueden producir cáncer.

"Desde entonces he tenido terribles sofocos y una extrema sequedad en la vagina que me producía dolor al tener relaciones. Luego de escuchar cómo la vitamina E y el calcio pueden aliviar los sofocos, los empecé a tomar y créanme, ¡funcionaron! Lo más asombroso y para mi dicha, las relaciones sexuales con mi esposo han mejorado y ya no tengo que poner excusas de sentirme 'cansada' como lo estuve haciendo durante cuatro meses.

"Me sentía bastante incómoda de preguntarle al médico acerca de esta sequedad —no lo conocía mucho, y sentía que él se reiría de mis molestias y dolores. ¡Pero ahora me siento realmente agradecida ante este alimento milagroso que me ha devuelto el placer de poder disfrutar del sexo!"

La señora R.S. escribió: "Dos semanas antes de que mi período llegara, ¡me convertía en la más bruja de las brujas! Mi esposo incluso, odiaba el regresar a casa después del trabajo y mis pobres hijos —¡cómo sufrían! Oh sí, y también me odiaba a mí misma. Les gritaba a los chicos por cualquier insignificancia ¡y me la agarraba con todos! Me sentía tan deprimida —casi suicida. Entonces empecé a probar levadura de cerveza, vitamina B y píldoras de hierro, créanme, ¡qué cambio! Mi esposo sí que lo notó y mi actitud hacia la vida mejoró muchísimo. Para comprobar este resultado, intenté dejar de tomarlos por un mes, pero créanme ¡nunca más!"

UN MILAGROSO ALIMENTO CURATIVO QUE ¡ALIVIA EL DOLOR INMEDIATAMENTE!

El presionar y frotar ciertos nervios puede llegar a ser un Milagroso Alimento Curativo para su cuerpo, con frecuencia brindando un gran alivio para los problemas de la menstruación. En cuestión de segundos, puede aliviar prácticamente todas sus quejas y dolores, dice un experto, esto crea como una anestesia que permite que el proceso de curación comience. De este modo, uno puede controlar menstruaciones dolorosas como por arte de magia, y sin píldoras, alivian el dolor de la espalda y los muslos. Algunas mujeres incluso, casi ni se dan cuenta de ¡cuándo va a empezar su período!

- Cierta joven no había menstruado por casi un año. Se le administró este Milagroso Alimento Curativo (masaje al nervio) —y en cinco minutos su período regresó, desde entonces ella tiene períodos normales, regulares ¡y sin dolor!

- Una mujer mayor no había menstruado por más de un año. Se le administró este Milagroso Alimento Curativo (masaje al nervio), y a la mañana siguiente su período empezó ¡y continuó normalmente!

- Una mujer sufría de un mal al riñón, y tenía un ovario en tal mal estado que casi no se podía mover. El Milagroso Alimento Curativo alivió por completo sus síntomas. También fue aliviada de una dolencia al recto, la cual ¡nunca más la molestó!

- A una mujer que se quejaba de dolorosos espasmos en la vagina (vaginismo) los cuales le impedían tener relaciones sexuales, le aconsejaron probar este Milagroso Alimento Curativo —masaje al nervio (masajear las manos y los pies). Ella afirma que se aliviaron los dolorosos espasmos, ¡y esto salvó su matrimonio!

Para los ovarios, masajee debajo del tobillo exterior de cada pie, o la parte externa de la muñeca de cada mano. El canal del útero y la vagina se alivian al masajear la parte interna del tobillo de cada pie, o parte interna de la muñeca de cada mano. El extremo de los nervios que conducen a los riñones se encuentran en la palma de cada mano o en el medio de la planta de los pies. Aquellos que conducen al recto se encuentran en la parte sobresaliente de los huesos de las palmas y el talón. Estas áreas se frotan hasta que el dolor desaparece.

¡LOS TUMORES DE LOS SENOS DESAPARECIERON!

Una mujer con dos tumores grandes en el seno estaba a punto de ser operada. Mientras tanto, su médico le administró este Milagroso Alimento Curativo —masaje al nervio— para aliviar inmediatamente el dolor. Específicamente, se le dijo que presionara su lengua y que enrollara ligas alrededor de sus dedos. El dolor se alivió por completo. Los tumores se redujeron tanto que el médico decidió no operar, y ¡finalmente desaparecieron!

(El lector debe tomar precauciones al buscar la ayuda médica calificada en cualquier asunto relacionado a los senos. Estos temas se presentan únicamente como ayuda para una futura discusión más informada. Ninguna cura del cáncer ha sido declarada, y el uso de estos remedios que pueden ser medicados por uno mismo, no están permitidos sin el consentimiento médico.)

¡FIBROMAS EN EL ÚTERO DESAPARECIERON!

Este mismo Milagroso Alimento Curativo (masaje al nervio) hizo que un fibroma uterino desapareciera y redujo el dolor de glándulas en el cuello, axila, e ingle, dice un médico. "Si bien no se ha establecido que el cáncer puede ser curado mediante terapia localizada (masaje al nervio), existen muchos casos en los cuales el dolor ha sido aliviado por completo y los pacientes han sido liberados de drogas, incluso en algunos casos los tumores han desaparecido por completo", dice un médico.

QUISTES EN LOS SENOS ¡ALIVIADOS!

Robert London, M.D. director de investigación obstétrica y ginecológica del hospital Mount Sinai, en Baltimore, Maryland, afirma que la vitamina E puede aliviar quistes en los senos. De 12 mujeres menstruando y con quistes en los senos, 10 mejoraron en dos meses con 600 unidades internacionales (*I.U.*) diarias de vitamina E. Parece que estimula la secreción hormonal de adrenalina. No se ha reportado ninguna cura, pero él dice que sí alivia bultos, dolores y sensibilidad en los senos y que no se ha encontrado ningún efecto secundario perjudicial.

¡BULTOS EN LOS SENOS DESAPARECIERON!

La señora N.R. nos relató sobre otro Milagroso Alimento Curativo: "Cuatro meses atrás, me diagnosticaron mastitis quística crónica (quistes en los senos). Para cuando fui a ver al médico, había controlado los quistes con dolomita (*dolomite*), no le comenté al respecto, y él me dijo que los quistes estaban respondiendo bien a mis hormonas, esto quiere decir, los quistes se reducían y casi desaparecían después de cada menstruación, luego reaparecían pasada la ovulación (pero éstos eran inofensivos).

"En algunas oportunidades olvidé pedir más dolomita, y sufrí de fuertes dolores, sensibilidad e hinchazón en ambos senos. Pero apenas volvía a tomar la dolomita el dolor y la hinchazón desaparecían inmediatamente.

"Sin dolomita, no sé qué haría. Recuerden, la dolomita contiene calcio y magnesio. Los expertos han establecido que la deficiencia de calcio puede producir hinchazones y dolor en los senos. El magnesio trabaja junto con las vitaminas del complejo B para calmar los nervios".

¡TUMORES EN AMBOS SENOS DESAPARECIERON CON LOS MILAGROSOS ALIMENTOS CURATIVOS!

En su libro *Health Secrets from Europe* (Parker Publishing Co., Inc.), Paavo Airola relata el caso de la señora Elsa E.; quien había sido afectada 17 años atrás, por tumores en ambos senos cuando tenía 40 años. Un examen en el instituto Karolinska en Estocolmo mostró que las glándulas linfáticas también habían sido afectadas. Los médicos insistieron en una cirugía inmediata para la semana siguiente.

"No tenía el menor deseo de ser intervenida", dijo la señora E. Sin tener mayor opción, decidió intentar otro método sugerido, mientras esperaba la operación. Su hermano le había informado del sistema Waerland, así que durante esa semana de espera visitó a otro médico para preguntarle acerca del método. Siguiendo su consejo, la señora E. empezó un tratamiento que consistía en tomar jugos crudos y frescos. Luego llamó al Instituto Karolinska, para hacerse un examen final antes de la operación. Luego de un exhaustivo examen, los médicos sorprendidos, sólo pudieron declarar que los tumores en ambos senos habían desaparecido por completo. ¡No existía razón alguna para operar![1]

El doctor Ariola dice que el caso de la señora E. ha sido ampliamente documentado, con exhaustivos exámenes realizados por médicos de renombre. Ella visitó el mismo hospital tres a cinco veces cada año durante los siguientes cinco años para sus exámenes, y nunca se encontró ninguna evidencia de tumores. Dieciséis años después de que sus tumores fueron diagnosticados a la edad de 56 años, ella se encontraba aún en perfecta salud, libre de enfermedades. Con mucha fe continúa la dieta que le salvó la vida.

El doctor Airola resume la dieta Waerland de la siguiente manera. Al levantarse en la mañana tome una taza y media del brebaje Waerland "Excelsior", una bebida alcalina compuesta de caldo de vegetales, semillas de lino (*flaxseed*) y salvado (*bran*) —un buen laxante—, con semillas y todo y sin masticar. A esto le sigue un masaje en la cabeza, una ducha fría frotándose con una

---

[1] Aparentemente, los doctores que querían realizar la operación en una semana pospusieron la operación, por razones no mencionadas. Cualquiera que haya sido la razón, la Sra. E. continuó con el sistema Waerland, ayunando con aguas y jugos, durante cinco semanas antes de ser llamada para la cirugía.

esponja y secándose con una toalla gruesa, un masaje por todo el cuerpo con un cepillo, ejercicios matutinos de cualquier tipo, un desayuno a base de crema agria hecha en casa, yogur con frutas frescas (manzanas, peras, toronjas, naranjas, bananas, uvas o bayas frescas). No se recomienda comer entre comidas, con excepción de frutas frescas o té de hierbas (cualquier tipo disponible en las tiendas de alimentos naturales) con miel o edulcorantes. Para el almuerzo, un bol de *Five-Grain Kruska* —un cereal de cinco granos que contiene trigo, centeno, avena, cebada y mijo enteros—, una cucharada de salvado de trigo, y dos cucharadas de pasas sin azufre. Como cena, un bol grande de ensalada de vegetales frescos (verdes y de hoja), una porción grande de papas sin pelar (horneadas o hervidas) y zanahorias crudas y ralladas, remolachas y cebollas. La leche agria y el yogur se permiten, pero ningún otro tipo de bebidas. Frutas cocidas se pueden usar como postre. Se prohíben todos aquellos alimentos que tienen sal, vinagre, cualquier condimento fuerte, té, café, tabaco, alcohol, azúcar blanca de cualquier forma (dulces y golosinas), pan blanco, carne, pescado y huevos. Durante los primeros días se recomienda el uso de enemas para evitar el estreñimiento, pero luego deben ser eliminados. Esta es la dieta de mantenimiento luego de la terapia de agua y jugos crudos.

LA PENICILINA DE LOS POBRES ¡ALIVIA LA INFECCIÓN VAGINAL!

Una mujer escribió: "Tengo tan sólo 23 años, pero durante cinco años había sufrido de una agonizante infección vaginal. Visité en total cuatro médicos, siendo el último un especialista. Me recetaron todo tipo de remedios, incluso fuertes antibióticos, y al mismo tiempo (aunque no lo crean) los buenos médicos me decían que los antibióticos podían producir infecciones en la vagina al matar tanto la bacteria mala como la buena... Después de leer que el ajo actúa como un antibiótico, empecé a ingerir ajo fresco y cortado y más adelante pastillas de ajo. He descubierto que, como con los antibióticos, al dejar de ingerir el ajo, la infección reaparece. Pero existen dos ventajas puntuales al tomar el ajo (combinado con duchas de vinagre) sobre los antibióticos recetados por el médico. Es más barato y no existen efectos secundarios".

LA CANDIDA ¡CURADA CON LOS MILAGROSOS ALIMENTOS CURATIVOS!

La señora B.A. relató: "Mi problema era la infección monilia (Candida). Sufrí de esto durante siete años y medio, y cinco ginecólogos no me la pudieron curar. Finalmente, el sexto me recetó medicamentos tanto para mí como para mi esposo. Al mes siguiente me vino una terrible infección viral y me recetaron antibióticos. Inmediatamente, la infección regresó. Entonces empecé a tomar dosis frecuentes de cultivos acidófilos (*acidophilus*) en pastillas (disponibles en las tiendas de alimentos naturales), así como yogur natural en vez de crema agria, de esta forma, curé mi infección".

VAGINITIS Y CISTITIS ¡ALIVIADAS!

La señora J.N. escribió: "Quisiera relatar... algo que me proporcionó el alivio a un problema de 13 años de cistitis. Me volví propensa a infecciones vaginales de muchos tipos cuando me acercaba a los treinta años. Desde entonces, si bien me recetaron una variedad de píldoras y exámenes tanto ginecológicos como urológicos, nada ayudaba. Cuando fui envejeciendo, y llegando a la etapa de la menopausia, las condiciones empeoraron.

"Últimamente la infección en la vagina afectó la vejiga, ocasionándome incomodidad por las frecuentes orinas. Iba y venía del ginecólogo al urólogo, cada uno con opiniones opuestas. En alguna parte yo había leído acerca del yogur *acidophilus* y de las tabletas de *acidophilus*. Intenté probar las tabletas (combinadas con el yogur comercial). Pero esto no ayudó. Luego leí acerca de un método en el que se introduce yogur *acidophilus* directamente en la vagina por medio de un aplicador de plástico que se obtiene en las farmacias...

"Casi de inmediato, mis síntomas en la vejiga se calmaron y mucha de la irritación vaginal que había experimentado por tanto tiempo desapareció. Han pasado tres meses desde que empecé este tratamiento y estoy encantada de ver que puedo viajar, trabajar y comprometerme en otras actividades sin el constante deseo de orinar, causado por la infección vaginal. Desde entonces no he regresado a ningún médico. Un último comentario: el yogur comercial no funcionará en este tratamiento. Debe de ser yogur de *acidophilus* recién hecho... Siempre compro cultivo de *acidophilus* (fijándome de que esté fresco) y preparo cierta cantidad. Un poco me lo aplico a la hora de ir a dormir, y también me aseguro de comer otro poco diariamente".

PROBLEMA DE INFECCIÓN VAGINAL ¡RESUELTO!

La señorita W.R. relató: "Hace como un año me dio una infección vaginal que me causaba mucha incomodidad. Me recetaron supositorios vaginales, los cuales use por un período de cinco meses —una prescripción fue por 90 días y la otra por 60. Sin embargo, después de unas semanas de dejar de usar el medicamento, la infección reaparecía. Entonces leí un artículo acerca de las vitaminas del complejo B, y decidí probarlas. Compré unas tabletas de vitaminas del complejo B y en dos días la picazón e inflamación desaparecieron, y no han vuelto a aparecer durante los últimos tres meses".

¡LEUCOPLASIA CURADA!

La señora F.A. relató: "Hace como cinco años, mi madre, que en ese entonces tenía 80 años desarrolló leucoplasia, dentro y fuera del área de su vagina. Su médico de cabecera la trató con hormonas, ungüentos, etc. Al cabo de unas semanas empeoró. Entonces la llevé a un especialista que la trató sin mayores resultados. Finalmente me informaron que ya nada más se podía hacer.

> **"Los especialistas me dijeron que su sistema se había secado debido a una histerectomía completa a la que había sido sometida 35 años antes de que este mal apareciera (en ese tiempo el médico no recetó hormonas). Después de ocho o nueve meses, mi madre se sentía tan miserable con esta área tan irritada que no podía sentarse, pararse o caminar con comodidad.**

"Como por Gracia de Dios, empecé a pensar en la vitamina E. Fui a una tienda de alimentos naturales, compré un frasco de vitamina E y le dí 200 unidades diarias. Después de unos días ella se sintió mejor. Me sentía contenta al ver que mi madre sintiera alivio, pero temía por su recuperación. En aproximadamente un mes su agonía había desaparecido por completo. Mi madre tiene hoy en día 85 años y goza de buena salud".

MILAGROSOS ALIMENTOS CURATIVOS QUE AYUDAN A ¡COMBATIR LA ANEMIA!

La anemia puede ser rápidamente aliviada masajeando los nervios que conducen al bazo (debajo del pie izquierdo, a medio camino del borde exterior), según un experto. ¡Esto ocurre con una rapidez sorprendente! A medida que el hígado y el bazo son estimulados para producir nuevas células rojas, la palidez, falta de aliento, palpitaciones del corazón y falta de energía son reemplazados por una complexión rosada, energía y un latido normal del corazón. Existen muchos tipos de anemia (algunos peligrosos), que sólo un médico puede diagnosticar, siendo éstos los síntomas más comunes.

Cierta mujer aseguró ¡que el ajo curó su anemia! Dijo que tan sólo por comer este vegetal se le aliviaron los síntomas de la mala digestión, entumecimiento, hormigueo, fatiga, falta de aliento, palidez, falta de apetito, diarrea, falta de peso y fiebre.

Sin mayores complicaciones, estos síntomas se alivian con hígado y vitamina B-12. Pero esta mujer dijo que el ajo también lo hizo. Ella simplemente estaba encantada y desde entonces nunca más se enfermó. Examinemos ahora estos factores únicos en el ajo que lo hacen un alimento milagroso para los males femeninos.

¡UN REMEDIO PARA CASI TODO!

¿Sofocos? pruebe el ajo. ¿Triste? pruebe un poco de ajo en su ensalada. Pequeñas depresiones, irritabilidad, ansiedad, náuseas, dolores de cabeza, cansancio o agitación, hinchazón abdominal, mareos, visión borrosa, hinchazón y sensibilidad de los senos, cólicos, anemia, problemas de la tiroides —todos han sido aliviados por el ajo, o las substancias que contiene el ajo. Un hecho comprobado es que estimula el flujo menstrual. Es un remedio de antaño.

Hoy en día sabemos que la habilidad del ajo de incrementar la absorción del cuerpo de la vitamina B, puede ser de gran ayuda aliviando náuseas, tensiones premenstruales y aun más síntomas. Médicos de renombre han encontrado que el ajo brinda alivio a los sofocos, irritabilidad, insomnio, palpitaciones, escalofríos, picazón, obesidad, leucorrea, artritis y muchos otros males.

El ajo, por supuesto, viene en polvo, píldoras o cápsulas, y está disponible en muchas de las tiendas de alimentos naturales y farmacias naturistas. Un té de ajo se obtiene simplemente al disolver una cucharadita de ajo en polvo en una taza de agua caliente, agregándole miel al gusto. También una cantidad pequeña de ajo picado en una cucharadita de miel se puede tomar con agua o antes de cada comida.

Casos relatados:

- La señora L.D. escribió: "Siempre tenía cólicos menstruales, usualmente los dos primeros días de mi período. Pero desde que tomo ajo (hace tres meses) ya casi no los tengo. Es difícil creer, pero es lo único que tomo y que no tomé con anterioridad. Ahora cada día de mi menstruación tomo de cuatro a cinco píldoras de ajo. Tomo dos o tres cada día y, como dije anteriormente, cuatro o cinco en los días difíciles".

- Harriet D., una mujer de 35 años, sufría de una extrema debilidad durante su período, tan extrema que casi no podía hacer nada más que permanecer recostada sin mover ni hablar, sentía inestabilidad en sus pies con nerviosismos y temblores. Sufría de sudores, mucha sed, una sensación de desmayo, y a veces fuertes náuseas y diarreas. Una amiga le sugirió reforzar sus defensas con ajo en su dieta. Muy sorprendida se sintió cada mes mejor y más fuerte. Los temblores y nerviosismos desaparecieron, y ya no le teme más a estos períodos.

- Luanna B. decía que su dolor era más fuerte hacia el lado derecho, como una daga presionando hacia abajo, empezando por la espalda y se extendía hacia adelante, con dolores que le harían sentir que todo se caía de su pelvis. Ella afirma que esta milagrosa y rejuvenecedora planta le dio de esta manera, un rápido alivio.

INFLAMACIÓN DEL ÚTERO

Los cólicos que una mujer siente son usualmente dolores musculares del útero vacío durante la menstruación. El útero se puede inflamar. Otro tema de interés nos lo trae Maurice Mességué, en su libro *Of Men and Plants*, aquí él da un remedio para la metritis (inflamación del útero). Para usarlo, siga las instrucciones en el capítulo 2, página 31.

Ajo — una cabeza triturada

Espino (*hawthorn*) de una semilla — flores trituradas, un puñado

Celidonia mayor (*greater celandine*) — hojas y tallos (de ser posible semi frescos), un puñado

Malva (*mallow*) de hoja redonda — flores, un puñado

Breñas de zarzamora (*blackberry brambles*) — hojas, un puñado

Salvia (*sage*) —flores y hojas, un puñado

Esta mezcla no debe de ser comida —debe ser utilizada únicamente en forma de ducha vaginal o para lavado de manos y pies.[2]

EL AJO Y LAS NÁUSEAS MATUTINAS

¿Recuerda el ingrediente en el ajo que estimula la tiamina? Bueno, se ha descubierto que las constantes náuseas y vómitos que sufren las madres gestantes se alivian por completo en muchos casos con tiamina (vitamina B-1). El *American Journal of Obstetrics and Gynecology* se refirió a un estudio en el cual se obtuvo un alivio total por medio de inyecciones de vitamina B-1 y B-6. La dosis de vitamina B-1 era de 25 a 100 mg y la de vitamina B-6 era usualmente de 50 mg. El número de inyecciones (y de intervalos entre ellas) variaba según la persona. De 44 pacientes tratadas con tiamina, ¡39 experimentaron alivio total!

El alivio completo de esta afección se menciona en un estudio inglés sobre vómitos constantes en mujeres embarazadas. A cada paciente se le administró una inyección

---

[2] Reimpreso con la autorización de Macmillan Publishing Co., Inc., del libro de Maurice Mességué titulado *Of Men and Plants*.

intramuscular de 100 mg de clorhidrato de tiamina en diferentes días.[3]

Recuerde que el ajo incrementa la absorción de vitamina B-1 de los alimentos y otras fuentes tales como inyecciones líquidas. En este estudio inglés se observó un cincuenta por ciento de mejoría luego de la primera inyección. Al cabo de una semana, a todas las pacientes aumentaron de peso mediante una dieta general, sin la necesidad de vomitar. Si su problema son las náuseas, ¿debería intentar el ajo? Esto es algo que usted y su médico deben decidir. El ajo es un alimento natural que muchas mujeres han comido horas antes de dar a luz.

¡EL TÉ DE FRAMBUESA ALIVIÓ LOS DOLORES DE PARTO Y LAS PÉRDIDAS POR COMPLETO!

La Dra. Violeta Russel, M.D., escribió en *The Lancet,* la revista médica británica: "Un poco avergonzada, he estimulado a madres gestantes a que beban esta infusión. En muchos casos, el parto ha sido fácil y sin mayores espasmos musculares". En cierto caso, una mujer había tenido cuatro pérdidas y no tenía mayor esperanza de poder ser madre. Una amiga le sugirió este té, el cual ella tomó cada mañana durante el embarazo. La mujer dio a luz un bebé salu-dable y en 18 meses tuvo otro. En ambos casos la labor de parto no dio prácticamente dolor alguno, tan es así que otra mujer que bebió té de frambuesas, estuvo leyendo el periódico minutos antes de dar a luz.

¡MILAGROSOS ALIMENTOS CURATIVOS ALIVIAN CALAMBRES EN LAS PIERNAS DURANTE EL EMBARAZO!

La Señora C.N. relató: "Yo solía tener fuertes calambres en mis piernas cada noche durante muchos años. Duraban de diez a quince minutos y los aliviaba de alguna forma frotando la pantorrilla y después aplicando presión al caminar. Prácticamente cojearía todo el día siguiente sintiendo una tensión en la pierna. Sin embargo, desde que empecé a tomar 200 unidades internacionales

---

[3] M. N. Marbel, *Journal of the American Medical Association.*

(*I.U.*) diarias de vitamina E, me he liberado de esos 'calambres nocturnos' ¡hace ya más de 13 años!

"También me pareció extremadamente beneficioso cuando estaba embarazada y tenía que trabajar a tiempo completo. Al estar parada todo el día, más el peso extra del útero cortando la circulación de mis piernas, aumenté la dosis a 400 unidades internacionales (*I.U.*) diarias lo cual eliminó los cólicos y piernas cansadas. Incluso pude caminar casi una milla de subida, tan sólo un par de horas antes de dar a luz".

¡LA RUTINA Y LAS HEMORROIDES!

La Señora A.I. relató: "Durante mis tres embarazos, tuve tanto dolor debido a las hemorroides, que casi podía gritar de dolor por algo tan simple como caminar. El sentarme o acostarme se volvieron imposibles. Entonces mandé a mi esposo a la tienda de alimentos naturales más cercana por un frasco de pastillas de rutina (*rutin*). Inmediatamente empecé a tomarlas (tomaba tres pastillas diarias de 50 mg). Después de una noche agotadora, finalmente me debo de haber dormido.

"Cuando desperté por la mañana la hinchazón había desaparecido considerablemente y para la noche, ya podía sentarme sin dolor. ¡En dos días la hinchazón y el dolor habían desaparecido por completo!

"Desde entonces he tomado tres pastillas al día y no he tenido gesto alguno de dolor. Ha pasado casi un año y no lo puedo creer. Creo firmemente que este compuesto bioflavonoide ha sido un Milagroso Alimento Curativo para mí".

¿QUÉ SIGNIFICA LA "ANEMIA"?

La anemia es común en las mujeres debido a la pérdida de sangre durante la menstruación, especialmente si el flujo es fuerte. También es común en chicas adolecentes con mala alimentación, y cuyas necesidades de hierro son mayores debido al desarrollo muscular. La anemia significa que el cuerpo no produce suficiente hemoglobina —el oxígeno rojo que lleva substancias a la sangre. Los principales malestares son debilidad, mareos, falta de aliento al exhalar, palpitaciones, fatiga, y a menudo uñas quebradizas. Debido a que llega poco oxígeno al cerebro, no se puede pensar claramente, y se olvida con facilidad.

La hemoglobina —la substancia de la sangre que lleva oxígeno— no se puede producir sin hierro. Incluso una pequeña deficiencia puede resultar en dolores de cabeza, fatiga y falta de aliento. Cuando las personas que tienen anemia comen remolachas, se dice que el color rojo aparece en la orina, ¡lo cual puede ser una buena prueba de escasez de hierro!

La anemia puede ocurrir a causa de una falta de proteína, yodo, cobalto, cobre, vitamina C o cualquiera de las vitaminas B —todas éstas presentes en el ajo y en alimentos que contienen ajo.

¡FACTORES ÚNICOS PRESENTES EN EL AJO!

Usted puede decir que no existe suficiente de estos elementos en el ajo para afectar a la anemia. Sin embargo existen estos factores únicos que pueden hacer del ajo o los alimentos que combinan bien con el ajo, útiles en tales casos:

1. No es suficiente comer alimentos ricos en hierro, o tomar complementos de hierro. Esto no funciona a no ser que existan suficientes complejos vitamínicos B para que el hierro sea utilizado. El ajo incrementa la absorción de la vitamina B, especialmente la vitamina B-1.

2. El cobre, que también se encuentra en el ajo, se necesita para asimilar el hierro. También es importante saber que el cobre se necesita para la absorción y uso de la vitamina C de otros alimentos.

3. La vitamina C incrementa la asimilación de hierro de los alimentos.

Es interesante notar que la falta de cobre trae como resultado los mismos síntomas que ocurren cuando existe falta de hierro, tales como anemia, palidez y una debilidad en general. El cobre, como el hierro, trabaja para producir hemoglobina —la sustancia roja de la sangre que transporta oxígeno. Uno puede estar anémico por falta de hierro. Pero si bien uno empieza a tomar mucho hierro, la anemia puede continuar si uno no tiene el suficiente cobre en la dieta. En algunos casos, el solo hecho de incluir cobre en la dieta ha aliviado los síntomas de la falta de hierro. El ajo contiene un rastro de cobre —un rastro de mineral que el cuerpo humano necesita sólo en pequeñas cantidades. Sin embargo, la falta de estas pequeñas cantidades puede causar problemas.

¡ALGA MARINA *KELP* PARA LA ANEMIA DE LAS MUJERES!

En un estudio realizado a 400 pacientes de obstetricia, se encontró que la mayoría de esas mujeres sufrían de una anemia secundaria, bastante desarrollada. Se les recetó pastillas de *kelp* (disponibles en las tiendas de alimentos naturales) con un refuerzo de cobalto, manganeso y ácido fólico. Al cabo de seis u ocho semanas de tomar tres pastillas al día, los niveles de hemoglobina de la sangre subieron en un 85 porciento. Sin embargo, en las pacientes que dejaron de tomar *kelp* hubo una rápida caída en los niveles de hemoglobina, los cuales subieron nuevamente al restablecer las pastillas. En todas aquellas pacientes que fueron estudiadas, hubo una rápida caída en la incidencia de resfríos, y aquellas que sí se resfriaban sólo tenían un leve malestar. En aquellas pacientes con antecedentes de pérdidas constantes, el uso de este suplemento trajo como consecuencia embarazos normales en muchos de los casos.[4]

¡MILAGROSOS ALIMENTOS CURATIVOS PARA EL SOBREPESO Y EL BOCIO!

Los estudios demuestran que las mujeres son más propensas al sobrepeso que los hombres —especialmente en la etapa de la menopausia. Es también durante la menopausia que los desórdenes de la tiroides son más evidentes. Síntomas de los desórdenes

---

[4] G. L. Seifert y H. C. Woods, "El uso de *piriferia macrocística* como una fuente de elementos rastros en la nutrición humana", un trabajo leído en el Segundo Simposio Internacional de Algas Marinas, Trondheim, Norway.

de la menopausia —a causa de la falta de yodo— incluyen aletargamiento, sobrepeso, o el bocio (que es la hinchazón de la glándula tiroidea en la base del cuello). Cuando se es joven, alrededor de los 14, puede presentarse una deficiencia en la tiroides en forma de dolores de cabeza que ciegan y con presión, al comienzo de cada menstruación. Si se permite que progresen, pueden originar esterilidad, así como daños permanentes en los ovarios. Se ha observado que muchos de estos problemas pueden prevenirse con el simple uso de cinco centavos de yodo.

En general, usted pensará que la solución más simple sería la de usar sal yodada —pero esto no es posible si su problema es el sobrepeso. Muchos nutricionistas sienten que el agregar sal a las comidas es un error. Las sales minerales naturales de muchos alimentos (tales como los tomates cultivados en casa) los hacen lo suficientemente sabrosos. Pero más importante aún es que el uso de mucha sal en la dieta extrae el potasio de las células. El sodio (sal) entra absorbiendo el agua que es retenida. Las células se inundan y la persona aparenta sobrepeso.

Es allí donde el ajo y el *kelp* en polvo, intervienen. De todos los vegetales, éstos son los que contienen la fuente más rica en yodo para la tiroides. También son ricos en potasio, el cual atrae la sal y alivia el exceso de fluidos. Son también deliciosos condimentos, que se usan frecuentemente como substitutos de la sal para quienes se encuentran en dietas donde la sal está prohibida. Se pueden esparcir sobre los alimentos, exactamente como lo hacemos con la sal.

¡EL PROBLEMA DE LA TIROIDES ALIVIADO!

Martha G. sentía cierta dificultad en sus movimientos y sobrepeso, debido a una defectuosa glándula tiroidea. Su mente estaba confusa, y siempre se le estaban cayendo las cosas. Subió de peso fácilmente y siempre estaba a dieta sin resultado alguno, sus manos las sentía pegajosas, sus rodillas estaban débiles, y en las noches sus pies se ponían fríos. Ella sentía "olas de calor" a cualquier hora del día. A veces tenía tales dolores de cabeza que la cegaban. Al incluir ajo, *kelp* y mucho pescado y mariscos en su dieta, todos sus síntomas se aliviaron e hicieron que el sobrepeso desapareciera.

¡TÉ DE HINOJO PARA EL SOBREPESO!

El té de hinojo (*fennel*) puede ayudarlo a deshacerse de esos kilos de más. En 1657, William Coles escribió, "Tanto las semillas, las hojas y las raíces del hinojo de nuestro jardín se utilizan en bebidas y caldos para aquellos que han engordado, para disminuir su rigidez y aumentar su delgadez y garbo".

Casos relatados:

- Una mujer relató que bajó de 210 a 140 libras con té de hinojo: "Siempre tomaba cuatro tazas de té de hinojo al día, una antes del desayuno, una en mis descansos, una antes de la cena y una justo antes de irme a la cama. Nunca seguí una dieta estricta pero si disminuí un poco el almidón, azúcar y las grasas. Además de perder peso, recibí un inesperado beneficio para mi salud... después de sólo 2 meses y medio de tomar el té noté que una antigua molestia en el ojo (la luz intensa dañaba mis ojos) había desaparecido".[5]

- Otra mujer informó: "Tenía un problema de peso bastante inflexible, e intenté probar dietas por mucho tiempo. Al principio perdería unas cuantas libras, luego por dos o tres semanas no perdería ni una onza a pesar de seguir mi dieta estrictamente. En este punto mi fuerza de voluntad se daría por vencida y empezaría a comer de todo nuevamente. Entonces una amiga me sugirió que probara semillas de hinojo en polvo. Yo no sé si esto ayudaría a personas con problemas inflexibles de sobrepeso, pero ciertamente hizo maravillas para mí. Cuando regresé a mi dieta y tomé las cápsulas de semillas de hinojo en polvo mi peso bajó con regularidad —terminaron los episodios en los cuales la lucha por bajar algunas libras nunca termina. He bajado ya a mi peso normal desde hace un tiempo y me siento bastante libre en mis hábitos alimenticios, sin necesidad de recuperar peso, siempre y cuando siga tomando mis cápsulas de semilla de hinojo en polvo. He observado asimismo que el hinojo ha hecho maravillas para mi digestión".[6]

---

[5] Richard Lucas, *The Magic of Herbs in Daily Living* (Parker Publishing Company, Inc.).

[6] *Ibid.*

OTRO MILAGROSO ALIMENTO CURATIVO PARA UNA ¡RÁPIDA PÉRDIDA DE PESO!

Otro de los alimentos que ayudan a bajar de peso es el galio (*cleavers*). Un herbolario médico reportó el caso de una mujer con sobrepeso quien bebía su té de hierbas diariamente. El primer mes, no ocurrió nada, pero a la quinta semana empezó a perder peso. En seis meses ella perdió un total de 32 libras (casi 15 kilos) y ¡no a vuelto a subir ni una onza![7]

El vinagre de sidra de manzana (*apple cider vinegar*) contiene poderosas enzimas que ayudan a disolver masas de grasa y a extraerlas del sistema —son en realidad tan poderosas que la carne remojada en vinagre de manzana se ablanda rápidamente. Cuando uno lo bebe, aun en pequeñas cantidades como dos cucharadas en un jugo de vegetales o de frutas, momentos más tarde rompe las grasas acumuladas en las células, dice un experto".[8]

Cleopatra ganó una apuesta cuando disolvió perlas en vinagre, ¡al parecer puede disolver grasa sólida en el cuerpo! *Sauerkraut* (col picada al estilo alemán) es otro de los alimentos que pueden hacer esto.

¡EVITÓ LA CIRUGÍA EN LOS SENOS!

Una vez más, insistimos en el poder de un pensamiento positivo sobre los alimentos milagrosos para su cuerpo. En su libro, *The Miracle of Metaphysical Healing* (Parker Publishing Co., Inc.), Evelyn Monohan habla acerca de Jean L., a quien le habían informado que debía ser sometida a una cirugía para la extracción de un tumor benigno. Su esposo preguntó si la señorita Monohan ayudaría y se le informó sobre el método de pensamiento positivo que ella debía usar tres veces al día. La señorita Monohan dice que este método es cien por cien eficaz. Se trata de visualizar claramente

---

[7] *Ibid.*

[8] Carlson Wade, *The New Enzyme-Catalyst Diet* (Parker Publishing Company, Inc.).

la enfermedad que uno desea curar, en un lugar silencioso, relajado, con los ojos cerrados, imaginando cómo se aleja la enfermedad, con afirmaciones positivas que uno va a ser curado, ex-
trayendo completamente cualquier pensamiento negativo,
durante 15 minutos al día. Tres días después, el esposo de Jean
llamó para anunciar las noticias excitantes: el tumor de Jean se
había disuelto y ¡ya no necesitaba ser operada!

¡MILAGROSOS ALIMENTOS CURATIVOS PARA PROBLEMAS MASCULINOS!

¡Problema en la próstata! Solamente el pensarlo aterroriza a todo hombre, a partir de los 50 años de edad —e incluso antes de esa edad. Su asociación con esterilidad, impotencia, dolor, cateterismo, cirugía e incluso la muerte, está lamentablemente justificada.

LOS PRIMEROS SÍNTOMAS DEL AGRANDAMIENTO DE LA PRÓSTATA

David J. empezó a sospechar que tenía un problema en la próstata cuando tuvo dificultad para orinar. Tenía urgencias frecuentes por ir al baño, con una incómoda sensación de no haber orinado lo suficiente, y que orinaba solamente unas gotas o un choro pequeño. Estos eran síntomas de que algo andaba mal. En ocasiones experimentaba un estallido de dolor justo antes de orinar. Tenía con frecuencia dolores en la parte baja de la espalda, ardor al orinar e infecciones urinarias. El diagnóstico médico confirmó que tenía la próstata hipertrofiada (agrandamiento de la próstata).

INTENTOS POCO EXITOSOS PARA ALIVIARSE

Los masajes en la próstata, administrados por un médico, al parecer no lo ayudaron mucho, y eran muy dolorosos. Le recetaron

una serie de medicamentos para eliminar las infecciones, y reducir el ardor. La sensación de explosión antes de orinar era muy
dolorosa. Pronto descubrió que cuando realizaba un viaje largo,
tenía que parar varias veces para orinar. Si manejaba, tenía que
encontrar la posición correcta de sentarse (inclinado un poco
hacia atrás), para aliviar el deseo de orinar y sentirse normal hasta
que se ponía de pie. Durante la noche iba innumerables veces al
baño. Una alegría, una discusión violenta o una situación emocional de cualquier índole le causaba una necesidad de orinar. Y
cuando llegaba al baño, la tensión no le permitía hacerlo.

LAS ALTERNATIVAS

Los síntomas iban y venían. David estaba aterrado de que pudiera
tener un problema más serio como obstrucción completa o incapacidad para orinar. Había oído de casos de personas que habían
fallecido a consecuencia de la operación de próstata. Conocía tres
tipos de operaciones y de personas que se habían sometido a ellas:
intraurinaria, enucleación y radical.

En resumen, la uretra, que transporta la orina desde la vejiga
desciende y, en efecto, pasa a través de la próstata. Si la próstata
se agranda, se interrumpe el flujo de la orina. El agrandamiento
prolongado y la irritación pueden causar infección (debido a la
acumulación de sustancias tóxicas en la próstata) y el regreso de
la orina hacia los riñones, lo que constituye un problema serio.

En la cirugía intraurinaria, el cirujano introduce un catéter
por el pene, hasta llegar e introducirse en la próstata. Con la punta
de un instrumento especial, el médico cauteriza la pared interna
de la próstata, poco a poco, hasta que quede solamente una capa.
Sin embargo, en algunas ocasiones no se cauteriza todo lo necesario, por lo cual uno tiene que someterse a una nueva cirugía. Un
amigo de David que se había operado se quejaba ya que sufrió
mucho dolor durante semanas después de la operación, y también
tuvo una infección en la glándula occipital en la base de la
columna vertebral.

En la enucleación, el cirujano llega a la próstata por encima
del pubis (suprapúbico) o por el recto, y elimina la pared de la
próstata, dejando un orificio por el cual fluye la orina. (En realidad, un tubo cristalino, una continuación de la uretra, se forma de

nuevo por medio de esta glándula después de varios meses. Mientras tanto, la orina fluye a través de la glándula, la cual se expande o se contrae según corresponda.)

De cualquier manera, David había oído decir que el hombre queda estéril y con frecuencia impotente (la glándula de la próstata es la que produce y almacena, como un tanque, el fluido seminal, en la cual se eyaculan las espermas de los testículos en el coito).

El terror más grande era la cirugía radical —cuando se sospecha que existe cáncer— en la cual se extrae totalmente la próstata, y se conecta directamente la uretra con la vejiga.[1] Cuando se padece de la próstata, usted sabe que tiene el problema —David lo sabía— y que no hay otra alternativa que la cirugía. Nada más de pensar en la cauterización hacía que David se estremeciera.

MÉTODO POCO CONOCIDO PARA OBTENER ALIVIO

Afortunadamente, David no había llegado hasta este punto todavía. En ese momento fue que pude convencerlo de que tratara la dieta de ajo, que se describe más adelante. Muchas dolencias, pensé, disminuyen de cierta manera cuando se rebajan las libras excedentes de peso de más. David J. pesaba cuarenta libras de más. Incluso si usted no tiene sobrepeso, un programa de alimentos naturales y un estilo de vida natural desintoxican el sistema, aliviando las dolencias, desde problemas intestinales hasta alta presión sanguínea, problemas del riñón e incluso la artritis.[2]

Yo mismo me curé de úlcera con una buena dieta, al igual que de hemorroides que parecían empeorar cada vez que aumentaba de peso. Incluso tuve síntomas de prostatitis e infecciones urinarias (todas diagnosticadas por el médico) que desaparecieron al seguir esta dieta. David J. siguió mi consejo, y pronto empezó a experimentar el alivio que había estado esperando. Desaparecieron las

---

[1] Ahora existe otro método para tratar el agrandamiento de la próstata. Los médicos han descubierto que una forma de reducir la próstata mediante terapia con hormonas, pues la ausencia de hormonas masculinas o la presencia de hormonas femeninas parece aliviar el problema, con la excepción de casos avanzados. El riesgo de este método, por supuesto, es que el hombre desarrolle pechos más grandes y otras características femeninas.

[2] Max Warmbrand, *How Thousands of My Arthritis Patients Regained Their Health* (West Nyack, N.Y.: Parker Publishing Co., Inc.).

infecciones urinarias, el dolor y el ardor, las visitas frecuentes al baño, y la necesidad de tener que volver a orinar. Por supuesto, yo estoy familiarizado muy de cerca con esta cura, ya que la usé yo mismo.

LA DIETA DE AJO

La dieta de ajo no es como ninguna de las dietas que usted ha visto anteriormente. A pesar de que yo nunca cuento las calorías, asumiría que contiene alrededor de 750 a 800 calorías diarias. Sin embargo, ¡no *parece* ser una dieta!

La característica principal de la dieta de ajo es que es extremadamente bien balanceada, brindándole porciones grandes y generosas de alimentos durante el almuerzo y la cena, todos los días, de cada una de las cinco categorías de alimentos, de manera que usted nunca pierda ninguno de ellos. Carnes, pescado, aves, frutas y vegetales —todos están incluidos, así como también ¡meriendas dietéticas deliciosas entre comidas!

La dieta básica que seguí incluso contenía frutas, pasteles o caramelos todos los días. ¡Y mucho, mucho ajo! Hoy en día, como mencioné anteriormente, es posible lograr los mismos resultados sin la más mínima huella de aliento de ajo, tomando simplemente una cápsula de ajo antes de cada comida. Así que si el ajo no es de su agrado, simplemente omítalo en su menú.

Desayuno:

Una naranja o toronja —pomelo— (la toronja puede ser endulzada con un sustituto del azúcar).
Una tostada o rebanada de pan untada con ajo.
Té o café, con leche.

Almuerzo:

Una hamburguesa, o . . .
Un pedazo de pollo (piernas, pechugas, alas) o . . .
Atún enlatado, con una pizca de mayonesa o mayonesa dietética —si lo desea— ajo o cebolla picada y un poco de apio.

Una ensalada pequeña, con mucho ajo.

Un pedazo pequeño de fruta —una ciruela, una manzana, media naranja, una pera, o la mitad de un melón. (Escoja uno.)

Un caramelo, o . . .

Varios caramelos bajos en calorías, o . . .

Un pedazo pequeño de pastel, o . . .

Una o dos galletas pequeñas dulces o saladas.

Té o café, con leche, o un refresco gaseoso bajo en calorías.

Cena:

Una ensalada de vegetales de hojas verdes, con ajo o cebolla picada.

Uno o dos vegetales (una porción de cada uno).

Una porción de bistec, pollo, o pescado.

Un pedazo pequeño de fruta —vea el almuerzo— o . . .

Un caramelo, o . . .

Varios caramelos bajos en calorías, o . . .

Un pedazo pequeño de cualquier tipo de pastel, o . . .

Una o dos galletas pequeñas dulces o saladas.

Gelatina (regular o baja en calorías, de cualquier sabor).

Té o café, con leche, o un refresco gaseoso bajo en calorías.

Trate de variar sus comidas lo más que pueda. Coma una porción adicional de cualquier carne, pescado, ave, ensalada o verdura —en cualquier comida— si lo desea. Concéntrese en las verduras de hojas verdes, col (repollo, *cabbage*), judías verdes (alubias, *green beans*), espinacas, col rizada (*kale*), col (repollitos) de Bruselas, bróculi —todos son alimentos para ajo (alimentos que combinan bien con el ajo). Puede utilizar incluso margarina o margarina dietética para darles sabor, si su dieta se lo permite. Manténgase alejado de *baked beans*, habas blancas (*lima beans*), arvejas (*peas*), maíz, papas de cualquier clase y —en la categoría de las frutas— bananas, debido a que tienen un alto contenido de almidón y calorías. Sin embargo, puede consumir una o dos veces por semana, estos alimentos en el almuerzo o la cena —no le hará ningún daño. En cuanto a las ensaladas, consuma mucho tomate, pimiento o ají verde, lechuga, apio, y zanahoria. Puede utilizar vinagre o cualquier aderezo para ensaladas que no engorde o una pizca de mayonesa. Se puede comer una rebanada de pan en cualquier comida, siempre y cuando omita el pastel.

Entre el almuerzo y la cena, y después de la cena, las meriendas comunes pueden incluir gelatina, uno o dos puñados de semillas de soja o girasol, frutas —en otras palabras, uno o dos de los postres que no escogió para el almuerzo o la cena. No exagere. Haga una merienda pequeña entre cada comida y nada más.

CONSEJOS ADICIONALES

Consuma la sal con moderación —o use un sustituto de la sal o incluso polvo de ajo en lugar de sal. Los mejores pescados son el bacalao (*codfish*) y el hipogloso (*halibut*), ya que tienen pocas calorías. El filete de platija (*flounder*) no le perjudicará (suponiendo que usted no tiene problemas con los alimentos fritos). Las carnes de puerco y de cordero son las únicas que yo evitaba, ya que demoraban la pérdida de peso. Siempre tomaba dos pastillas de multivitaminas a base de levadura (*yeast base*) para protegerme del estrés.

Una vez por semana, más o menos, puede comer un poco de arroz (media taza) o espaguetis o papas fritas (media taza). Se pueden comer hongos (setas, *mushrooms*) enlatados o mezclados con arroz o vegetales, pues tienen pocas calorías. Pueden consumir la mayoría de los condimentos normales, como la salsa de tomate, la mostaza o el rábano picante (*horseradish*). La salsa para condimentar (*relish*) y los pepinillos (*pickles*) contienen un nivel un poco elevado de sal, pero puede consumirlos si se comen con moderación. La col hervida (*sauerkraut*) es baja en calorías y perfectamente aceptable.

Eso es todo lo que encierra, básicamente, esta dieta excelente para adelgazar. Cuando empecé la dieta no existían caramelos ni aderezos para ensaladas bajos en calorías, y las bebidas bajas en calorías recién se estaban introduciendo al mercado. Por supuesto, tiene que disminuir el consumo de líquido —no puede tomar galones y galones de diferentes bebidas— pero usted *puede* tomar con moderación, entre las comidas, bebidas dietéticas. Los médicos señalan que debería tomarse seis vasos de agua diarios, pero pocas personas pueden hacerlo. Se ingiere agua en el café o té y también con los alimentos.

Hace años, un periódico nacional contó cómo un actor famoso —lo llamaremos John L.— utilizaba de otra manera el ajo para perder peso rápidamente. En el desayuno tomaba un vaso de jugo (naranja o toronja), una tostada sin nada y una taza de café negro; en el almuerzo, una ensalada grande de endibia y lechuga con aceite y vinagre y con mucho ajo, apio o zanahoria rallada (cruda), cubierta con un aderezo de ajo. La cena consistía en una ración saludable de carne, rodajas de tomates con aderezo de ajo, y ocasionalmente una papa horneada y una copa de vino. Un dietético al que consultó le dijo que la dieta no tenía ningún riesgo médico, pero le sugirió que añadiera una rebanada de pan enriquecido. "Puedo perder una libra y media diaria", explicaba este actor. ¡Alrededor de diez libras por semana! Mientras filmaba una película, tenía que perder 20 libras (9 kilos), y lo logró en 12 días con esta dieta increíble.

De cualquier manera, mi experiencia con esta dieta es que los kilos parecen desaparecer más rápido que con cualquier otra en el mundo. Lo mejor de todo es que, al parecer, elimina los kilos de más en los lugares apropiados: los muslos, las caderas, las nalgas, el cuello —todas las áreas que son difíciles— al parecer "adelgazan". Hasta la talla de zapato reduce. La piel de la cara, la garganta, y los brazos se torna firme, tersa, y adquiere una apariencia juvenil. Al parecer, ¡las arrugan desaparecen!

¿SE PUEDE CURAR LA PRÓSTATA CON LA DIETA DE AJO?

Francamente, no sé si fue el ajo, la dieta, o la disminución de la presión en mis órganos internos lo que me alivió. Todo lo que sé es que al final, la enfermedad parecía estar curada por completo, y nunca más volví a tener problemas. Sin embargo, hay buenas razones para creer que el contenido mineral y químico del ajo haya tenido algo que ver con la curación de la próstata.

En primer lugar, por supuesto, contiene azufre. Los compuestos de azufre, a los que se debe el fuerte olor del ajo, tienen el poder de combatir los gérmenes y las infecciones.

Los productos farmacéuticos (medicamentos recetados) utilizados para combatir las infecciones urinarias, por lo general contienen azufre.

Esto es importante debido a que, como se describe en el libro *Anatomy*, de Gray: "Como consecuencia del agrandamiento de la próstata, se forma una bolsa en la base de la vejiga detrás de la proyección, en la cual se recoge agua que no puede ser expulsada completamente. Esta se descompone y se vuelve amoniacal, y produce cristitis" (la formación de cristales en la vejiga, que produce síntomas de dolor e infección).

Esto, a su vez, puede afectar los riñones y llevar a una acumulación de residuos urinarios en el torrente sanguíneo. El ajo desintoxica el sistema, neutraliza y elimina las sustancias venenosas con un poder penetrante que se difunde por todo el organismo.

CÓMO UN MINERAL EN EL AJO ¡ALIVIÓ EL PROBLEMA DE LA PRÓSTATA!

En un informe titulado, "Zinc: un elemento urológico clave", el Dr. Irving M. Bush y sus asociados señalan varios puntos interesantes. Uno de ellos es que, después de chequear un total de 210 hombres saludables de distintas edades, "un siete por ciento tenía bajos niveles de semen y zinc prostático. Además, un 30 por ciento de ellos tenía valores cercanos al límite". ¡Un treinta y siete por ciento! Una cifra muy grande.

¿Se puede utilizar el zinc como tratamiento o cura? El doctor Bush y sus asociados lo trataron en 194 pacientes que sufrían de distintas enfermedades de la próstata, incluyendo 32 con cáncer. A continuación se muestran los resultados:

- En los casos de la prostatitis crónica, el tratamiento con zinc de dos a 26 semanas alivió los síntomas en un 70 por ciento de los 40 pacientes tratados. (Otros tratamientos no la aliviaron en lo absoluto.)
- Quince pacientes con agrandamiento sencillo de la próstata informaron haberse mejorado. Después de dos meses de

tratamiento, en algunos de ellos ¡se redujo el tamaño de la próstata!

La dieta de ajo le proveerá zinc, que abunda en el ajo y muchos otros alimentos naturales, durante un período que corresponde a la extensión del tratamiento citado (de dos a tres meses), dependiendo de cuánto peso quiera perder. Sin embargo, aun si no está pasado de peso, y desea probar la dieta como una forma de desintoxicar el sistema, no deje de hacerlo porque es muy segura. En ese caso usted puede añadir ciertos alimentos.

Con esta dieta, usted tendrá suficiente zinc. Además del ajo y la cebolla, existen otros alimentos ricos en zinc como: levadura de cerveza, nueces, melaza, huevos, salvado de arroz, conejo, pollo, arvejas, frijoles, habichuelas, lentejas, germen de trigo, trigo integral, hígado de res, y gelatina. Las carnes y los vegetales combinan muy bien con el ajo.

¡EXPERIMENTOS DEMUESTRAN QUE LOS GENITALES AUMENTARON DE TAMAÑO!

En un estudio escrito en *Archives of Internal Medicine* y en *American Journal of Clinical Nutrition,* el Dr. A.A. Prasad y sus asociados encontraron que 40 muchachos hospitalizados en la sala de investigaciones de la Unidad de Investigación Médica Naval de Estados Unidos, en el Cairo, padecían de crecimiento retardado e hipogonadismo. El informe se titulaba, "Los niveles de zinc y las actividades de las enzimas en la sangre de sujetos egipcios masculinos con crecimiento y desarrollo sexual retardados". Este estudio mostraba que estos muchachos no eran solamente pequeños, sino que también carecían de pelo facial o púbico, y que tenían los genitales de un niño.

Padecían también de una gran deficiencia de zinc. A todos se les trató con dosis de sulfato de zinc y una buena dieta.

Casi de inmediato sus genitales empezaron a crecer hasta alcanzar su tamaño normal. El cambio más increíble fue el ritmo de crecimiento. El sujeto más pequeño tenía 20 años y

medía solamente 39 pulgadas (99 cm) de alto. ¡En cuestión de meses creció 5 pulgadas (12,7 cm)!

El nivel de zinc en la sangre y el pelo llegó a niveles normales. Todo esto se debe a las dos fuentes más ricas en zinc que se encuentran en los alimentos ordinarios.

¡MILAGROSOS ALIMENTOS CURATIVOS PARA LOS TRASTORNOS DE PRÓSTATA!

Las semillas de girasol (*sunflower seeds*) y de calabaza (*pumpkin seeds*) son las fuentes más ricas en zinc que hay en los alimentos ordinarios. Las semillas de girasol parecen tener un efecto regulador de los trastornos de la glándula prostática. Los informes indican que esto se debe a su contenido de ácido graso no saturado en combinación con otros factores. La razón principal por la cual se receta semillas de calabaza para tratar la próstata es su alto contenido de zinc. El Dr. W. Devrient de Berlín, Alemania, informa que ha estado curando pacientes con problemas de la próstata dándoles de comer regularmente semillas de calabaza. Se pueden comer como si fueran caramelos.

¡ALIVIAN LA PRÓSTATA Y LA HERNIA!

Otro testimonio acerca de este importante mineral lo proporciona la señora Emma G., de Silver Springs, Maryland:

> "Mi esposo había tenido problemas de hinchazón e incomodidad en la próstata, lo cual le hacía sentirse muy mal. Empecé a tratarlo con el programa de zinc —y los resultados sobrepasaron nuestras expectativas. No solamente se alivió de inmediato, sino que también un subproducto del tratamiento parece haber aliviado un exceso de acidez causado por una hernia en el esófago del que él ¡había estado padeciendo por años! No entiendo qué fue lo que pasó ni por qué, pero los resultados fueron increíbles. Los dos estamos muy agradecidos".

El señor V.W., de Auburn, Washington, planteó: "Hace tres años aproximadamente, me dijeron, basados en un examen físico, que tenía agrandamiento de la próstata. He tomado vitaminas y minerales durante el último año. Un nutricionista me recomendó que, además de estos suplementos y la dieta, debería tomar zinc, vitamina F y semillas de lolio (*polly seeds*). Sorprendentemente, un médico me examinó y me dijo que ¡ya no padecía de la próstata!"

¡SE ALIVIÓ COMPLETAMENTE LA PRÓSTATA!

El señor N.R. informó: "Cuando me enteré de que el zinc ayudaba a combatir los problemas de la próstata, decidí tomar una tableta diaria. Acostumbraba levantarme una o dos veces durante la noche, pero desde que estoy tomando las pastillas de zinc, a los 72 años de edad, puedo dormir de ocho a nueve horas sin necesidad de levantarme. ¡Esto es sensacional!"

¡SE ALIVIÓ LA PRÓSTATA Y SE EVITÓ LA CIRUGÍA CON UN MILAGROSO ALIMENTO CURATIVO!

El señor N.J. informó: "A pesar de que tengo un médico muy consciente de la importancia de las vitaminas, quien me recetó tomar diariamente vitaminas del complejo B, empecé a padecer de problemas de la próstata. Así que añadí polen de abeja a las vitaminas que estaba tomando, algo sobre lo que había estado leyendo. Mi urólogo me había sugerido que me operara de la próstata. Sin embargo, después de un programa de rayos X, me dijo que había mejorado. Me indicó que todavía tenía la próstata agrandada, pero no lo suficiente como para que me preocupara. Creo que el añadir el polen de abeja a las otras vitaminas que tomaba y el cambiar a una dieta más nutritiva ayudaron a que mi próstata comenzara a volver a la normalidad. Yo todavía como polen de abeja. Tengo 70 años de edad y camino al menos tres millas diarias al aire libre".

¡ALIVIO MILAGROSO DE LA PRÓSTATA!

El señor A.C. informó: "Hace algunos meses, oí acerca de cómo el polen alivia los problemas de la próstata. Decidí empezar a tomar dos tabletas diarias, y después de dos semanas todos los síntomas desaparecieron. Sin urólogos, ni baños de asiento (*sitz baths*), ni incomodidad después de 11 años —un milagro".

¡SE ALIVIA EL HERPES GENITAL!

El señor A.L. informó: "Durante los últimos once años he padecido de una enfermedad incurable, hasta el día de hoy, conocida como 'herpes-2' o 'herpes genital'. Este virus parece estar relacionado con la varicela. Se caracteriza por un grupo de ampollas que se forman en la piel del pene, por donde pasa un nervio. Las ampollas se vuelven dolorosas, y al cabo de una semana se revientan y se secan; después forman costras y se curan. Posteriormente puede que vuelvan a presentarse a la semana o al mes siguiente, al azar, pero nunca me libré de ellas por más de cuatro meses (hasta el año pasado).

"No es necesario que diga que, además de ser extremadamente dolorosas, interfieren grandemente en una vida sexual normal. La ciencia no puede detectar este virus en su etapa de inactividad, y no existe nada que lo cure, con excepción de antisépticos durante la fase en que las llagas están abiertas.

"Ahora, para todos aquellos que, como yo me encontraba, no tienen esperanza, he descubierto un verdadero *milagro*: hace poco más de un año me hablaron de los suplementos de zinc, y decidí probarlos, junto con otras vitaminas y minerales (para mejorar mi salud y bienestar, pero *sin* pensar en el herpes). Compré un frasco de 100 pastillas (cada una contiene 50 mg de zinc elemental en 348 mg de gluconato de zinc), y empecé a tomar una por día. Para la sorpresa mía, después de haberlo intentado casi todo y haber visitado a un sinnúmero de médicos durante 10 años, desapareció el herpes. Apenas podía creerlo, así que después de 100 días dejé de tomar las cápsulas (cuando se me acabaron) ¡durante una semana! *¡Durante este período, el herpes volvió a aparecer!*

"Compré inmediatamente 250 tabletas más de zinc, y las he estado tomando desde ese entonces (por casi ocho meses) y no he tenido ¡ni un solo ataque de herpes! ¡Alivio completo!

"Esto es suficiente para mí. Creo que cuando el sistema humano tiene suficiente zinc para su funcionamiento, puede de alguna manera mantener adormecido este virus. (La ciencia cree que casi todas las personas tienen este virus, sin embargo permanece adormecido en la mayoría.)

"Sé que nunca debo dejar de tomar zinc, y espero que muchos más encuentren el alivio que yo encontré".

¡OTRO MILAGROSO ALIMENTO CURATIVO PARA EL HERPES GENITAL!

El señor E.N. informó: "Hace casi un año, contraje *herpes genital*, y no encontré ninguna cura. Entonces oí hablar de los beneficios de la vitamina B-12 para el herpes. La compré en la tienda local de alimentos naturales —y en 10 días, después de tomar 300 mg diarios, desaparecieron prácticamente todos los síntomas. Desde entonces, sólo he sentido un dolor profundo leve en dos ocasiones (uno de los varios síntomas), pero no he tenido ampollas, ni erupciones, ni enrojecimiento, ni sensibilidad. Estableciendo una comparación, puedo decir que estoy curado".

¡SE CURÓ MILAGROSAMENTE LA VERGONZOSA IMPOTENCIA!

Albert J., de 65 años, estaba extremadamente deprimido debido a su impotencia, la cual asociaba con su avanzada edad y la pérdida de su virilidad. Una visita al médico lo deprimió aún más. El médico le dijo que todo era parte del "síndrome de edad avanzada" (él nunca había pensado en sí mismo como tal), y le aconsejó que tratara de "pensar positivamente". No había ningún problema de tipo orgánico, le dijo el médico; más bien, existía un síntoma de algún tipo de depresión mental. "¿Quiere decir que me estoy volviendo senil?" "No precisamente", le contestó el médico, pero Albert no quedó convencido. Tenía miedo de perder también otras facultades, y se veía como un viejo decaído. Al parecer, el médico no le fue de mucha ayuda. El médico incluso le advirtió acerca de los peligros de tomar estimulantes artificiales, ya que podían inflamar el tracto urinario. "Pero me siento como un hombre viejo", dijo Albert. "¡No quiero ser viejo antes de tiempo! Acabo de retirarme. ¡Quiero disfrutar de la vida!"

Con posterioridad, Albert leyó cómo el ajo hace que los buenos amantes sean mejores, y cómo griegos y romanos en la antigüedad lo utilizaban como restaurador del vigor masculino. El ajo aumenta en diez veces la absorción de vitaminas B, cantidad hasta ahora imposible de alcanzar, excepto por medio de inyecciones. Las vitaminas B eran administradas en spas muy exclusivos y en clínicas de rejuvenecimiento, para combatir los síntomas del envejecimiento; las vitaminas B son importantes para mantener los nervios sanos. Específicamente, leyó cómo el ajo estimula el nervio central del pene y colabora con la erección, y cómo estimula también las glándulas que producen hormonas, brindando ¡una potencia sexual duradera!

Leyó acerca de cómo las semillas de calabaza (*pumpkin seeds*) proveen zinc a los órganos masculinos, logrando ¡un gran alivio para los problemas de la próstata y la impotencia! Empezó a incluir ajo y semillas de calabaza en su dieta cada vez que tenía la oportunidad, y tomaba regularmente cápsulas de ajo. Casi inmediatamente, pudo sentir que su cuerpo adquiría una fuerza nueva. Su esposa estaba impresionada y muy contenta. La impotencia desapareció, y nunca volvió —y Albert ¡canta alabanzas al ajo por su curación!

¡UN MASAJE NUEVO E INCREÍBLE PARA LA PRÓSTATA TRAE ALIVIO INSTANTÁNEO PARA LOS VERGONZOSOS PROBLEMAS MASCULINOS!

En este caso, nos referimos a un masaje de los nervios, y *no* al tipo de masaje que los médicos utilizan normalmente, que puede ser muy doloroso y vergonzoso. No necesita desvestirse para recibirlo —ni siquiera tocar el área afectada— y puede aplicárselo usted mismo, en cualquier momento, fácilmente.

Un experto afirma que se obtiene un alivio del 100%, en todos los casos tratados. Es seguro y fácil. Para aliviar la próstata, masajee el cordón (funículo) sobre el talón y debajo de la parte interior del tobillo en cada pie, o la parte interior de la muñeca sobre la palma de cada mano. Los testículos pueden aliviarse masajeando la parte exterior de la muñeca de cada mano, o debajo de la parte exterior del tobillo de cada pie, hasta que todo el dolor y la sensibilidad desaparezcan.

Este es un método perfectamente inofensivo de masajear los nervios que se dirigen a las glándulas sexuales, produciendo anestesia, un alivio bendito para el dolor, y por lo general ¡cura completamente! La estimulación lograda mediante el masaje curativo de los nervios puede ser ¡un Milagroso Alimento Curativo para su organismo!

Casos relatados:

- Un hombre con agrandamiento de la próstata, orina y pus ardientes y escaldantes, visitó al médico quien le recetó una serie de masajes dolorosos de la próstata por vía rectal —tan dolorosos que apenas podía soportar cada sesión. El ardor y la escaldadura regresaban. Sin embargo, cuando utilizó este Milagroso Alimento Curativo (masaje de los nervios), ¡el ardor desapareció y nunca volvió!

- Un hombre de 36 años se despertó una mañana con un dolor agudo en el testículo izquierdo. El dolor era constante y no disminuyó por tres semanas. No podía pararse, caminar o sentarse apropiadamente y tenía miedo de que fuera cáncer. Su médico no palpó ninguna protuberancia y le dijo que era solamente una inflamación epididimitis. Se le aconsejó descansar, con el testículo levantado, con aplicaciones calientes. Esto no le alivió. Utilizando este Milagroso Alimento Curativo, él masajeó la parte exterior de su muñeca derecha (que estaba delicada) y se dio cuenta de que su testículo no le molestaba más, ¡en cuestión de segundos! ¡No ha tenido más complicaciones!

- Un hombre detectó una sensación extraña en uno de sus testículos, como un fluido que corría por su interior. Su escroto estaba inflamado, y le molestaba mucho, con una sensación tirante fuerte. Esta situación empeoraba cuando caminaba o hacía ejercicios. Su médico le manifestó que tenía venas agrandadas o varicosas (varicocele), un caso leve. El mejor tratamiento consistía en ignorarlo, le explicó. O ponerse un suspensorio. Esto era causado por demasiada presión por estreñimiento. Se le recetó un laxante. No le ayudó en nada. Después probó estos Milagrosos Alimentos Curativos: masaje de los nervios y pan integral para poder ir al baño con regularidad y sintió un alivio inmediato de la hinchazón y la fuerte sensación tirante.

- Un hombre de 50 años, con una esposa a la que podríamos describir como muy apasionada, era impotente y se sentía humillado por esta condición. Probó este Milagroso Alimento Curativo —masaje de los nervios— y sintió un renacimiento inmediato de una potencia que no había sentido en 20 años, y esta condición vergonzosa ¡nunca regresó! Lo hizo masajeando el nervio del pene que se encuentra en la parte interior de la muñeca de cada mano y debajo de la parte interior del tobillo de cada pie, y los testículos y la próstata como lo describimos anteriormente.

- Un hombre que padecía de impotencia debido a la eyaculación precoz dice que su esposa estaba muy insatisfecha. Él probó este Milagroso Alimento Curativo para estimular el nervio central del pene y descubrió que no sólo curó su impotencia, sino que transformó sus momentos íntimos en ¡horas de éxtasis! (Todos los órganos masculinos fueron masajeados como se describió anteriormente.)

Se le recomienda al lector que busque el asesoramiento médico inmediato en todo lo que se relaciona a las glándulas sexuales masculinas. El no hacerlo puede dar lugar a condiciones graves que solamente un médico puede diagnosticar y tratar. No está permitida la automedicación sin la autorización de un médico.

¡MILAGROSOS ALIMENTOS CURATIVOS PARA LA PIEL!

En este capítulo, usted verá cómo un hombre que se había quemado de pies a cabeza con agua hirviendo recibió alivio inmediato e instantáneo —y resultó ileso— ¡debido a un Milagroso Alimento Curativo!

Usted verá cómo una mujer que tenía horribles y negras verrugas por toda la cara, cuello y pecho, ¡logró hacerlas desaparecer! Cómo la condición incurable en la piel de un diabético ¡fue aliviada! Cómo la gangrena de un pie desapareció y horribles úlceras en la pierna ¡se curaron!

Usted verá cómo decenas de enfermedades de la piel, comunes y no comunes fueron rápida, fácil y completamente curadas mediante alimentos milagrosos, muchos de los cuales usted debe tener guardados en los armarios de su cocina ¡en este momento! ¡Alivio instantáneo para los problemas de la piel!

¡CURA MILAGROSA MEDIANTE LA MIEL!

Debido a su higroscopia o propensión a atraer agua, se ha descubierto que la miel es un buen reparador de heridas y quemaduras. Las enfermedades que producen gérmenes no pueden vivir sin el agua, de esta manera la miel se convierte en un excelente exterminador de gérmenes.

Un hombre relató: "Durante un invierno, puse a calentar un hervidor de aproximadamente 35 galones de agua. Cuando abrí la tapa ésta voló con gran fuerza hacia el techo. El vapor y el agua caliente se vinieron hacia mi cabeza (que no estaba protegida) y hacia mis manos y pies. Unos minutos después sentí un dolor muy fuerte y pensé que me volvería loco, de no haber sido por mi esposa e hija que me ayudaron inmediatamente.

"Ellas tomaron dos piezas grandes de lino embadurnadas en miel, y las pusieron sobre mi cabeza, cuello, manos y pies. El dolor desapareció instantáneamente. Dormí bien durante toda la noche y no perdí ni uno solo de mis cabellos. Cuando el médico vino a verme, me dio la mano y dijo '¿Cómo puede ser posible algo semejante?'"

Otros casos relatados:

- Una mujer mayor fue hospitalizada debido a una gangrena en el pie. Luego de examinarla sus médicos coincidieron en que ella no sobreviviría una amputación. Entonces decidieron utilizar miel. Su pie fue literalmente envuelto en una bolsa de miel. Para sorpresa de todos el pie pronto sanó y ¡pudo salir del hospital caminando por sus propios medios! ¡Ella ahora continúa muy bien!

- Otra mujer sufría de un caso horrible de varicela. Estaba cubierta con manchas, de pies a cabeza. Al recordar el poder curativo de la miel, se embadurnó con ella por todo el cuerpo, se cubrió con toallas y se fue a dormir. Luego de tres días se sentía perfectamente bien, la varicela había desaparecido, ¡y su piel estaba completamente suave y limpia!

- Un hombre tenía un enorme furúnculo en la espalda. Al ser operado por un cirujano le quedó una horrible cicatriz. Luego otro furúnculo apareció. El sólo lo trató con miel. Y si bien el segundo furúnculo era enorme, ¡éste desapareció rápidamente, dejando tan sólo un pequeño punto!

- Una señora relató cómo al preparar un poco de café para unos invitados, accidentalmente derramó la tetera de agua hirviendo en su muslo. Sin decirle nada a nadie, logró llegar a la cocina en completa agonía. Allí cubrió el área quemada con mucha miel, y envolvió una toalla limpia alrededor de su pierna. En pocos segundos el dolor había desaparecido. Ella regresó a la fiesta con una falda limpia, como si nada hubiera ocurrido. El dolor se había ido de tal manera que se olvidó al respecto y esa noche durmió profundamente. A la mañana siguiente al desvestirse, encontró una herida muy grande —del tamaño de dos manos— ¡pero las repetidas aplicaciones de miel la curaron!

Se ha informado que las piernas con úlceras debido a las venas varicosas no se curan fácilmente, particularmente en las personas mayores. Sin embargo, la aplicación diaria de miel puede reducir rápidamente la infección y ¡brindar completo alivio! Se dice que un remedio eficaz y asombroso para las erisipelas es cubrir el área —y alrededores— con mucha miel, cubrirla con algodón, y dejar reposar por 24 horas, repitiendo de ser necesario. En las selvas de América del Sur, los médicos embadurnan las heridas abiertas luego de realizar alguna cirugía, con excelentes resultados. ¡La miel es verdaderamente un Milagroso Alimento Curativo!

¡LIPOMA Y QUISTES SEBÁCEOS SE CURARON Y SE EVITÓ LA CIRUGÍA!

La Señora H.N. relató: "Por muchos años había sufrido de lipomas y había sido sometida a varias operaciones... a medida que iba perdiendo la circulación en mis articulaciones (especialmente en la rodilla). Tres años atrás fui sometida a cirugía en la parte derecha del tórax debido al lipoma que estaba creciendo entre los pulmones hacia el corazón. Los cirujanos me dijeron que... tenía una grieta en el diafragma y que el crecimiento de grasa se había desarrollado en esta grieta y estaba creciendo en la cavidad del pecho. (Recientemente noté que mi tobillo había crecido un poco.)

"Estos tumores son considerados benignos pero pueden producir una obstrucción en la circulación. Desde que empecé a

tomar lecitina y vitamina C, he notado cierta mejoría. La hinchazón cerca de mi tobillo ha desaparecido y un bulto entre dos de mis costillas (quiste sebáceo) ha desaparecido prácticamente. Esto se lo atribuyo a la lecitina y a la vitamina C.

"Existe algo más que me gustaría mencionar. Hace ya algunos años que padezco de una erupción en la piel muy peculiar que aparece en mis antebrazos cerca de los codos. Fui a un dermatólogo quien me dijo que esto se debía a una profunda alteración emocional. Sin embargo, sentí realmente que éste no era el verdadero motivo. Al tomar una cápsula que contenía vitamina A y D en forma de aceite triple de pescado, me he liberado de esta erupción... todo se trataba de una deficiencia vitamínica".

¡LOS TUMORES DE PECHO DEL PERRO DESAPARECIERON!

La señora K.N. relató: "Nuestra caniche tenía tumores en los pechos y el veterinario dijo que probablemente eran malignos y que sería mejor extirparlos. Yo acababa de leer un artículo acerca del ajo, así que empecé a darle cuatro dientes de ajo al día. Tres semanas después los tumores habían desaparecido. Ahora le doy ajo todos los días". Dos años más tarde la señora K.N. comentó que su perra aún seguía viva y ¡muy saludable!

EL MAL DE LA PIEL DEL DIABÉTICO ¡CURADO CON UN MILAGROSO ALIMENTO CURATIVO!

La señorita R.L. escribió: "Hace muchos años empecé a desarrollar alergia a una insulina muy común. Esta hacía que con sólo mirar la inyección se produjeran 'estrías' y 'cráteres' en mi piel variando en tamaño de pequeñas a grandes, casi del tamaño de la palma de mi mano. Las tenía por todo mi cuerpo. Un especialista me dijo... que había consultado con expertos en diabetes y ellos acordaron que estas áreas afectadas nunca regresarían a su estado anterior.

"Durante un año no hice nada al respecto, creyendo que ya nada se podía hacer. Un día, accidentalmente, descubrí la solución. Como mi piel estaba muy seca, la froté con aceite de maní (*peanut oil*). Imprevistamente me percaté de que en el fondo de cada estría la piel estaba seca como un hueso, mientras que el resto de la piel no había absorbido aún el aceite. Apliqué más aceite en las estrías y observé.

"Casi inmediatamente el aceite fue absorbido. Seguí aplicando el aceite varias veces al día. Sumado a esto masajeaba y presionaba el área normal alrededor de cada estría y gradualmente empezaron a mejorar. Tuve siempre mucho cuidado de nunca tocar o presionar el fondo de cada estría. Otro descubrimiento accidental ocurrió. Gané aproximadamente como cinco libras, durante un par de meses pero luego las perdí. Cada vez que esto ocurría, notaba que el fondo de cada estría se llenaba gradualmente de carne. Deliberadamente continué bajando y subiendo de peso y ahora sólo me quedan unas pocas huellas de aquella alergia. Me tomó aproximadamente dos años para lograr esto. Sin embargo, pienso que si una persona empieza a hacerlo apenas sufre los primeros síntomas, no le debería tomar mucho tiempo curarse...

"Las primeras estrías en desaparecer fueron dos grandes que tenía en mi estómago. La siguiente fue una enorme, del tamaño y profundidad de la palma de mi mano, ubicada en mi pierna derecha. Le dije a mi médico lo que había estado haciendo, pero no me creyó hasta que me examinó y descubrió que tal afección incurable ya no existía. La verdad yo no sé si él dejó pasar mi descubrimiento, pero yo sentí que debía de hacerles saber esto a otros diabéticos, que existe una esperanza para este mal y que sí se puede curar. Me parece que 200 de cada 1000 diabéticos sufren de esta alergia. El aceite de maní parece trabajar mejor y más rápido que otros aceites. Luego leí que el psíquico Edgar Cayce solía recomendar aceite de maní para 'el desgaste de la piel' y que incluso era bueno para suavizar cicatrices. Espero que esta información sea de ayuda. ¡Funciona! La aplicación del aceite, el masaje, la pérdida y la subida de peso toman tiempo, pero funcionan y la piel vuelve a la normalidad".

¡LAS DESAGRADABLES ÚLCERAS DESAPARECIERON!

Se ha establecido que una "cataplasma de raíces de zanahorias alivia el dolor de las úlceras cancerígenas y que elimina el intolerable hedor". Como una solución para las áreas con úlceras, cierta cantidad de jugo de raíz de zanahoria se evapora lentamente a fuego muy bajo hasta lograr la consistencia de una miel espesa. Este líquido se aplica a áreas con úlceras o simplemente se utilizan rebanadas muy delgadas de raíz de zanahoria en forma de una cataplasma externa siempre que se necesite.

La hierba consuelda (comfrey) parece tener extraordinarios poderes curativos. Esto se debe a una substancia que contiene, llamada alantoína. Se utiliza como una cataplasma o como un té, y hay médicos que han utilizado sus extractos medicinales para aliviar casos de úlceras, quemaduras, y heridas abiertas, con dramáticos y sorprendentes resultados.

En *Herball*, W. Turner (1568) plantea: "De la consuelda... las raíces son buenas al beberlas cuando se quiebran y se extrae esa sangre babosa que tienen en el interior. Son buenas también para cerrar heridas recientes (se utilizan para reparar huesos dañados). También son buenas para calmar la inflamación". El *Herball* de Gerald (1597) afirma que la consuelda es eficaz al curar "úlceras en los pulmones" y "úlceras en los riñones aunque los hayan tenido por mucho tiempo". El *Theatrum Botanicum* de Parkinson (1640) añade: "Las raíces de consuelda frescas, cortadas menudamente y esparcidas sobre cuero se aplican sobre zonas afectadas por la gota, brindando rápido alivio; aplicadas de la misma manera, alivian articulaciones adoloridas, así como son de mucho beneficio para úlceras, gangrenas y malestares por el estilo".

Casos relatados:

- Un médico informó el caso de un hombre de 83 años, quien sufría de cierto número de serias enfermedades, incluyendo un soplo al corazón, pulso débil, endurecimiento de las arterias, falta de aliento, e hinchazón de las piernas. De repente una úlcera fulminante apareció en su pie izquierdo y se esparció rápidamente —acercándose a los huesos. Su estado no presentaba mayor esperanza, así que ya delirante fue llevado a casa a morir. Una vez en casa, fue tratado mediante compresas de raíces de consuelda. Inmediatamente la úlcera mejoró y al cabo de un mes se curó por completo. De igual manera sus otros síntomas mejoraron notablemente.

- Otro médico relata el caso de una mujer con una úlcera gangrenosa muy grande y cubierta de pus en la parte inferior de su pierna. El médico pensaba en amputarle la pierna —la úlcera ya tenía como cinco pulgadas de ancho y había estado allí durante cinco años. Extracto de consuelda le fue aplicado (alantoína) en forma de baños. Una semana después, ciertas zonas se habían curado. En 23 días, la enorme úlcera fue reducida al tamaño de la cabeza de un alfiler ¡y la paciente se encontraba sana y fuerte!

- La Señora R.E. relató: "Sufría de úlceras en ambas piernas. Estas úlceras empezaron como ampollas. Si estas heridas no son tratadas debidamente una vez que se abren y empiezan a sangrar, se esparcen rápidamente. Yo sólo le rezaba a Dios para que me ayudara. Querían internarme en un hospital, pero yo no quería. El tratamiento que el médico me dio hacía que sintiera las piernas como que me quemaban. Asimismo, me dijo que iba a necesitar un injerto de piel, pero yo dije que no. Entonces, leí en alguna parte sobre el poder curativo de la raíz seca de la consuelda y compré un poco en una tienda de alimentos naturales. Preparé un té vertiendo sobre ella un poco de agua caliente en una jarra. Tomé este té así como también lo utilicé para lavar la úlcera. Cuando la raíz se había ablandado suficientemente, la puse en la licuadora y la apliqué sobre las heridas (como una cataplasma). Para acortar un poco la historia, las úlceras recobraron los tejidos de la piel y sanaron sin necesidad de un injerto de piel. ¡Fue un regalo de Dios!"

Un hombre al que llamaremos señor O'D. sufría de diabetes y de una úlcera en una pierna que no sanaba. Intentó probar cortisona y otros antibióticos en pomadas. Finalmente, luego de muchos meses, intentó aplicar hojas frescas y limpias de quingombó (quimbombó, *okra*) sobre su pierna, tres veces al día durante dos semanas, luego dos veces al día por otras dos semanas. Durante las últimas dos semanas, vendó y aplicó una rebanada delgada de cebolla sobre el quingombó. Esto hizo que la úlcera sanara.

ROSTROS CON MANCHAS HORRIBLES —¡LIMPIOS!

Además de ser lisiada debido a sufrir de artritis, Alma W., de 79 años, se encontraba muy afligida debido al constante crecimiento de un lunar rojo en su nariz, el cual había sido extraído pero aparecía nuevamente. Finalmente, para poder aliviarlo, se le aplicó cataplasmas de consuelda (*comfrey*) durante el día y la noche. Casi de inmediato la inflamación desapareció. Pronto la verruga también desapareció sin dejar huella. Y utilizando medicinas herbales, ¡su agonizante artritis desapareció!

Un caso sorprendente era el de una mujer con miles de horrorosas verrugas negras que cubrían su rostro, cuello y pecho. También sufría de cierta parálisis a un costado de su boca. Sin mayores promesas, su médico le comentó acerca de una terapia mediante jugos naturales, en los cuales se incluía el jugo de col (repollo, *cabbage*). Luego de unas semanas, las verrugas desaparecieron casi por completo ¡así como su parálisis facial!

La señorita L.E. relató: "Tenía una infección muy grave en mi rostro y ningún remedio podía ayudarme. Fui a ocho médicos diferentes 37 veces en el último año. Cada tratamiento que seguí empeoró mi situación. Empecé a tomar vitamina A cada día y en tres días la infección que había tenido durante un año empezó a mejorar. Ahora mi rostro luce maravillosamente".

La señora C.N. relató: "Recientemente escuché que el zinc ayudaba a curar el acné y decidí probarlo. Funcionó de maravilla. Mi piel que siempre había estado llena de marcas e imperfecciones lucía limpia. ¡Aunque usted no lo crea, yo sufría de acné a los treinta y tantos! Ninguna loción limpiadora ha hecho jamás lo que los suplementos de zinc consiguieron en una sola semana".

La señora M.I. había sufrido durante 25 años de manchas rojas y grandes así como de zonas escamosas tanto en su rostro como en el cuello. Esta horrible enfermedad es conocida como seborrea, y la picazón es intolerable. Cuatro dermatólogos le dijeron que esta incómoda y desfigurante afección no podía ser curada. "Todos me recetaron cremas y ungüentos para la piel", relató. "Ninguno de ellos realmente me trajo mejoría alguna... Pregunté si se trataba de falta de vitaminas. Todos los médicos dijeron que no. ¿Qué podía decir yo?, ellos eran los médicos". Luego ella escuchó sobre el ungüento de vitamina B-6 para la seborrea, así que lo compró. "Ayudó más que los medicamentos, no sólo a reducir las manchas sino también para aliviar la picazón", nos cuenta. También las tabletas de vitamina B-6. Al tomar 150 mg, "Cosas maravillosas ocurrían. Al pasar los días pude ver los resultados. Ahora, después de dos semanas, mi rostro está prácticamente curado".

¡ALIVIO INMEDIATO PARA LAS UÑAS ENCARNADAS!

Un artículo de *The Lancet* se refiere a "los casi salvajes métodos utilizados en la cura" de uñeros (uñas encarnadas) por los médicos. Los métodos más recomendados —que sólo pueden ser realizados por médicos— parecen ser peligrosos, dolorosos e ineficaces ¡con un porcentaje admitido de 64% de fracasos! Si usted sufre todavía debido a una gruesa, horrible amarillenta uña enroscándose profundamente en la piel, debería probar este sencillo método:

> **"Al haber sufrido de graves uñas encarnadas por más de 20 años, estaba dispuesto prácticamente a probar de todo", dijo el señor K.N. Luego escuchó de la vitamina E para uñas encarnadas que aún no estaban muy desarrolladas. "Me he aplicado vitamina E directamente de las cápsulas de 200 unidades internacionales (I.U.), una al mes durante este año", relató. "Ya no tengo más uñeros, ¡tampoco sufro de la agonía de tener que escarbar periódicamente la uña! He experimentado alivio inmediato luego de la primera aplicación y no han vuelto a aparecer. No sé por qué funciona ¡pero funciona!"**

La señorita D.F. afirma que, al hacer lo siguiente, su uña se enderezó milagrosamente y luego volvió a la normalidad. Ella dijo: "Hace veinte años adquirí un hongo debajo de la uña del dedo gordo del pie. Me dolía esporádicamente pero luego empezó a separarse de la piel y cogió todo mi dedo, el cual ya no se veía normal. Ya no podía usar zapatos cerrados debido a que la presión en esa uña que sobresalía me ocasionaba una herida en el dedo. Después de escuchar acerca de los beneficios de la vitamina E, decidí probarla. Rocié aceite de vitamina E debajo de la uña durante varias semanas, de esta forma empecé a observar un color muy saludable en la uña (no el color caramelo que tenía). Bueno, me tomó casi un año, pero ahora esa uña ya se adhirió a mi dedo y está plana y linda como cualquier uña".

¡ALIVIO INMEDIATO PARA UÑAS ADOLORIDAS!

La señora A.H. relató: "Hace muchos años contraje hongos infecciosos debajo de varias uñas del pie. Se pusieron negras y sangrantes, y la piel la sentía gruesa. Varias uñas se cayeron. No podía soportar la presión de ningún zapato cerrado. Probé todos los medicamentos que los médicos me recetaron. Todos fallaron. Luego escuché acerca de la vitamina E. Cada noche durante dos semanas vertí el aceite de varias cápsulas (400 *I.U.* cada una) sobre mis dedos. ¡Los resultados fueron poco más que milagrosos! El sangrado se detuvo, la piel gruesa se cayó y ahora mis pies se ven sanos y atractivos. Mi esposo vio el proceso, ¡y es fiel testigo de este milagro!"

¡DOLOROSAS ASTILLAS DEBAJO DE LOS DEDOS DESAPARECIERON!

La Señora M.C. relató: "Sufría de una terrible infección debido a una astilla debajo de su dedo. Era imposible extraerla y el dedo estaba bastante hinchado y adolorido. Tomé una rodaja de cebolla y la envolví alrededor del dedo durante toda la noche. ¡La hinchazón y la astilla desaparecieron por completo!"

La señorita R.J. relató: "Yo tenía unas uñas muy blandas que se rompían con mucha facilidad. Intenté probar distintas preparaciones para endurecerlas, pero nada las endurecía por más de un par de días. Empecé a comer semillas de girasol todos los días después del almuerzo, y al cabo de dos semanas sentí que mis uñas se endurecían y permanecían así. Le he dado este consejo a muchas de mis amigas y todas afirman que sus uñas están más fuertes que nunca".

La Señora S.N. relató: "Durante toda mi vida mis uñas fueron muy saludables y fuertes, pero desde hace como 10 años (cuando tenía 50 años) empecé a tener problemas. Mis uñas se descascaraban en capas. Se volvieron quebradizas y se rompían con facilidad. Tres o cuatro años tomando cápsulas de gelatina y otros medicamentos, no sirvieron de nada. Después, una persona, que no conocía me dijo, '¡Usa dolomita (*dolomite*)!' Empecé tomando tres pastillas al día así como pastillas de aceite de hígado de bacalao. También tomé harina de hueso (*bone meal*). ¡En menos de tres meses, mis uñas estaban nuevamente fuertes y flexibles! Luego de tres años estoy convencida de que el resultado es permanente".[1]

¡EL INCURABLE VITÍLIGO CURADO!

La señora C.H. relató: "¿No existe cura para el vitíligo? pues esto no es cierto, ya que he encontrado una cura tan simple y pura que hasta se puede comer. No sólo funcionó para mí, sino para todos aquellos que la probaron. Al tener un vitíligo bastante desarrollado, y habiendo probado distintos médicos que me dijeron que no existía cura alguna, decidí estudiar esta enfermedad, sus causas, sus orígenes, etc. Después de ver cómo se esparcía, observando a otras personas que también la tenían y al verla bajo una lupa, me percaté que algo (probablemente detergentes o jabones) estaba destruyendo el manto ácido sin el cual no puede existir una piel saludable.

"Preparé una crema ácida, y créanme, en una semana ¡ya no se notaba el cambio de color en la piel! Desde entonces, empezó mi recuperación hacia una piel sana sin huella alguna de manchas blancas.

"Un reconocido experto en belleza dice que la mayonesa pura es casi un perfecto manto ácido. Aplaste cinco tabletas de 100 mg de PABA (esto protege de los rayos del sol), disuélvalo en un cuarto de taza de agua caliente (no hirviendo) y colóquelo en un pomo junto con una taza de mayonesa pura. Agítelo bien y así

---

[1] En *The Lancet*, T.V. Taylor, de *Manchester Royal Infirmary*, informa que a un grupo de pacientes con geriatría se les administró 500 mg de vitamina C dos veces diarias, y en un mes mostraron una reducción promedio del 84 por ciento en las úlceras del decúbito.

obtendrá su manto ácido. Utilícelo especialmente, luego de lavarse las manos o el cuerpo. Los resultados, deben poder apreciarse en cuatro o cinco meses, dependiendo de cuán severo es el caso de vitíligo".

¡UN MILAGROSO ALIMENTO CURATIVO PARA EL ECZEMA!

Se ha dicho que el comer papas crudas ha actuado milagrosamente al curar el eczema y otras erupciones de la piel. En cierto caso, una joven mujer a la cual llamaremos señorita J.A. sufría de un severo caso de eczema desde su niñez. Gastaba alrededor de $25 a la semana en medicamentos, los cuales le daban cierto alivio pero no curaban del todo la afección. Cierta anciana le aconsejó que comiera papas crudas. Ella dejó de tomar los medicamentos, y luego de unas pocas semanas de haber agregado papa cruda a su dieta, su rostro se limpió completamente. ¡Ella continúa comiendo una papa cruda al día!

LA HUELLA DE LA HIEDRA VENENOSA (*POISON IVY*) ¡DESAPARECIÓ EN CINCO MINUTOS!

J.S., cierto joven al que yo conocía, se sentó accidentalmente sobre hiedra venenosa. Su cuerpo entero brotó en una fuerte inflamación, con una picazón que sólo podía ser aliviada sumergiéndose en una tina de agua. Un médico le recetó un ungüento bastante caro, el cual ayudó poco ya que afectaba a su piel poniéndola más alcalina (le produjo hinchazones de cortisona en los dedos, causándole una seria recaída).

> Luego el joven se acordó de haber leído que el jugo del limón es eficaz para muchas dolencias de la piel, tales como el acné, eczemas, erisipelas, forúnculos, espinillas, caspa, y manos enrojecidas —y que esto aliviaría la picazón de picaduras de insectos, así como la irritación causada por la hiedra y zumaque venenoso. Él partió un par de limones y los frotó por todo el cuerpo. En menos de cinco minutos, su piel lucía completamente normal, ¡y él sintió un alivio inmediato!

Al día siguiente, con su piel completamente limpia, fue a trabajar —y por accidente volvió a infectarse las manos con los objetos que había tocado anteriormente. La picazón regresó, las manos se volvieron inflamadas y grumosas. Le aconsejé que se lavara las manos con tabletas de vitamina C disueltas en agua —pero como nadie lo había hecho antes, le ofrecí una naranja que alguien había traído para el almuerzo. J.S. partió la naranja y masajeó con ella los brazos y las manos. En menos de cinco minutos, ¡su piel lucía completamente normal!

¡MILAGROSOS ALIMENTOS CURATIVOS PARA EL ZUMAQUE VENENOSO *(POISON OAK)*!

La señora E.M. relató: "Durante tres semanas viví una vida miserable de noches de desvelo, además mi apariencia era tan anormal que me hice la promesa de nunca más quejarme si tan sólo volvía a ser como era antes. Esto me sucedió durante un caso bastante agudo por contacto a zumaque venenoso que había cubierto mi cuerpo entero, incluso mis ojos y oídos. Fue después que encontré un remedio.

> **"El botón de oro (hidraste, *goldenseal*), el cual no sólo tomé sino que también lo apliqué en forma de baños, actuó milagrosamente. Veinte minutos después de mi primera dosis interna, la picazón se detuvo, luego me hice un lavado. Los resultados se pudieron ver casi de inmediato.**

"Utilicé un cuarto de cucharadita por taza de agua caliente al tomarlo, y una cucharadita en una pinta de agua caliente para un lavado. Lo tomé aproximadamente seis veces al día y me lavaba constantemente. El sabor es muy amargo, así que para aquellos que no la pueden beber, se puede colocar en cápsulas vacías sin riesgo a sentir el sabor amargo. He seguido tomando una taza o dos diarias y esto actúa como una prevención".

La señorita A. L. relató: "Soy extremadamente alérgica al zumaque venenoso que aquí nos rodea y que es casi imposible erradicar. De vez en cuando sufro de fuertes ataques y luego tengo que hacer algo al respecto. Anteriormente, estaba tan desesperada que me daba por vencida y tenían que ponerme inyecciones de cortisona. Hoy en día, he tomado ya en dos oportunidades dosis masivas de infusiones de levadura de cerveza con agua tibia y miel, para hacerlo más apetecible y también por sus efectos medicinales. Puedo tomar esta mezcla, cuatro, cinco o siete veces al día hasta notar que las irritaciones empiezan a secarse. El resultado es más notorio al final del día. Para todo el que sufre de esta maldición, estoy segura no pensarán que esta cura es tan drástica como para no probarla!"

¡ASOMBROSO —EL TÉ ALIVIA EL HERPES LABIAL!

La señora L.V. relató: "Por muchos años estas 'horribles' cosas me habían mortificado, pero recientemente se me informó de un antiguo remedio. Realmente funciona y es tan simple (más aún que un yogur) que no implica riesgo alguno para la salud.

"Preparo una taza de té de salvia (*sage*), utilizando dos o tres hojas de salvia en una taza de agua. Cuando ya está bien empapada le agrego una cucharadita de jenjibre (*ginger*) en polvo. Esto alivia mi pobre boca herida y mejora mi estómago. Empecé este tratamiento hace muchos años cuando sufría de cinco herpes labiales al mismo tiempo.

"Tomaba varias tazas de té de salvia en intervalos, hasta que desaparecían (posiblemente tres tazas de té). No he tenido ninguna reaparición en semanas. Siempre recurro a mi taza de té. Durante las noches las heridas desaparecen. Parece ser que funciona de una manera muy simple, pero realmente lo hace, sobretodo cuando todo lo demás falla".

¡EL AJO CURA EL IMPÉTIGO!

La señorita L.D. relató: "En tan sólo un año he sido víctima del impétigo en dos oportunidades. La primera vez, al no saber de qué se trataba, temiendo que se esparciera y ante la insoportable picazón, fui al médico. Luego de dos semanas de utilizar pegajosos medicamentos, agonizante al no poder rascarme y con una costosa cuenta del médico, finalmente sentí alivio.

Me sentía satisfecha al pagar lo que sea con tal de aliviarme de la constante picazón que posteriormente traía consigo un inevitable brote.

"Sin embargo, esta segunda vez todo sucedió bastante distinto. Un día, cuando mis manos y cara se encontraban a tal punto que era inevitable visitar al médico por más medicamentos... me di cuenta que el ajo no sólo podía aliviar la picazón, sino también curar el impétigo del todo. Fue entonces que tomé una de las píldoras de mis amigas, la abrí, esparcí un poco de ajo en las zonas irritadas y me tomé lo que restaba. En media hora, la picazón ¡había desaparecido por completo! Pude dormir toda la noche. Continué frotando el ajo fresco en estas áreas y lo comí cuando sentía que lo necesitaba (tres días)".

EL ACEITE DE AJO ¡CURA LAS AMPOLLAS!

El señor R.F. asegura: "Soy cartero y había sufrido de dolorosas ampollas que se habían desarrollado debido a usar zapatos apretados. He probado todo producto farmacéutico en el mercado sin el menor alivio o disminución de tamaño en las ampollas.

"Luego recordé las propiedades antisépticas del ajo e inmediatamente me dirigí a una tienda de alimentos naturales y compré un frasco de pastillas naturales de ajo. Rompí unas cuantas cápsulas y masajee el aceite en mis pies ampollados. Al día siguiente, la hinchazón había prácticamente desaparecido y ¡ya no sentía dolor!

"Cuando le conté esto a mi médico ¡estaba sorprendido! No podía creer que todos los medicamentos sofisticados que había comprado en las farmacias, no habían brindado alivio a mis ampollas, mientras que el simple ajo natural había terminado con mi agonía. Luego, tiré todos mis medicamentos en el lavatorio e hice votos para confiar en la Madre Naturaleza primero".

¡EL AJO ELIMINA LAS ÚLCERAS POR ESTAR EN CAMA!

"El ajo es una cura segura contra las úlceras por estar en cama", dicen el señor y la señora C.R.G.: "Es un milagro, había probado todo lo que me recomendaban las enfermeras, hospitales y otros, pero nada me había ayudado durante casi un año... Leí que el ajo era bueno para los furúnculos y las úlceras supurantes. Así que lo probé.

"Rallé un poco de ajo con un rallador muy fino, lo mezclé con aceite, preparé una cataplasma para ponerla sobre la úlcera y la dejé allí durante dos días. Mi esposo decía que quemaba. Tenía miedo hasta de mirarla. Cuando retiré la cataplasma, no podía creer lo que veía. La costra se había caído, la hinchazón había bajado y ya no sangraba. Luego, continué poniendo en la zona, almohadillas de salvia por más de una semana. Toda la piel muerta alrededor de la llaga se había pelado. La piel estaba ahora suave".

BULTOS DOLOROSOS Y COLON ESPÁSTICO —¡CURADOS!

Un dentista, M.V., relata que durante diez años tuvo que ser sometido a rayos X y tratamientos de radiación para eliminar el desagradable bulbo de piel que reaparecía, si bien el médico aseguraba que eran benignos. Al aplicar el jugo de esta asombrosa planta, el ajo —que había aliviado su colon espástico— los bultos dolorosos en su rostro, ¡desaparecieron por completo!

La primera vez que probó esto fue para un bulto que tenía cerca del ojo. Aplicó regularmente aceite de ajo —que obtuvo en cápsulas— y en un mes ¡el bulto desapareció! La siguiente vez, lo intentó con un bulto que tenía en el cuero cabelludo, el cual había crecido rápidamente, y que ya era del tamaño de una moneda de 5 centavos cuando se dio cuenta que lo tenía. ¡Una vez más el aceite de ajo aparentemente lo curó!

Estos bultos, según él, eran ocasionados debido a mucha exposición al sol y el radiólogo que lo diagnosticó le aconsejó que utilizara alcohol para secarlos —él lo intentó durante dos o tres meses, sin resultado alguno. "¿Pueden creer que estemos interesados en temas relacionados con el ajo y el cáncer?", relató. "Si bien estos bultos eran benignos, bien pudieron desarrollarse como malignos debido a mis historiales. Y definitivamente éstos no comenzaron a curarse hasta que les aplicamos el ajo. Más aún, casi no presentaban dolor. Esperamos que esta experiencia nuestra sirva de bien para otros. El tratamiento no es doloroso y en nuestro caso probó ser muy beneficioso".

¡EL AJO CURA EL PIE DE ATLETA!

Durante muchos años, James T. sufría silenciosa y miserablemente de un "galopante caso de pie de atleta", como él lo describía. El hombre atribuía esto a cierto hongo que le había contagiado en el suelo húmedo de un vestuario. Sus dedos estaban rojos, pelados y adoloridos. El tobillo y la planta del pie estaban ásperos y con miles de agujeros secos.

Trató todo cuanto pudo para deshacerse de ellos: se lavaba frecuentemente con agua y jabón, se ponía calcetines secos y frescos, talcos, ungüento de marca *A&D*, cremas antihongos. Algunos medicamentos lo empeoraron. Otros lo aliviaban temporalmente, pero luego el pie de atleta volvía a brotar y la irritación y los dedos pelados nunca mejoraron. La situación parecía interminable. Los pies tenían un olor ofensivo, y lógicamente sentía mucha vergüenza al quitarse los zapatos. Sentía quemazón, picazón e irritación.

En mi experiencia —cuando todos los medicamentos fallan— el ajo es la cura segura para el pie de atleta. El método en este caso es esparcir un poco de ajo molido sobre el área afectada. Se sentirá tibio por unos cinco minutos. Esto debe permanecer en la piel por una media hora. Luego lávese el pie con agua pura. Repita esto una vez al día durante una semana y adiós al pie de atleta. (Si se siente quemazón en la piel, retire el ajo, lave el pie con agua pura, y trate más tarde con jugo de ajo diluido y mezclado con agua, hasta que consiga una mezcla que no le produzca quemazón, ya que mucho ajo puede empeorar la situación.) Para prevenir una reinfección, hierva los calcetines.

REMEDIOS DE AJO PARA EL ACNÉ

En su libro *Of Men and Plants,* Maurice Mességué presenta curas para un 90 por ciento de eczemas y problemas relacionados con la piel, tales como dermatosis y acné. Luego las divide por categorías, como el acné de origen gastrítico, y el acné de origen intestinal. Aquí mostramos dos de esos remedios —relacionados con el ajo.[2]

Acné de origen gastrítico (estomacal)

Ajo — una cabeza grande, triturada

Bardana (*great burdock*) — flores, un puñado

Manzanilla romana (*chamomile*) — una docena de cabezas trituradas

Celidonia mayor (*greater celandine*) — hojas y tallos (de ser posible semi frescos), un puñado

Menta piperita (*peppermint*) — hojas, un puñado

Ortiga (*nettle*) — hojas (de ser posible frescas), un puñado

Tomillo (*thyme*) — hojas, un puñado

Haga la preparación básica, siguiendo las instrucciones de la página 31 (Capítulo 2). Use esta mezcla para baños de pies y manos, según Mességué, vertiéndola sobre una cataplasma hecha de col y berros, como se describe en la página 71 (Capítulo 4),—aplicándola sobre el estómago. No se debe comer ni tomar internamente.

Acné de origen intestinal

Ajo — una cabeza grande molida

Bardana (*great burdock*) — flores y hojas, un puñado

Manzanilla romana (*Roman chamomile*) — una docena de la flor, molida

Celidonia mayor (*greater celandine*) — hojas y tallos (de ser posible semi frescos), un puñado

Hierbas de campo (*field bindweed*) — flores y hojas, un puñado

Malva (*mallow*) de hoja redonda — flores, un puñado

---

[2] Reimpreso con la autorización de Macmillan Publishing Co., Inc., del libro de Maurice Mességué titulado, *Of Men and Plants*.

Para hacer esta preparación básica, siga las instrucciones en la página 31 (Capítulo 2), y úsela en baños de pies y manos. Si no, haga una cataplasma siguiendo las instrucciones de la página 71 (Capítulo 4), utilizando col (repollo, *cabbage*), hojas frescas de ortiga (*nettle leaves*), que serán cubiertas por una copa de licor de la preparación básica y aplicadas en el estómago. No debe comerse ni beberse.

Mességué afirma que si bien estos remedios pueden brindar alivio, no son necesariamente una cura, ya que el acné puede ocurrir debido a diferentes causas —cambios de vida, problemas del hígado, intestinales o estomacales. Para todas las enfermedades de la piel, recomienda que sigan la dieta sugerida por el médico.

¡ERUPCIONES EN EL ROSTRO CURADAS!

Amanda B., una estudiante universitaria, sabía que tenía un pésimo estómago (siempre se quejaba de acidez e indigestión). Pero su mayor problema era más desagradable, sufría de acné en la frente, los pómulos, e incluso en la barbilla. Grandes granos con pus se formaban constantemente, no importaba lo cuidadosa que fuera al limpiar el rostro.

La picazón era a veces incontrolable, y el rascar sólo la empeoraba. Se formaban horribles costras. Ella había ido a un médico, el cual le había recetado lociones y antibióticos, pero nada parecía ayudar. Le sugirieron una dieta minuciosa para eliminar ciertos alimentos —tales como dulces— los cuales podían estar empeorando la situación. Sin embargo, Amanda no se podía resistir a una leche malteada o a una barra de chocolate.

Nadie le había sugerido comer ajo para desintoxicar su sistema. Jamás oyó de tal cosa, hasta que alguien le sugirió las aplicaciones externas de Mességué, las que ella accedió a probar. Bueno, el acné finalmente desapareció —los granos de pus disminuyeron— y su piel se volvió sana y suave.

¡CEBOLLAS PARA MORDEDURAS DE SERPIENTES Y PICADURAS!

En 1897, El doctor Fernie escribió en su libro, *Herbal Simples:* "El jugo de una cebolla cruda es alcalino, y puede rápidamente aliviar el veneno de una picadura de abeja o avispa, si se aplica rápidamente en la zona afectada".

Este pequeño consejo le fue útil a cierta joven que escribió: "Hace dos años mientras montaba mi motocicleta, una pequeña abeja se metió entre mi dedo chiquito del pie y el del costado. Para cuando pude estacionar mi moto, la abeja ya me había picado. Me encontraba a 75 millas de casa, pero finalmente llegué con mucho esfuerzo. Una vez en casa intenté curarme con todo, hasta con lo inimaginable. Finalmente, recordé cierta vez en la que, de niña, mi abuela me puso cebolla sobre una picadura.

"Para ese entonces", dice la escritora a la que llamaremos señorita A.V., "mi pie había crecido tres veces su tamaño normal, sin embargo intenté probar con la cebolla. En menos de treinta minutos mi pie volvió a la normalidad y ni recordaba que había sido picado. Al día siguiente cuando fui a trabajar, les comenté a mis clientes acerca de mi experiencia. Muchos de ellos me escucharon, pero ninguno me creyó realmente".[3]

¡LA MIEL ALIVIA LA PICADURA DE AVISPÓN!

La señora A.W. relató: "Mi esposo estaba cortando el césped en sus pantalones cortos cuando un enjambre de avispones lo atacó. Corrió hacia la casa y se tiró al suelo para deshacerse de algunos avispones que aún le seguían picando y pidió a gritos la ayuda de un médico. Desesperadamente empecé a rociarle miel sobre los

---

[3] Para las picaduras de culebra, un método antiguo utilizado por los pioneros consistía en machacar un poco de cebolla, mezclado con unas pocas gotas de queroseno, y aplicarlo sobre el área afectada en forma de cataplasma. Se creía que esta cataplasma "extrae el veneno como se refleja en el color verde de la cataplasma luego de que ha permanecido en la picadura por un corto tiempo".

brazos y piernas. La miel empezó a aliviar el dolor ¡casi de inmediato! (Mi hermana, quien fue la que me dio este secreto, dice que es bueno alternar miel con bolsas de hielo.) ¡Lo mejor de todo fue que mi marido casi no tuvo hinchazón!" ¡Es un alivio inmediato para el dolor!

¡ACEITE DE GERMEN DE TRIGO PARA LAS PICADURAS!

La señora M.G. relató: "El aceite de germen de trigo (*wheat germ oil*) es una cura segura para las picaduras. El verano pasado una avispa le picó a mi hermano. Él decidió probar el aceite de germen de trigo y descubrió que éste aliviaba inmediatamente el dolor al aplicarse. Unos avispones me picaron en el brazo y en la mano. Me froté con aceite de germen de trigo e instantáneamente el dolor desapareció —sin tener hinchazón. Pruébelo. Es un milagro lo rápido que cura y alivia las picaduras. También es bueno para congelaciones, manos agrietadas y ampollas."

¡MILAGROSOS ALIMENTOS CURATIVOS PARA LAS ÚLCERAS EN LA BOCA!

La señora L.C. relató: "Un problema que tuve durante muchos años eran las frecuentes y dolorosas úlceras en la boca. Ni bien una empezaba a curarse otra nueva aparecería. Cierto amigo quiropráctico me sugirió que tomara vitamina B-2 (riboflavina) y observara si esto ayudaba. Después que empecé a tomar vitamina B-2, los ataques de las úlceras en la boca empezaron a disminuir en frecuencia y duraben mucho menos tiempo. Ahora muy rara vez aparecen y cuando lo hacen no duran por mucho tiempo. (Siento ya muy poca molestia)".

La señora M.M. relató: "Mi hijo de diez años sufrió durante meses de úlceras en la boca —una detrás de la otra— incluso hasta tres al mismo tiempo. Luego me dijeron que este virus del herpes simple respondía muy bien a la bacteria que se encuentra en el yogur conocida como lactobacillus acidophilus.

"Al no gustarle el yogur, mi hijo prefiere tomar las pastillas que se pueden encontrar en muchas de las tiendas que venden vitaminas naturales. Hice que tomara dos tabletas con cada comida. Al cabo de tres días las úlceras prácticamente habían desaparecido — el dolor desapareció tan o más rápido. He disminuido el número de tabletas al día y sólo se las doy ante la mínima aparición de las úlceras. Mi hijo está mucho más aliviado, y los miembros de mi familia que sufren de llagas, ampollas y úlceras en la boca padecen cada vez menos de estos problemas. No pude contenerme y le comenté a mi médico acerca de mi 'descubrimiento', pues me dijo que él está recetando 'lactosa' a sus pacientes con este fastidioso problema".

¡UN HORRIBLE CASO DE VITÍLIGO SE CURÓ MILAGROSAMENTE!

La señora A.W. relató: "Un día me sorprendí mucho al descubrir ciertas manchas blancas alrededor de mi muñeca (estas manchas eran del tamaño de una moneda de cincuenta centavos). Con el tiempo estas horribles manchas se esparcieron por mis dedos y manos. Tenía 32 años cuando descubrí esta enfermedad en la piel, llamada vitíligo o leucodermia.

"A medida que pasaron los años, estas manchas o pérdida de pigmento, cubrieron grandes áreas de mi cuerpo hasta que finalmente ya casi no tenía pigmentación en la piel. Durante estos años, consulté a muchos dermatólogos de renombre y a otros especialistas, quienes me sometieron a varios exámenes de laboratorio. Otros médicos simplemente me informaron que no había nada que se pudiera hacer al respecto.

"Parecía ser que mi destino era sufrir ante esta situación embarazosa por el resto de mi vida. Afortunadamente, mi esposo se había autoinstruido leyendo muchos libros acerca de nutrición. Una noche él estaba leyendo acerca de un nutricionista inglés que había demostrado la eficacia de la vitamina B y sus derivados para combatir el vitíligo en sus pacientes, administrándola diariamente. De acuerdo a sus escritos, aquellos que sufrían de vitíligo estaban respondiendo muy bien y estaban recobrando la pigmentación de la piel.

"Entonces mi esposo descubrió una novedad que nos dejó sumamente sorprendidos e intrigados —mis síntomas de insoportable quemazón... cada vez que intentaba alcanzar o levantar algún objeto de poco peso... podían significar una peligrosa deficiencia de vitamina B.

"Inmediatamente empecé a tomar alimentos naturales con vitamina B, así como otras vitaminas naturales dentro de una dieta balanceada y rica en proteínas. A los diez días sentí que la quemazón había disminuido. Seguí tomando vitamina B y me percaté con mucho entusiasmo de que empezaba a recuperar la pigmentación de la parte inferior de mis brazos. Mi caso era muy grave, pero el día de hoy, la pigmentación natural ya ha formado pequeñas islas en la parte posterior de mi brazo izquierdo desde la muñeca hasta el codo. En el otro brazo estas islas se han juntado desde la muñeca hasta el codo y se ven saludables y normales otra vez".

¡OTRO MILAGROSO ALIMENTO CURATIVO QUE CURA LAS QUEMADURAS!

El señor F.C. relató: "Un joven vecino estaba trabajando con su auto cuando su camisa se prendió en llamas debido a un contenedor cercano con gasolina. Mi esposa escuchó sus gritos y corrimos hacia afuera donde rápidamente le arrancamos la camisa. Mi esposa le echó vinagre de sidra en la espalda y él aseguró que el dolor desapareció inmediatamente. Un bombero que se encontraba durante la escena le dijo a mi esposa que no hiciera tal cosa, sin embargo el chico dijo, 'No, por favor'. Tenía 17 años. No tuvo más dolor y ni una sola cicatriz.

"Una joven se quemó la parte interna de la pierna con la parte caliente de una motocicleta Honda. Ella gritaba de dolor hasta que le pusieron vinagre de sidra de manzana, luego sorprendida dejó de gritar y dijo sorprendida, 'Ya no duele más'. Una vez más, no hubo huella alguna de cicatrices.

"Mi esposa se salpicó en el cuello y el pecho con grasa caliente de una cacerola. Inmediatamente se aplicó vinagre de sidra de manzana en las áreas afectadas. El resultado: No más dolor o huellas de cicatrices".

CAPÍTULO 15

¡MILAGROSOS ALIMENTOS CURATIVOS PARA LA ARTRITIS!

"Varios años atrás", dijo la señora S.J., "empecé a sentir unos dolores terribles en mi espalda y mis piernas. Fui a ver al médico, quien diagnosticó un caso severo de artritis. ¡Él no necesitaba decirme eso! Después me envió donde otro médico para que me tomaran unas radiografías (no sé por qué), con las cuales él confirmó el diagnóstico —me recomendó una bolsa de agua caliente y medicamentos para aliviar el dolor. No existe ninguna cura, dijeron los dos médicos. Pero yo sí encontré una cura.

"**Afortunadamente, había leído que se puede curar la artritis comiendo pacanas (*pecans*), bananas, levadura de cerveza (*brewer's yeast*), germen de trigo (*wheat germ*) y aguacates (paltas, *avocados*), además de todo lo que usted desee comer. Bueno, ¿Por qué no intentarlo? Yo lo hice. En pocos días dejé las pastillas y la bolsa de agua caliente y en menos de dos semanas el dolor ya no existía, y desde entonces no lo he vuelto a sentir. ¡También son excelentes para cereales y postres!**

"Supongo que la razón por la cual no lo hice público fue que yo pensé que todos dirían: 'Oh, eso no pudo haber sido artritis'. Sin embargo, hace casi nueve meses, el hombre que repartía la leche fue afectado tan gravemente de artritis que su médico le dijo que debería renunciar a su trabajo y que no podría volver a manejar su

251

auto. Cuando me enteré de esto, lo llamé a su casa y le comenté mi experiencia. Él lo intentó también, y en diez días ya estaba de vuelta en su trabajo, y todavía lo mantiene, sintiéndose muy bien".

¡UNA DAMA QUE SE CURÓ DE LA ARTRITIS QUIERE REVELAR SU SECRETO A TODO EL MUNDO!

"Por supuesto que empecé a difundir mi experiencia. Cuando mis amistades vienen a visitarme, la primera cosa que les pregunto es: '¿Conocen a alguien que tenga artritis?' La respuesta es siempre 'Sí', y les cuento mi historia. Mi cartero me trae muchas cartas con elogiosos informes de resultados. Una mujer en New Jersey me envió algunos aguacates (paltas), en muestra de su gratitud, debido a que le comenté que frecuentemente yo no los podía conseguir.

"No tengo ninguna razón para creer que debo seguir comiendo estos alimentos, pero me gustan, así que los como de vez en cuando. Una cosa que me gusta acerca de esto es que lo he comentado a seis médicos, y cada uno de ellos sacó su bolígrafo y escribió la pequeña lista de lo que uno debería comer. ¿No le haría sentir bien a usted?

EL DOLOR Y LA HINCHAZÓN EN LOS TOBILLOS, LAS PIERNAS Y LAS MUÑECAS ¡DESAPARECIERON!

La señora F.L. informó: "Nunca me di cuenta de la gravedad de la hinchazón de mis tobillos, muñecas y dedos hasta el momento que empecé a tener dolores agudos fugaces en mis dedos, especialmente en las articulaciones. Esto me preocupaba a mí de manera especial ya que soy un violinista, mecanógrafo y estenógrafo. Mis manos son mi vida.

"El complejo de vitamina B escurrió varios kilos de agua; mis dedos ahora lucen hasta 'delgados' y los dolores han desaparecido por completo. Mis tobillos, piernas y muñecas están mucho más delgados, y lo más importante, me ha levantado el ánimo tremendamente.

"Me siento casi como si hubiera obtenido 'energía' de las vitaminas B. (Por cierto, cuando le pregunté a mi médico si yo podría tener una deficiencia de vitaminas B, casi se rió de mí.) También sentí otro efecto —desde que empecé a tomar las vitaminas, mi período menstrual dura casi la mitad. Y otra cosa —mi deseo por comer dulces, que durante años he tratado de combatir, ha disminuido".

EL DOLOR INSOPORTABLE DE LA MUÑECA ¡DESAPARECIÓ!

La señora H.E. informó: "El año pasado, después de distender mi muñeca varias veces, perdí su uso por completo. Una receta para el dolor no causó ningún efecto en mi muñeca, y me provocaba sueño. Después, mi médico me dio una receta nueva, asegurándome que no me molestaría. Me causó unos misteriosos dolores de estómago. Los problemas estomacales desaparecieron pocas semanas después de que dejé de tomar los medicamentos de la segunda receta, pero todavía tenía la muñeca inflamada.

"Yo soy escritor, y no podía trabajar en mi computadora por cinco minutos sin sentir el dolor más insoportable en mi muñeca. Incluso el escribir un cheque era doloroso. Después me enteré sobre los beneficios de la vitamina B-6 para la rigidez, y empecé a tomar diariamente 50 mg, con resultados excelentes al cabo de pocas semanas.

"La semana pasada trabajé en mi computadora durante seis horas corridas, ¡sin sentir ninguna punzada! Debería añadir que este fue el único cambio en mi dieta". Esta mujer ya había estado tomando complejo B, A, C, D y calcio. Solamente la vitamina B-6 le brindó buenos resultados.

EL ESPOLÓN DOLORIDO DEL TALÓN ¡SE ALIVIÓ!

La señora L.B. informó: "Hace varios años, sufría dolor en mi talón derecho cada vez que asentaba mi pie. Era muy doloroso. Consulté con un médico clínico y me dijo que probablemente tenía un espolón. El médico me recetó medicamentos y un ungüento que no me aliviaron. Después de varias visitas, se decidió tomar unas radiografías del talón. Dos días después, el médico me dijo que era un espolón y que ni él ni un especialista podían ayudarme, y que solamente debía 'utilizar una almohadilla suave en mi zapato para suavizar el dolor'.

"Yo estaba desesperada. Solamente una persona que ha sufrido de un espolón puede saber lo que esto significa. Cuando leí informes en los periódicos sobre la vitamina C y la artritis, compré un poco y empecé a ingerir alrededor de cuatro a cinco gramos diarios. En el tercer día, el talón ya no me dolía al apoyarme en él —y solamente un poco cuando lo presionaba fuertemente con un dedo.

"Alrededor de un año después, volví a tomarme otras radiografías ya que el médico y yo estábamos muy curiosos acerca de saber qué era lo que había pasado. Yo pensé que el espolón se había disuelto, pero las radiografías mostraban que todavía estaba allí. ¡Un misterio!"

EL DOLOR DE LOS HOMBROS SE DESVANECIÓ ¡CASI INMEDIATAMENTE!

La señora E.L. informó: "Cuando me torcí mi hombro me recetaron aspirinas y codeína para el dolor insoportable que hacía imposible dormir más de dos horas por la noche. Los medicamentos no fueron eficaces. Recordé haber leído sobre los beneficios de la vitamina E para el dolor de los nervios y los músculos. Decidí probarla después de pasar la peor noche que había tenido con dolor de hombro. Después del primer tratamiento de vitamina E y calcio, desapareció el dolor. Fue increíble, y un alivio maravilloso, ya que desde ese entonces he podido dormir de seis a ocho horas por la noche, ¡sin dolor!"

¡DESAPARECIÓ EL DOLOR DE LAS RODILLAS!

El señor B.E. informó: "¡Apenas puedo creer lo que ha pasado! Hace varios años me desgarré los ligamentos de la rodilla y usé muletas de vez en cuando al hacer ejercicios. Fui a Nueva York para visitar un especialista famoso quien me indicó que realizara ejercicios con pesas (y soportes de arco). Tres años después, el dolor persistía. Luego, valiéndome de las experiencias de otras personas con dolor de las rodillas empecé a tomar de 600 a 800 unidades internacionales (*I.U.*) de vitamina E. El dolor desapareció al cabo de una semana".

> **La señora L.A. informó: "Hace alrededor de un año y medio estaba sufriendo de artritis en mi rodilla. Mi médico me recomendó que me pusiera una rodillera elástica. No hubo resultado. El dolor era severo y yo no podía dormir durante la noche. El caminar era dolorosamente difícil, incluso con un bastón. El subir y bajar las escaleras era casi imposible.**

"Después empecé a tomar vitamina C, vitamina E, harina de hueso (*bone meal*) y dolomita (*dolomite*). Alrededor de dos semanas más tarde, el dolor había desaparecido completamente, ¡para mi gran alegría y asombro! La rigidez desapareció gradualmente, y al cabo de un mes ya podía caminar libremente".

¡DESAPARECE EL DOLOR AGOBIANTE DE LA PIERNA!

El señor A.E. informó: "Yo sufría de un gran dolor de naturaleza artrítica en mi pierna derecha. El dolor empezó en forma gradual, volviéndose lentamente insoportable en pocos años. Para poder caminar, yo necesitaba un bastón. No podía hacerlo sin el bastón. En algunas ocasiones tenía que apoyarme en el hombro de mi esposa para poder maniobrar. No puedo explicar con palabras ese dolor insoportable. El dueño de una tienda de alimentos naturales se dio cuenta de mi bastón, y me sugirió que tomara vitamina E. Yo no le creía.

> **"Ahora aquí es donde ocurre el milagro. El dolor de mi pierna disminuyó en tres o cuatro días. Dejé de tomar aspirinas. En una semana, caminaba sin bastón y sin cojear. Ocurrió lo imposible. ¿Se imaginan mi alivio? Había sufrido el dolor durante 14 años. No he tomado ni una aspirina en cinco años.**

"En la actualidad, aconsejado por un médico, tomo 400 *I.U.* de vitamina E con cada comida. Ya no tengo ningún dolor en mi extremidad. Para comprobar que no era solamente mi imaginación lo que curó el dolor dejé de tomar vitamina E en dos ocasiones. En las dos, el dolor regresó con venganza. Ahora estoy completamente convencido que es la vitamina E la que me curó. Anteriormente, mi médico sólo me sugería aspirinas".

INCREÍBLES MILAGROSOS ALIMENTOS CURATIVOS NUEVOS BRINDAN ¡UN ALIVIO INMEDIATO A LA AGONÍA ARTRÍTICA!

"¡Increíble —pero cierto!" exclaman con agradecimiento sufridores de la artritis. En todo Estados Unidos, las víctimas de la artritis hablan acerca de la impresionante nueva manera de aliviar la agonía de las articulaciones artríticas dolorosas, la inflamación y la rigidez. ¡Según se informa, existen increíbles nuevos Milagrosos Alimentos Curativos que alivian, reconfortan, reducen la inflamación dolorosa de las articulaciones y detienen el dolor artrítico!

¡Qué diferencia! ¡Qué alegría! Eso es lo que exclaman los sufridores de la artritis. Esto ha sido examinado y comprobado por miles de personas que lo han utilizado —en resultados de informes documentados. Todos coinciden en que estos Milagrosos Alimentos Curativos brindan un alivio más rápido y eficaz que cualquier otra cosa que habían utilizado anteriormente —todo el día, toda la noche, ¡el alivio parece ser permanente! Aquí se encuentran los alimentos anestésicos que se dice eliminan el dolor, por lo general ¡en cuestión de minutos!

¡GRACIAS AL TÉ DE ALFALFA, UNA ESPALDA ARTRÍTICA SE ENCUENTRA AHORA EN EXCELENTE ESTADO!

El señor H.N. informó: "He tenido artritis en mi espalda durante varios años. Hace tres meses, me sentía tan mal que apenas podía salir y entrar a mi coche. Fue entonces cuando me enteré de que una mujer se había curado de la artritis tomando té de alfalfa. Decidí probar las semillas de alfalfa para mi problema. Muelo tres cucharadas de semillas todos los días y las mezclo con yogur o leche a la hora del almuerzo. Estoy contentísimo de que mi espalda esté en muy buen estado otra vez".

La señora A.Y. informó: "He experimentado personalmente un milagro en mi vida. Sufrí durante nueve años de artritis reumatoide —vivía llena de aspirinas, cortisona, Indocin, Butazolidin y otros medicamentos, pero ninguno de ellos me ayudó. Mis problemas del corazón eran innumerables y yo estaba lisiada debido a la artritis.

"Rebajé a 96 libras (mido cinco pies y nueve pulgadas). Estaba anémica, el nivel de glóbulos blancos no era normal y, lo peor de todo, sufría de un dolor severo constante. Entonces un amigo me recomendó el té de alfalfa: una onza de semillas de alfalfa en agua caliente, pero no hirviendo —un poco más de un cuarto— calentado a fuego lento durante 30 minutos, colado, enfriado y refrigerado por no más de 24 horas, como una bebida con agua, mezcla de leche entera y crema (*half-and-half*), o con miel al gusto, cuatro o cinco veces diarias, o más.

"Empecé a tomarlo todos los días por tres meses (y ahora por lo menos dos veces a la semana). Mi salud mejoró y el dolor disminuía cada día. Ahora vivo una vida casi normal, mi conteo de la sangre es normal, y mi peso es 140 libras. Tan a menudo como es posible, evito el azúcar, el café, los químicos, los alimentos demasiado procesados, y la harina blanca, pero incluyo frutas y vegetales frescos, vitaminas, salvado, y como menos carne y más proteínas que no provengan de la carne. Todos los días agradezco a Dios por el gran cambio en mi vida; de una lisiada que pasaba la mayoría de su tiempo en la cama a una mujer útil contribuyente".

¡JUGO DE CEREZA PARA LA ARTRITIS!

Las cerezas le pueden brindar un alivio increíble para la artritis —sin medicamentos. Todo el día, toda la noche, el alivio parece ser permanente, en muchos de los casos. El médico Ludwig W. Blau en *Texas Reports on Biology and Medicine* (volumen 8), relata una cura increíble entre los pacientes artríticos que consumieron jugo de cereza.

Doce pacientes con gota se aliviaron notoriamente tomando jugo de cereza. El informe dice que "no ha ocurrido ningún ataque de la gota siguiendo una dieta sin restricciones en los 12 casos, como resultado de comer diariamente alrededor de media libra de cerezas frescas o enlatadas".

Esta increíble fruta, que a menudo se usa en helados, tortas, golosinas y postres, ¡puede aliviar su artritis! El médico Blau cuenta de increíbles curaciones comiendo cerezas enlatadas, de variedades amargas, negras, *Royal Anne,* o Bing frescas. Un paciente sólo bebió el jugo y los poderes curativos fueron igualmente eficaces.

Casos relatados:

- El doctor S.T. informó: "Uno de mis pacientes había escuchado sobre los beneficios de la cereza para la gota. Él era, en efecto, una víctima de la gota. Decidió probar la dieta de cerezas. Después de seguir muy de cerca el progreso de mi paciente durante los dos meses pasados, solamente puedo decir que los resultados han sido nada menos que espectaculares. El paciente ha dejado de tomar los medicamentos recetados para su gota y su dieta es normal. Este simple hecho debería llamar la atención de cualquier sufridor de artritis. El probar no causa daño".

- La señora A.L. informó: "Les escribo para contarles del increíble alivio de mi artritis que ocurrió hace más de diez años. Yo había comprado algunas cerezas agrias para preparar un pastel, pero me senté y empecé a picar un poco hasta que me había comido casi media libra. A cabo de pocas horas, el dolor en mi hombro y mi brazo había desaparecido. Seguí comiendo las cerezas agrias durante toda su temporada y me alivié todo ese tiempo. Cuando dejé de comerlas, el dolor regresó. Generalmente, cada año congelo cerezas para preparar pasteles, pero en lugar de prepararlos, seguía comiendo las cerezas congeladas. Los médicos, mi familia, así como las personas no especializadas se reían de mí, sin embargo todavía sostengo que las cerezas fueron mi cura para la artritis. Desde ese entonces, si alguna vez sufro de algún ataque de la enfermedad, me dirijo al refrigerador y como las cerezas".

- La señora M.G. informó: "Al enterarme, empecé a comer cerezas rojas agrias para mi gota. Yo había estado tomando varios medicamentos, pero todavía tenía bastante hinchazón. Comiendo cerezas diariamente, he podido dejar por completo los medicamentos, y la hinchazón en mis tobillos ha desaparecido. Añadiendo vitamina E a mi dieta, los terribles dolores de las piernas que me atormentaban durante la noche son menos frecuentes también. Mediante el uso de vitaminas y suplementos alimenticios, he podido dejar de utilizar todos los medicamentos para la artritis. Esta es la primera vez en 20 años que he podido abandonar los medicamentos para la artritis".

- La señora R.I. informó: "Había sufrido por casi dos años con una rodilla dolorida y punzante. Después de visitar a varios médicos y quiroprácticos, tomar radiografías de la rodilla y frascos de aspirinas, estaba a punto de rendirme. Con dos hijos y muchos años por delante (tengo 29 años de edad), tenía que encontrar alguna solución. Por accidente, un día escuché sobre las cerezas para la gota... Yo tenía gota, así que después de escuchar esto, compré inmediatamente varias latas de cerezas. Las comí por una semana, y ¡toda la hinchazón y la rigidez desapareció! ¡Fue un milagro! Mientras coma las cerezas, no tengo dolor. Hago ejercicios, camino, ando en bicicleta y sin dolor. Yo comeré cerezas por el resto de mi vida —¡son fantásticas!"

- La señora E.N. informó: "Tengo 62 años de edad, una salud perfecta, y nunca me he sometido a una operación. Sin embargo tengo dedos artríticos. Después de escuchar sobre los beneficios de las cerezas para la gota, empecé a comer cerezas y tomar jugo de cereza; y todavía no he dejado de hacerlo. Después de dos semanas mis dedos habían mejorado notablemente —la hinchazón era menor; el dolor había desaparecido. No podía hacer un puño con mi mano, y ahora ya lo puedo hacer. Cuando es temporada de cerezas, congelo 24 libras, y recién se me agotaron ayer. Sin embargo, continuaré tomando jugo de cereza y cerezas enlatadas hasta la siguiente temporada de cerezas el próximo año. ¡La vida *puede* ser un tazón de cerezas!"

- La señora A.N. informó: "Empecé a comer cerezas hace casi un mes y medio. Después de una semana me desperté una mañana sintiéndome como una persona nueva. Mi piel estaba limpia, la hinchazón había desaparecido y podía doblar mis dedos completamente y sin dolor. Mis muñecas y tobillos se encogieron, ni siquiera se notaba que anteriormente estaban hinchados. Dolorosos años de sufrimiento, la vergüenza de las rajaduras antiestéticas y en ocasiones hasta manos sangrientas, pasaron a la historia. No lo podía creer".

¡LA HARINA DE HUESO ALIVIA LOS DOLORES DE LOS HUESOS!

"Hace aproximadamente cuatro años", dijo la señora M.A., "empecé a sufrir de artritis. Consulté a seis médicos, y me dieron varias razones de las posibles causas, pero no me ayudaron. La mayoría de ellos estaba de acuerdo con que la mejor alternativa era 'aprender a vivir con la enfermedad'. Lo intenté, pero en ocasiones parecía que la médula de mis huesos tenía un dolor de muelas.

"En ocasiones no podía ni siquiera abrir la llave de agua. Recé tanto que me imagino que hasta Dios se ha de haber cansado de mí. Me acostaba en mi cama y decía, 'Hoy, Dios, me duele mi tobillo, mi brazo y el dedo gordo de la mano'. El rezar parecía ayudarme. Y después, un día escuché que la harina de hueso (*bone meal*) era buena para los 'dolores de hueso'. Compré un frasco y empecé a tomar diariamente de seis a nueve tabletas.

"Yo sé que tres meses no son suficientes para lograr una cura total, pero ya no sufro más de esos dolores. Ahora puedo moverme con facilidad y ya no tomo pastillas para eliminar el dolor. Yo solía utilizar alrededor de 200 pastillas de una fórmula para el dolor de artritis cada cinco o seis semanas. Ahora ya no tomo ni una sola. Mi esposo me sugirió que le diéramos un poco de harina de hueso a nuestra perra, y ella también ha perdido su cojera".

¡SE ALIVIÓ EL DOLOR DE LA RODILLA CON VINAGRE DE SIDRA DE MANZANA!

La señora A.T. informó: "Mi padre se arruinó la rodilla luego de soldar arrodillado sobre el cemento durante 20 años. Hace un par de años, la situación empezó a agravarse de tal manera que tenía que faltar al trabajo y quedarse en casa con una almohadilla caliente sobre la rodilla. La rodilla se hinchó al doble de su tamaño.

"En una ocasión, su rodilla se venció completamente al cruzar la calle y él se desplomó sobre el suelo. Había visitado a varios médicos, pero ninguno encontró una solución. Ellos le recetaron pastillas para el dolor, pero no le aliviaron.

"Hace alrededor de un año, mi hermano, quien se preocupa mucho por la salud, le hizo tomar diariamente una bebida con una porción de vinagre de sidra de manzana y dos porciones de agua. Después de un par de semanas, el dolor menguó. En realidad, el dolor y la hinchazón se fueron por completo y nunca regresaron". (Mientras seguía tomando esta bebida.)

¡UN BAÑO DE HIERBAS ALIVIA COMPLETAMENTE EL DOLOR EN LOS PIES Y LAS PIERNAS!

La señora E. L. informó: "Después de leer el libro *Of Men and Plants*, la autobiografía del herbolario francés, Mességué, quien cura a la gente con hierbas, decidí probar uno de los baños para los pies que él recomienda. Yo había estado teniendo dolores severos en las piernas durante varias semanas; las piernas se cansaban después de caminar tan sólo unas pocas cuadras. Mességué recomienda una mezcla de siete u ocho hierbas diferentes. Yo utilicé simplemente las que tenía a mi alcance... que era una gran cantidad de té de baya del saúco (*elderberry*), y una mezcla de alrededor de 10 hierbas en un té que contenía manzanilla (*chamomile*), menta piperita (hierbabuena, *peppermint*), paja de avena (*oat straw*), cola de caballo (*horsetail*), flores de tilo (*linden blossom*), trébol rojo (*red clover*), alfalfa, semillas de hinojo (*fennel seeds*), y escaramujos de rosa (*rose hips*). Después de hervir el agua, coloqué las hierbas en ella —alrededor de dos cucharadas de baya del saúco y dos de la mezcla— las herví y después las dejé en remojo, cocinándolas a fuego lento por aproximadamente 15 minutos.

"Luego coloqué la mezcla en un recipiente poniendo mis pies adentro. ¡Oh! ¡Fue un alivio realmente confortante! De inmediato, sentí una maravillosa sensación refrescante atravesando mis piernas, y mis piernas y pies empezaron a sentir un hormigueo. Cuando saqué mis pies, diez minutos más tarde, los dolores habían desaparecido por completo, y mis pies se sentían ¡muy fuertes y renovados! Fue algo realmente increíble.

"Al día siguiente, el dolor seguía ausente, y la sensación de fortaleza todavía continuaba. Parece que los baños de los pies afectan no solamente los pies y las piernas, sino todo el cuerpo. Me siento mucho más llena de energía y rejuvenecida desde que empecé a realizar estos baños. Espero que esta historia sea útil para otros".

¡EL AGUA MARINA, EL ENVEJECIMENTO Y LA ARTRITIS!

El mar es una fuente inagotable de minerales valiosos para los sufridores de la artritis. El agua marina contiene todos los elementos rastros conocidos, además de innumerables elementos que todavía no se han descubierto. Aparentemente, para estar en buena salud, nosotros necesitamos los minerales que contiene el agua marina. Por supuesto, no todo tipo de agua marina es bueno para tomar. La variedad que se encuentra de venta en las tiendas de alimentos naturales no contiene gérmenes. En un caso milagroso:

Kenneth D., de 92 años, estaba senil y completamente lisiado por la artritis. Lo levantaban de la cama y no podía vestirse solo. Siguiendo el consejo del médico, se le dio una cucharada de agua marina concentrada por día. De repente, él empezó a erguirse. Un día, se levantó de la cama, cojeando se dirigió a la cocina, y ¡empezó a preparar el desayuno!

Después de haber estado senil y lisiado por muchos años, empezó a levantarse cada mañana y vestirse sin la ayuda de nadie. Después caminaba hacia el baño, se lavaba, e iba a comer el desayuno. Su médico le informó que él había tenido una cadera artrítica por más de 20 años, y que gritaba si alguien tocaba, incluso suavemente, su pierna izquierda. Sin embargo, ahora cruzaba sus piernas para ponerse sus zapatos, y dejaba caer el pie derecho sobre el piso sin ninguna dificultad. Según se informa, el único ingrediente nuevo en su dieta fue la cucharada diaria de agua marina, del tipo que se vende en las tiendas de alimentos naturales, que es diez veces más concentrada que el agua marina normal.

¡EL HÍGADO Y LA ARTRITIS!

El señor G.D. informó: "Hace ocho meses compré un poco de hígado deshidratado, sin pensar que haría maravillas con mi salud. Tengo 53 años y mi salud estaba empeorando rápidamente. Tenía un estado avanzado de artritis en la columna (debido a algunas malas caídas que había sufrido). Pero seguía leyendo, rezando y buscando, hasta que un día Dios me guió a la tienda de alimentos naturales.

"En tres días, después de tomar cuatro cápsulas diarias de hígado deshidratado, ya pude levantarme de mi cama sin tener que arrastrarme. Los amigos que no me habían visto por meses apenas podían creer que hubiese vuelto a ser la misma persona que ellos conocieron años atrás. ¿Y usted piensa que les conté lo que había descubierto? ¡Por supuesto que sí!

"He logrado que 50 personas empiecen a tomar hígado deshidratado. Esto es lo que ha hecho por mí. Ya no sufro de dolor, náuseas, colitis, flema en mi garganta, mis nervios se encuentran calmados, y mis dolores de cabeza pasaron a la historia".

¡EL ACEITE DE OLIVA Y LA BURSITIS!

Según un testimonio, la señora R.B. dijo: "Mi esposo tuvo artritis durante siete años y en una ocasión contrajo un caso grave de bursitis en su hombro derecho y no podía levantar su brazo. Para aliviar la inflamación empecé a masajear su hombro y la parte superior de su brazo con aceite de oliva caliente, manipulando delicadamente mientras masajeaba. Esto ayudó y gradualmente recuperó el movimiento de su hombro. Desde ese entonces, la bursitis no lo ha vuelto a molestar".

¡LA MIEL Y LA ARTRITIS!

La historia la cuenta una profesora de escuela que había estado afligida de artritis y había llegado al punto donde ella sentía que tenía que resignarse a "vivir con la enfermedad". Se mudó a una casa de huéspedes, donde se servía miel en lugar de azúcar. En poco tiempo, ella encontró —para su sorpresa— que su artritis ¡había desaparecido!

Un médico suizo informó sobre el caso de un hombre cuyo dedo fue aplastado en una máquina de moler. El hueso en la punta del dedo estaba roto y sostenido por un pedazo de piel. Después de envolver el dedo con miel, creció y ¡se curó rápidamente!

¡LA VITAMINA C ALIVIÓ SU DOLOR DE ESPALDA!

La señorita R.L. informó: "Quiero que todos se enteren de lo que la vitamina C ha hecho por mí. Para empezar, mi espalda empezó a molestarme hace seis meses. Nunca había tenido problemas con mi espalda anteriormente. Mi situación era tan mala que visité a dos especialistas de la espalda. Me dijeron que yo había nacido con un hueso encorvado junto a mi columna. Me recetaron hacer ejercicios y tomar relajadores musculares cuatro veces diarias.

"Bueno, las pastillas eran lo mismo que tomar agua y los ejercicios empeoraron la situación. Lloré desconsoladamente. Tres meses más tarde, escuché que la vitamina C era buena para los problemas de espalda. Empecé a tomar 2.000 mg de vitamina C. Debo admitir que estaba un poco incrédula al principio, pero mi infección desapareció en dos días. ¡Aleluya!

"Seguí tomando 2.000 mg diarios y empecé un vigoroso programa de ejercicios de una hora diaria. Ya no siento dolor, rigidez o inflamación muscular. Hace tres meses no podía ni siquiera levantarme de la cama".[1]

¡LOS DISCOS VUELVEN A SU LUGAR!

El señor J.N. informó: "Estaba montado en la parte trasera de un camión mientras realizaba mi servicio militar. De repente, el conductor perdió el control... y nos hizo rodar hacia una zanja. Terminé con mi quinta vértebra cervical fracturada y un desplazamiento (disco zafado). La Administración de las Fuerzas Armadas me dijo que nunca me recuperaría, y que incluso podría empeorar. Entre mis síntomas se encontraban: rigidez en los músculos del cuello, dolores de cabeza, varias vértebras mal alineadas, e inflamación muscular bajo la tensión. Después de varios años me di cuenta de que cuando tenía un resfrío no tenía ninguna clase de problema con mi espalda. Después me di cuenta que esto debía ser causado por la vitamina C que estaba tomando.

"La siguiente ocasión en la que mi cuello empezó a estrecharse tomé un gramo de vitamina C en la mañana y otro gramo en la noche. Los músculos del cuello se aflojaron, y las vértebras crujían mientras volvían a su lugar.

---

[1] Un experto en la terapia de vitamina C, el Dr. James Greenwood —una víctima del dolor de las caderas y la parte inferior de la columna— recomienda 500 mg con cada comida para los pacientes con todo tipo de dolor de ligamentos, espalda, caderas o brazos. Él indica que el dolor desaparece en 24 a 48 horas, y dice que en un 93 por ciento de los casos, los sujetos han obtenido un alivio dramático y han podido realizar trabajos pesados, incluyendo escalar montañas y jugar al tenis. Añade que así se evita que una gran cantidad de lesiones de los discos sean intervenidas quirúrgicamente, y que esta vitamina eliminará los más comunes dolores de espalda, torceduras y rupturas de discos. Indica que es necesario hacer ejercicios para ayudar a que la vitamina llegue a todas las partes de la columna. (Advertencia: grandes dosis de vitamina C —de 7.000 a 8.000 mg— tomadas al mismo tiempo, especialmente con el estómago vacío, podrían causar un crecimiento anormal de las células, señala un médico experto. Cantidades menores no son perjudiciales, añade.)

El dolor desapareció. Durante los últimos cinco años me he mantenido libre de los dolores de espalda tomando el doble de la cantidad normal de vitamina C cada vez que mi cuello empieza a apretarse.

"La vitamina C por sí sola no es la cura. Yo trato de tomar un complemento completo de vitaminas en forma de alimentos naturales y suplementos, pero el añadir grandes dosis de vitamina C parece ser crucial para eliminar los microorganismos dañinos de mi organismo. Estos son los resultados de 20 años de experiencia práctica".

¡LOS BIOFLAVONOIDES Y LA BURSITIS!

"Yo soy una peluquera (estilista)", dijo la señora V.L., "y utilizo mucho mis brazos. Tenía bursitis en mis dos brazos. Varias veces tenía que inyectarme cortisona en mis hombros, lo cual era muy doloroso, sin embargo la bursitis era más dolorosa. Cuando escuché sobre lo buena que era la vitamina P (bioflavonoides) para la bursitis, compré unas tabletas que contenían 400 mg de vitamina C, 400 mg de bioflavonoides cítricos y 50 mg de rutina (*rutin*). Tomé tres diarias. Al cabo de dos semanas, ya no había ningún dolor. Eso sucedió hace tres años. Durante ese tiempo he estado siguiendo un programa nutricional completo. Mi médico me dijo que cuanda haya estado curada por cinco años entonces reconocerá que las vitaminas me han curado. He compartido mi experiencia con otras personas y ellas han obtenido los mismos resultados".

¡LA CATAPLASMA DE CONSUELDA CURÓ LA MUÑECA!

La señora A.M. informó: "Hace algún tiempo estaba sufriendo de dolor en mi muñeca hasta el punto que no podía escribir, utilizar tijeras, tapar o destapar una jarra, o hacer cualquier cosa que causara presión en mi muñeca. Tenía que utilizar mi mano izquierda al máximo. Visité a un médico, y después de varios exámenes y radiografías, me dijo que lo que tenía podría ser artritis o sinovitis —y no me recomendó ningún tratamiento.

"Continué sufriendo con esta dolencia de mi muñeca por 10 meses. Algunos amigos, quienes sabían mucho sobre la consuelda, me sugirieron que probara una cataplasma de consuelda. Afortunadamente, teníamos una parcela de buen tamaño en nuestro jardín. Cada noche durante dos semanas, mi esposo me ayudó a preparar y aplicar la consuelda sobre mi muñeca.

"Simplemente cortamos varias hojas finamente, después esparcimos la mezcla en un paño, añadiendo agua en algunas ocasiones si parecía estar muy seca, y la envolvimos alrededor de la muñeca, cubriéndola con plástico para evitar que manchara las sábanas. Todo lo recubríamos finalmente con cinta adhesiva. En la mañana lo sacábamos. Al cabo de dos semanas el dolor había desaparecido y fuimos dejando el tratamiento.

"Ha pasado más de un año desde que mi muñeca se recuperó, y no he vuelto a sentir dolor —ni he tenido que utilizar más cataplasmas de consuelda".

¡GRANAS PARA LA ARTRITIS!

Una mujer de 83 años, la señora L.O., informó que las granas (hierba carmín, *poke berries*) son las que controlan su artritis, en lugar de las cuatro aspirinas que el médico le había recetado. Ella come dos o tres con cada comida durante todo el año, de las que crecen silvestres, y las mantiene en el refrigerador. Ella cuenta que otras personas han logrado el mismo alivio increíble. "Un remedio comprobado... ¡sí funciona!" nos indicó esta mujer.

La señora T.A. informó: "Yo puedo decir que las granas verdaderamente han aliviado mi rigidez y disminuido mi presión sanguínea. Ahora duermo de seis a siete horas todas las noches, algo que anteriormente no era posible. Cuando fui al médico el otro día, él quería saber qué era lo que yo estaba haciendo. Cuando se lo dije, lo escribió y me indicó que en la próxima ocasión que tuviera de asistir a una convención hablaría sobre este tema".

Las granas crecen principalmente en la zona este de Estados Unidos, desde Quebec al norte hasta México al sur. La señora L.O. añadió: "Dejo que la grana crezca en mi patio trasero, pero usualmente la gente lo arranca como si fuera una maleza. Sin embargo recogen las hojas durante la primavera para cocinar vegetales o preparar ensaladas. No es venenosa como muchos dicen. Las raíces pueden ser y un hombre que informó haber comido tres bayas *secas* se sintió enfermo después de hacerlo. Incluso escuché de una mujer que preparaba pasteles con ellas. No se debe secar la grana, sino recogerla cuando está fresca y guardarla en una funda plástica o un envase de plástico dentro del refrigerador".

Otra dama informó: "La grana es una maleza que es buena sólo durante la primavera ya que es venenosa durante el verano. Las hojas y los brotes delicados pueden ser enlatados al igual que la mostaza o las hojas de nabo. Yo almaceno dos o tres jarras cada primavera".

EL MASAJE DE LOS NERVIOS —¡UN MILAGROSO ALIMENTO CURATIVO PARA EL DOLOR ARTRÍTICO!

Cuando algo le duela, masajee sus pies, por completo, especialmente las áreas delicadas —ellas son las que indican un nervio que se dirige al área afectada. Esta área adolorida podrían ser sus brazos, su espalda, o cualquier otra parte de su cuerpo —no importa cual. Estas áreas pueden ser aliviadas masajeando los nervios que se dirigen a esas áreas, empezando en el pie, indican los expertos. Hágalo una vez cada dos días.

Para los problemas de la columna, masajee a lo largo del borde interior de cada pie, desde el dedo hasta el talón —para el dolor en la parte superior de la espalda, masajee solamente debajo del pulgar (dedo gordo); para el dolor en la parte media de la espalda, masajee el centro del arco al borde del pie; para el dolor de la parte baja de la espalda, masajee a lo largo del borde interior cerca del talón.

Masajee por lo menos durante un minuto o dos. Si usted desea, puede masajear sus manos. Masajee completamente las dos

manos, en especial la parte trasera de los pulgares, la parte localizada en la base del pulgar, el centro de la palma de la mano, el
borde exterior de la muñeca, las almohadillas de las bases de los
dedos, y la almohadilla entre el pulgar y el dedo índice. Para el
dolor de la parte baja de la espalda, masajee la base del pulgar (la
superficie superior de la mano). Para el dolor en la parte central de
la espalda, masajee un poco más arriba entre la muñeca y el tejido
del pulgar. Para el dolor en la parte superior de la espalda, los
hombros o el cuello, masajee la palma de la mano cerca del pulgar.

Casos relatados:

- Sin importar la causa del dolor de espalda, casi siempre se
  logra un alivio inmediato después de utilizar este Milagroso
  Alimento Curativo —masaje de los nervios— declara un experto. Un médico indica que el lumbago responde rápidamente. Los pacientes se enderezaron casi de inmediato.

- Este médico cuenta sobre un caso de dolor de espalda que duró
  por tres meses. Todo tipo de tratamiento fue aplicado sin tener
  éxito. El hombre se había encorvado demasiado y no podía
  pararse recto. Con este Milagroso Alimento Curativo —masaje
  de los nervios— en alrededor de 10 minutos, se enderezó, aliviado por completo del dolor. ¡Es casi infalible!, indica el médico.

- Lo probó un hombre que no podía moverse sin ayuda de alguien y en 20 minutos, pudo levantarse y caminar, ¡aliviado
  por completo del dolor!

- Los médicos le explicaron a un hombre con un disco dislo-
  cado que su situación iba a seguir empeorando a menos que
  se sometiera a una operación. La columna fallaba frecuente y
  repentinamente. Con este secreto, se alivió por completo, no
  ha tenido ningún problema durante años, y ¡evitó la cirugía!

¡EL MASAJE DE LOS PIES ALIVIÓ EL DOLOR DE ESPALDA!

La señora B.K. informó: "Durante años, sufrí de dolor de la parte baja
de la espalda y la ciática en mi pierna izquierda. Se empeoró mientras estaba en la universidad, y tuve que utilizar por dos años seguidos un instrumento ortopédico para la espalda. Era casi imposible

sentarme. Un cirujano ortopédico encontró un disco aplanado en las radiografías, y me recomendó hacer ejercicios —lo que hice religiosamente durante 7 años. El dolor persistía.

"Hace alrededor de dos años empecé a interesarme mucho en todas las formas de curación natural. Empecé a masajearme mis pies. Y esta es la parte emocionante —¡sí funciona! He podido controlar el dolor en mi espalda sin necesidad de hacer ejercicios, el instrumento ortopédico, o algún cuidado especial al moverme.

"Como lo muestran la mayoría de las gráficas del pie, los nervios de la parte baja de la espalda corren a lo largo de la parte interna del pie desde el arco hacia el talón. Siempre que siento algún dolor en mi espalda, masajeo durante tres o cuatro minutos esos nervios que están inflamados o delicados. Si el dolor continúa, como en el caso de que haya torcido mi columna por haber levantado algo muy pesado —como un saco de cemento— tomo dos o tres baños calientes durante el día y masajeo los nervios varias veces, por dos o tres días. La única precaución es que al masajear los nervios de la parte inferior de la espalda no tiene que presionar muy profundamente para evitar hematomas en los vasos sanguíneos. Generalmente, masajeo tan profundamente como me lo permiten los reflejos".

¡CALCIO PARA ALIVIAR EL DOLOR!

William Brady, en su libro *An Eighty Year Old Doctor's Secrets of Positive Health,* señala: "Ahora debería ser de conocimiento popular, sin embargo todavía no lo es entre médicos, que si una persona absorbe la suficiente cantidad de calcio día tras día, esto ayudará al organismo de la misma manera que *aparentemente* lo hacen los analgésicos, sedantes y narcóticos. Los sedantes y los narcóticos ofrecen curas parciales. El calcio es el remedio verdadero".

¿UNA CURA PARA LA ARTRITIS?

El Dr. Brady, un médico y escritor sindicalizado cuya columna de salud era leída por millones de personas, define a todas las formas de artritis como "rheumatiz", y señala que el siguiente método las puede aliviar o curar. Él indica:

> **"En el tratamiento de la incapacidad crónica de la articulación —artritis o reumatismo, como usted prefiera llamarle— los denominados medicamentos milagrosos, recetados tan abundantemente por los mercaderes de la industria, no brindan un alivio permanente. Sin embargo, el corregir los hábitos y las deficiencias nutricionales de toda la vida, los cuales causan a menudo la incapacidad, no solamente brinda beneficios permanentes, sino que generalmente también cura la enfermedad".**

"Si usted me pregunta acerca de la 'rheumatiz', le diré que es una degeneración de los tejidos de la articulación debido a una deficiencia nutricional... principalmente deficiencia de calcio, vitamina D, yodo y vitamina B. No hay nada más que decir sobre la naturaleza y la causa del insidioso desarrollo de la incapacidad de las articulaciones que ha prevalecido por tanto tiempo". ¡Es así de simple!, enfatiza.

"El concepto de incapacidad crónica de las articulaciones que estoy presentando no es algo que saqué del aire. Es una convicción que viene de toda una vida profesional de estudios sobre este tema. No estoy promoviendo ningún remedio o cura. Simplemente recomiendo un régimen, una forma de vida para prevenir, aliviar o, si es adaptado a tiempo y seguido consistentemente de por vida, quizás hasta curar la 'rheumatiz'. Dudo en afirmar lo último. Sin embargo, me animo a hablar sobre la curación debido a numerosos informes que he recibido de víctimas que declaran que se han curado realmente, y que han regresado a los trabajos que la 'rheumatiz' les había obligado a renunciar".

¡LA CURA MARAVILLOSA DEL DR. BRADY!

"El régimen es básicamente muy simple", señala el Dr. Brady. "Lo esencial son adecuadas raciones diarias de calcio, vitamina D, yodo y vitaminas del complejo B". Indica que las mejores fuentes alimenticias de estos elementos son una pinta y media de leche, una onza

de aceite de hígado de bacalao, y trigo —¡diariamente! Además, dice
el Dr. Brady, usted necesita una porción diaria óptima de calcio y vitamina D... *el doble o el triple* de lo que las autoridades de la nutrición consideran esencial para prevenir una deficiencia. En otras palabras, explica, además de una *dieta rica en calcio*, usted haría bien
al complementarla con otras formas de calcio y vitamina B —tabletas— que se puede disminuir de cuatro a seis meses si se logra un
mejoramiento satisfactorio. La dieta puede ser variada, pero usted
debería seguir dando preferencia a los alimentos ricos en calcio por
el resto de su vida, indica. Otros alimentos ricos en calcio son:

Judías comunes (*green beans*) 163 mg

Hojas de remolacha (betabel, *beet greens*) 118 mg

Acelga (*chard*) 105 mg

Berro (*watercress*) 195 mg

Hojas de diente de león (*dandelion greens*) 187 mg

Endibia (*endive*) 79 mg

Col rizada (*kale*) 225 mg

Hojas de mostaza (*mustard greens*) 220 mg

Perejil (*parsley*) 193 mg

Hojas de nabo (*turnip greens*) 259 mg

Sin embargo, esta es solamente la mitad del régimen. Si usted
está en edad de crecimiento o ya sufre de incapacidad crónica de
las articulaciones, el médico dice que hay dos deficiencias nutricionales más que hay que corregir. Estas son las deficiencias del
complejo B y el yodo. El Dr. Brady recomienda las tabletas más
fuertes que usted pueda encontrar. Después da muchos ejemplos
de personas que se han aliviado.

Casos relatados:

- Una mujer de Ohio declaró que había seguido el programa por
  aproximadamente 6 meses. Había estado tan lisiada con la incapacidad de la articulación que parecía no tener alivio.
  Declara que ahora se encuentra ¡mejor que nunca!

- Las articulaciones de una mujer de Ontario se volvieron gradualmente tan rígidas que no podía levantarse de la cama o, una vez que se sentaba, levantar sus pies para terminar de vestirse —adoptó el régimen para el reumatismo y logró aliviarse al cabo de un mes. ¡Ahora ya no sufre de ningún tipo de dolor!

- Una mujer de Minnesota dijo que: "Usted no tiene idea de lo mucho que mi salud ha mejorado desde que empecé el régimen para el reumatismo. Después de cuatro años de entrar y salir del hospital, perder mi trabajo, una gama de medicamentos, sin mencionar el sufrimiento que experimenté con la llamada 'artritis', me enteré de su régimen. Ahora me siento como la mujer que una vez fui. No sé qué hubiera sido de mí".

- Nos enteramos de la situación de la señora M.A., quien tenía una osteoartritis avanzada. Ella se había negado a reemplazar totalmente su cadera, y había estado sobreviviendo con 60 gramos diarios de aspirina, durante tres años. Ella empezó a tomar de nueve a doce tabletas de calcio diariamente (cada una de aproximadamente 350 mg). En diez días ella estaba completamente libre del dolor —¡sin una sola aspirina!

REMEDIOS DE AJO QUE HAN LOGRADO ¡VERDADEROS MILAGROS!

Por siglos, el ajo ha sido aclamado como una cura para la artritis. Sea o no verdad, cantidades generosas de ajo, en el programa de "alimentos para ajo" —y ciertos remedios poco conocidos, en los cuales el ajo es el ingrediente primordial— han hecho maravillas aliviando los dolores artríticos. Mentiría si dijera que sé por qué. Puede estar relacionado con el poder del ajo para aliviar las infecciones, las irritaciones del catarro y la inflamación de los revestimientos de mucosa de las articulaciones. También se conoce que el ajo tiene poderes para aumentar la circulación, o quizás alguna substancia o efecto químico que todavía no se ha descubierto. De lo que sí estoy seguro es que los remedios basados en ajo han hecho verdaderos milagros.

¡SE OBTIENE UN 90% DE ALIVIO CON EL AJO!

Aeitus, el último médico renombrado de la era grecorromana, declaró que el ajo tenía el poder de prevenir un ataque de gota, particularmente en octubre. Maurice Mességué, en su libro *Of Men and Plants*, da este remedio herbario popular, el cual no se debe comer:[2]

Ajo — una cabeza machacada o picada

Celidonia mayor (*greater celandine*) — hojas (de ser posible semi frescas), un puñado

Ortiga (*nettle*) — hojas y tallos (de ser posible semi frescos), dos puñados

Diente de león (*dandelion*) — la planta entera (de ser posible semi fresca) un puñado

Reina de los prados (*meadow sweet*) — flores, un puñado

Ranúnculo (*buttercup*) — flores y hojas, un puñado

Mességué sostiene que el tratamiento tiene una eficacia del 90 por ciento (30 por ciento se curaron, 60 por ciento mejoraron mucho). Este remedio debe ser utilizado en la forma de baños de los pies y las manos, siguiendo las instrucciones básicas de la página 31, del Capítulo 2. Él señala que mientras no se necesita seguir una dieta especial, ciertos alimentos y bebidas (suponemos dulces productores de ácidos y los almidones, además del café y el té) no se recomiendan.

Otros remedios de ajo para curar la artritis incluyen el utilizarlo como un tónico o linimento (un aceite vegetal ordinario en el cual se ha freído un poco de ajo puede ser utilizado como linimento). Según se informa, un tónico sencillo hecho a base de ajo picado en cubitos y una cucharada de miel, tomado con las comidas por un tiempo, puede hacer maravillas para aliviar el dolor y el sufrimiento, especialmente en los casos de la ciática y la gota.

---

[2] Reimpreso con la autorización de Macmillan Publishing Co., de *Of Men and Plants,* escrito por Maurice Mességué.

¡REMEDIOS PARA EL REUMATISMO Y EL LUMBAGO!

Para mí, mi familia y amigos, el ajo ha hecho verdaderos milagros. Algunos de los remojos y compresas que mi familia y yo hemos utilizado eran bastante parecidos a los de Mességué, excepto que sustituimos el ajo por las cebollas, en algunas ocasiones. Los contenidos son casi idénticos, y los consideramos intercambiables. La cebolla es más suave, y no tiene tanta reputación como el ajo. Al ajo, por otro lado, a menudo se lo llama "cebolla pequeña". Aquí se encuentran los remedios de Mességué para el lumbago y el reumatismo, los cuales no deberían ser ingeridos:[3]

Lumbago

Cebolla — una grande, rallada

Espino (*hawthorn*) de una semilla — capullo, un puñado

Bardana (*great burdock*) — flores y hojas, un puñado

Ranúnculo (*buttercup*) — hojas y flores, un puñado

Ortiga (*nettle*) — hojas (frescas si es posible), un puñado

Esto, indica Mességué, se debe utilizar como una compresa sobre los riñones (vea las instrucciones en la página 71) y en baños de los pies y las manos (vea las instrucciones en la página 31).

Reumatismo

Cebolla — una grande, rallada

Bardana (*great burdock*) — hojas, un puñado

Brezo de la primavera (*spring heath*) — flores, un puñado

Manzanilla romana (*Roman chamomile*) — una docena de la flor, molida

Celidonia mayor (*greater celandine*) — hojas y tallos (semi frescos si es posible), un puñado

Gramilla colorada (*couch-grass* — raíces ralladas, un puñado

Retama común (*common broom*) — flores, un puñado

Lavanda (*lavender*) — flores, un puñado

---

[3] *Ibid.*.

Utilícelo de la siguiente manera: haga una cataplasma de col, berro o col rizada (vea las instrucciones en la página 71), cubierto con una copa de licor de sobremesa de la preparación previamente indicada. Esto se debe aplicar sólo en el caso de un ataque agudo, en las áreas afectadas, directamente sobre la piel, explica Mességué. De lo contrario, el tratamiento normal consiste de baños de los pies y las manos. (Vea las instrucciones en la página 31.)

¿UNA PANACEA UNIVERSAL?

Acerca de la cebolla, Mességué indica: "Ciertas plantas tienen propiedades muy complejas que pueden aumentar su efecto o producir lo contrario; la cebolla es una de esas plantas. Tiene una lista larga de propiedades —diurética, estimulante, antiescorbútica, expectorante, antiséptica, solvente, antirreumática— y es un remedio excelente para el estreñimiento, la flatulencia, los sabañones, las inflamaciones y los panadizos. En pocas palabras, parece ser una panacea universal que puede usarse sin ningún riesgo.

"Sin embargo esto no es así", continúa. Investigaciones relativamente recientes han mostrado que mientras su alto contenido de azufre la hace eficaz contra el reumatismo, podría ser dañina en los casos del hígado donde existe una alergia al azufre.[4] Lo mismo podría ser verdad en el caso del ajo. Se recomienda buscar una opinión médica calificada en todos estos casos.[5]

¡RESULTADOS IMPRESIONANTES!

Los tres casos siguientes, incluyendo dos declaraciones juradas por los médicos —y una cura sensacional— son dados como testimonio

---

[4] Mességué, *op. cit.*

[5] Mességué no utiliza la cebolla con los pacientes de naturaleza animada o deprimida, ni con aquellos sujetos con hemorragias o erupciones de la piel. Sin embargo, no se da ninguna razón —y debe tomarse en cuenta que el ajo ha sido recomendado para varios casos de aflicciones nerviosas (de las cuales las erupciones de la piel son solamente un ejemplo), y que tanto el ajo como la cebolla eran comidos frecuentemente en el pasado, para curar el escorbuto, cuyos síntomas son contusiones y sangrado (hemorragia).

de la eficacia del tratamiento de Mességué, como se informa en su biografía, *Of Men and Plants.*[6]

¡FINALIZAN 20 AÑOS DE SUFRIMIENTO!

En un caso, el Dr. Camaret, ex-presidente de la Menton Medical Association, en Francia, dice que su esposa se curó del reumatismo, del cual había estado sufriendo durante 20 años. Ni siquiera él mismo o sus colegas médicos habían logrado mejorar su situación. En otros casos "incurables", indica el Dr. Camaret, estos remedios populares han brindado un mejoramiento o "una cura completa. Estos resultados son innegables".

¡CURADO MILAGROSAMENTE DEL REUMATISMO!

Otro médico francés, el Dr. Echernier, indica: "Certifico que luego de seguir el programa de baños de los pies recetado por el señor Mességué, me curé casi milagrosamente de una condición reumática que me había estado molestando por varios años y había sido reacia a todos los demás tratamientos".

¡SE CURÓ UN BRAZO ATROFIADO!

Mességué describe a un paciente, Anne-Marie M., de 19 años, quien había nacido con un brazo corto y atrofiado que nunca creció lo suficiente, era inútil, y permanecía doblado al revés a través de su pecho. Ella no sentía su brazo (excepto durante el clima lluvioso, cuando le dolían los huesos) y no lo podía mover. Ella había visitado varios médicos, ninguno de los cuales pudo aliviar la parálisis ni el impedimento del crecimiento.

Este era un problema nuevo para Mességué, quien diagnosticó la atrofia como un tipo de raquitismo. El ingrediente más importante en su remedio, indica, era la cebolla ("su contenido de azufre lo hace muy eficaz contra el reumatismo"). Entre los demás ingredientes se encontraban tomillo salvaje (*wild thyme*), ortiga romana

---

[6] *Ibid.*

(*stinging nettles*), bardana (*great burdock*), y el perejil —diuréticos para eliminar las toxinas (dice que la cebolla, también, es "un diurético suficientemente poderoso como para limpiar los riñones de pacientes con uremia"). Los capullos de espino (*hawthorn*) y lino (*linden blossoms*) fueron recetados como sedantes suaves. Su usó la manzanilla común para calmar los nervios. Para la atrofia, utilizó cola de caballo de campo (*field horsetail*) en una cataplasma de col y berro —que ha funcionado maravillosamente en animales que apenas podían pararse. Ella tenía que usar esto en forma de cataplasmas y baños de los pies y las manos.

Tres meses después, ella regresó ¡curada milagrosamente! Ella levantó su mano. "¡Miren!" exclamó, y con su mano recogió una hoja de papel de la mesa. "¡Estoy tan feliz!" gritó. "Es tan maravilloso, apenas puedo creerlo. No sentí nada durante el primer mes. El segundo mes, empecé a sentir una sensación de cosquilleo... después poco a poco... pude mover un dedo, y después otro".

Un testigo escéptico le preguntó, "¿Quiere decir que anteriormente no podía mover su brazo ni su mano? ¿Y ahora puede?"

"Exactamente", le respondió, y para comprobarlo le pellizcó varias veces. Esta historia apareció en todos los periódicos de París. Los padres de Anne-Marie dijeron que esto fue como un milagro. Solamente los médicos que la habían tratado, sin tener éxito, se negaron a creerlo. "No hay nada que se pueda hacer", dijo uno de ellos, "está fuera del alcance de cualquier médico el corregir las deformidades congénitas".

¡OTROS REMEDIOS PARA LA NEURALGIA Y EL REUMATISMO!

Un científico hindú indica que el extracto de aceite de ajo, usado como un linimento, ha sido utilizado exitosamente en los casos de aflicciones paralíticas y reumáticas. Otro médico señala que el dolor de las partes reumáticas puede ser aliviado simplemente frotando estas partes con ajo. "Da excelentes resultados", dice. Otro científico renombrado y experto en la terapia de ajo indica que, tomado internamente, el ajo calma rápidamente los dolores reumáticos y neurálgicos.

¡LOS POSIBLES EFECTOS DEL AJO Y LA CEBOLLA EN LA ARTRITIS!

Ahora, el ajo contiene substancias fuertes que pueden afectar a cada tipo de artritis. Los compuestos de azufre que le dan su fuerte olor están activos en contra de los gérmenes. Por consiguiente, combate las infecciones, de manera que su habilidad para reducir las hinchazones del catarro y la inflamación (como en el revestimiento de mucosa de las articulaciones) puede ser responsable por su reportada eficacia en aliviar el dolor reumático —especialmente cuando se lo aplica sobre el área afectada. El ajo es inusualmente rico en potasio, el cual es muy necesario para las contracciones de todos los músculos del cuerpo. Cuando hay una carencia de potasio se producen la parálisis y el estreñimiento. Este mineral, junto con el zinc, el manganeso y la vitamina B-1, es extremadamente importante para la salud de los nervios y los músculos, y el metabolismo de carbohidratos en el organismo. El dolor y la rigidez muscular son síntomas de la artritis reumatoide, fibrositis y gota (una dolencia metabólica).

El *álliin* del ajo ataca los gérmenes estreptocócicos. Casi todos los casos de fiebre reumática comienzan con una infección estreptocócica de las amígdalas, la nariz o la garganta. En este momento debería estar muy claro que el ajo puede ser muy importante para tratar estas enfermedades. ¿Pero ya terminamos? No, en verdad.

¿Recuerda que la gota se caracterizaba por un exceso de ácido úrico en la sangre? El ajo combate las toxinas en el organismo. Incluso Mességué señaló que la cebolla es "un diurético suficientemente poderoso como para limpiar los riñones de pacientes con uremia". El ajo es más potente en todos los aspectos, ¿Puede ser también menos eficaz? Las toxinas urémicas no aparecen en la sangre así porque sí. Se vierten en el torrente sanguíneo por medio de los intestinos, donde surgen de los gérmenes de putrefacción. Una gran cantidad de evidencia científica muestra que el ajo mata los gérmenes de putrefacción en los intestinos. ¿Eso es todo? Absolutamente no.

¡POSIBLE EFECTO DE LOS MINERALES DEL AJO EN LA OSTEOARTRITIS!

El ajo contiene rastros de manganeso —un mineral que los humanos necesitan en cantidades microscópicas. El manganeso es uno de los cuatro elementos (los otros son la colina, la biotina, y un cuarto que todavía no ha sido identificado) que combaten la porosis, una deformidad del hueso de la pierna, que se caracteriza por una torcedura progresiva del hueso y un deslizamiento de los tendones. La falta de cobre, otro mineral rastro contenido en el ajo, puede causar osteoporosis. Cuando se administró cobre en forma de hígado a unos animales de laboratorio, este desorden fue prevenido por completo. La falta de calcio, que también se encuentra en el ajo, puede causar dolencias de los huesos y las articulaciones, según estudios realizados. Todos estos minerales se encuentran en los "alimentos para ajo".

¡BRINCÓ UN OCTOGENARIO!

El señor J.P. informó: "A los 83 años de edad, me dolían ambas rodillas. Le eché la culpa al mal clima que estaba haciendo y a mi edad. El dolor empeoraba conforme pasaba el tiempo y ahora había una pequeña hinchazón en las dos rodillas. Lo ignoré pensando que era algo inevitable a mi edad, y me mantuve tan activo como pude a pesar del dolor que sentía al caminar.

"Se volvió una tortura el inclinarme cada mañana para ponerme las medias; y me sentía tan mal cuando me sentaba a conversar con mis amistades por varias horas, ya que a duras penas podía levantarme y contestar el teléfono, o acompañar a mis amistades hacia la puerta cuando se retiraban. Ellos solían bromear diciéndome, 'finalmente te alcanzó la vejez'. Mi rodilla derecha era la peor, y cojeaba un poquito al caminar. Después, ¡sucedió un milagro!

"Por casualidad tenía algunas tabletas de zinc en mi casa, y en lugar de desperdiciarlas empecé a tomarlas. Para mi sorpresa, unas pocas semanas después me di cuenta de que el dolor en mis rodillas había disminuido, así como también la hinchazón. Entonces empecé a tomar una tableta con cada comida, y en dos meses el dolor y la hinchazón desaparecieron completamente.

"No podemos seguir culpando a la edad por todas las dolencias que afectan a los ancianos. ¿Por qué me sentía tan desgraciado con mi rodilla a los 83 años de edad, pero libre de la dolencia a los 85? Ahora puedo caminar a paso largo con mis amistades más jóvenes, patear, saltar o correr sin tener ningún tipo de molestia".

¡OTROS FACTORES DE LOS "ALIMENTOS PARA AJO" QUE PUEDEN AFECTAR LA ARTRITIS!

Los "alimentos para ajo" —los alimentos con los cuales se come generalmente el ajo— tales como las carnes y los vegetales verdes y de hoja, son ricos en calcio. El Dr. L.W. Cronwell de San Diego, California, informó que había encontrado que la deficiencia de calcio era la causa de la artritis paralizante.

El calcio es almacenado en los huesos. Bajo estrés emocional o físico, o si usted carece de calcio, su organismo lo extrae de los huesos. Esto puede causar la osteoporosis, lo que significa huesos frágiles; u osteomalacia, lo que significa huesos deformados. El Dr. Cronwell señala que el cuerpo compensa el debilitamiento de los huesos depositando calcio extra en las articulaciones. La acumulación excesiva causa lesiones. El añadir mucho calcio a la dieta, dice, elimina la necesidad de tener articulaciones engrosadas. Este exceso es disuelto o reabsorbido —¡aliviando la condición!

Según se informa, muchos médicos piensan que dar calcio a los sufridores de la artritis podría aumentar los depósitos en las articulaciones. En su lugar, esperando disminuir estos depósitos, recetan cortisona, que se conoce extrae calcio del organismo. Lo que pasa, dice un investigador, es que se debilita enteramente a los huesos, y el organismo redobla sus esfuerzos para acumular calcio en las articulaciones, empeorando la condición. Un investigador indica que el administrar calcio puede aliviar el dolor de la artritis de uno a tres días. El calcio ayuda a la vitamina C a formar un cartílago normal alrededor de las articulaciones.

Casos relatados:

- El señor S.P. informó: "Mi sobrino se rompió su pierna hace más de un año y ha estado bajo cuidado médico, pero la lesión no se curaba. Sin saber el exacto tratamiento que estaba recibiendo, le pregunté qué era lo que estaba haciendo. Me informó que estaba gastando todo su dinero en vitaminas y bebiendo un cuarto de galón de leche diario sin obtener resultados. Le sugerí que tomara harina de hueso (*bone meal*) y que si pronto no empezaba a caminar con su pierna rota sin muletas, yo pagaría por las tabletas. Su madre me escribió tres semanas después contándome que había tomado la harina de hueso y que había caminado un cuarto de milla sin las muletas. Es como un milagro".

- En un caso reportado, una mujer de 30 años, Candice C., se cayó y se rompió su fémur. Estaba lo suficientemente curado como para que ella pudiera caminar con muletas, cuando se volvió a romper. Se le realizó una cirugía costosa, y se le colocó una articulación de la cadera plástica. Después de muchos meses de dolor, ¡el calcio empezó a formarse sobre el hueso plástico! Después probó un plan de alimentación que incluía grandes cantidades de calcio. Al cabo de tres días, su dolor desapareció por completo. En un mes, ¡ella estaba caminando sin cojear!

- En otro caso, John B., de 40 años, se cayó y se rompió su fémur. Los huesos se rehusaron a sanar. Los médicos decidieron colocar un aparato ortopédico de acero. Cuando esto se hizo provocó una infección del hueso. Cuando la infección persistió, recomendaron ¡amputar! Ninguno de sus médicos le había recomendado comer alimentos ricos en calcio, proteínas, vitaminas B y C (a lo que yo llamo "alimentos para ajo"), pero tan pronto como los empezó a comer se mejoró rápidamente. Ahora él camina animada y normalmente.

¡UNA NUEVA CURA CASERA COMPROBADA PARA LA ARTRITIS!

Como señalamos anteriormente, el poder mental puede aliviar el dolor en forma impresionante. Algunos expertos incluso aseguran que se puede curar la artritis ¡tan sólo con el poder mental! Uno de esos expertos es la Dra. Evelyn Monohan, quien dice en su libro, *The Miracle of Metaphysical Healing*, que la artritis, bursitis y gota pueden ser curadas, a menudo inmediatamente, con una técnica que ella explica en detalle. ¡Cientos se han curado!, asegura ella.

Su método requiere el visualizar claramente la curación, en un lugar tranquilo, relajado, con los ojos cerrados, visualizando cómo desaparece, con afirmaciones positivas de que se está curando, visualizando a médicos y amigos felicitándolo por el hecho, varias veces al día, y eliminando por completo todos los pensamientos negativos.

No se deje engañar por la sencillez de este método, dice la Dra. Monohan. Sí funciona, cuando se lo sigue religiosamente. Aun más sorprendente, ella dice que este método parece producir algún tipo de irradiación física que es curativa y beneficiosa para otras personas. Es más poderosa si más de una persona se están concentrando. Nunca falla, y es 100 por ciento eficaz, si se lo sigue religiosamente, indica, y funcionará para usted así como también para otras personas. Usted puede librarse de todos los rastros de esta enfermedad, explica, ofreciendo una prueba positiva de que el poder mental es un Milagroso Alimento Curativo para la artritis.

Casos relatados:

- Ella cuenta cómo Susan R., de 32 años, obligada a usar una silla de ruedas por dos años debido a la artritis de las piernas y la columna (incurable y sin esperanza, según los médicos). Se le recetó este Milagroso Alimento Curativo y pudo ¡levantarse y caminar!

- Ella cuenta cómo a Katherine T., de 50 años, quien había sufrido de bursitis en ambos hombros durante diez años agonizantes, se le recetó este Milagroso Alimento Curativo. En tres días, el dolor desapareció y nunca regresó. Las radiografías no mostraron ningún indicio de la enfermedad. ¡Ella se curó! ¡La Dra. Monohan sabe de muchos otros casos que han sido curados!

¡MILAGROSOS ALIMENTOS CURATIVOS PARA LOGRAR UNA NUEVA JUVENTUD!

La miel tiene importantes poderes rejuvenecedores. Según *The Statesman*, uno de los periódicos más importantes en la India, Pandit Madan Mohan Malaviya, de 76 años de edad, fue internado en el mes de enero y fue sometido a una dieta de leche, mantequilla, miel y aonla, descansando y meditando por un mes y medio.

El hombre se transformó milagrosamente —de un anciano jorobado, marchito, con un rostro cubierto de arrugas y una boca sin dentadura— en una versión más joven y robusta de él mismo, la cual muchas amistades ¡no habían visto en años! Su piel estaba suave y de una tez rosada. ¡Aparecieron dientes nuevos! ¡Se veía y sentía 20 años más joven!

En el *Science Digest* de hace varios años aparece una página doble con una fotografía de un grupo de hombres: "Cada uno de estos hombres tiene más de 100 años" dice: "En el sur de la Unión Soviética la gente vive por un largo tiempo. Aquí existe un coro de personas de Abkhazia con más de 100 años de edad... más aún, estos notables ancianos, no se encuentran precisamente en la etapa final de un deterioro físico, pero sí se encuentran tan atentos y saludables como personas de otras partes del mundo que tienen 30 o 40 años menos. Cierto equipo ruso que investigaba Georgia Soviética reportó que esta área relativamente pequeña tiene alrededor de 2.000 hombres con más de

100 años de edad". Algunos incluso capaces ¡de realizar la labor de un día entero!

Entre estas personas, se descubrió que el 40 por ciento de los hombres con más de 90 años podían todavía ver lo suficientemente bien como para ensartar una aguja sin la ayuda de anteojos. Incluso las mujeres ¡permanecían fértiles a los 60 años! Y los médicos ¡obtuvieron espermas de un hombre de 119 años! "Ellos no conocen de ninguna enfermedad", dijo un observador. Se ha reportado que entre las comidas favoritas de estas personas se encuentran *el ajo, el yogur y la miel.* Un investigador entrevistó alrededor de 200 de estas personas, preguntándoles acerca de sus edades, ocupaciones y dieta, y descubrió que muchos de ellos eran apicultores. En una investigación mucho más detallada descubrió que en realidad ellos no comen miel sino los sedimentos —o pequeños pedazos— que se encuentran al final del panal y los cuales se consideran inservibles. Los análisis revelan que la mayoría de esto ¡es en realidad *polen!* Sus alimentos básicos son granos, frutas, vegetales crudos, muy poca leche, huevos o carne y ningún alimento refinado o procesado.

¡EL HOMBRE QUE VIVIÓ DOS SIGLOS Y MEDIO!

El profesor Li Chung Yun es famoso por haber vivido más tiempo que nadie antes registrado —¡por unos increíbles 256 años! Su muerte, cuya causa aún permanece incierta, fue reportada por *The New York Times* en 1933. Un profesor de la Universidad de Minkuo aseguró haber encontrado archivos en los cuales se mostraba que Li había nacido en 1677, y que en sus cumpleaños 150 y 200 fue felicitado oficialmente por el gobierno chino. El profesor dio una serie de 28 charlas acerca de la longevidad en una universidad china ¡a los 200 años de edad!

> Aquellos que lo vieron, aseguraban que no aparentaba tener más de 52 años. Se paraba derecho y erguido, caminaba vigoroso, ¡y tenía su propio pelo y dentadura! Sobrevivió a 23 esposas, y estaba casado para ese entonces ¡con su esposa número 24! Desde una edad temprana mostró interés por las hierbas. Sus hierbas favoritas eran el gingseng y el Fo-Ti-Tieng, que las tomaba en forma de té.

El profesor Li pregonó una dieta vegetariana. Su filosofía era: "Mantenga un corazón tranquilo, siéntese como una tortuga, camine ágilmente como una paloma y duerma como un perro". De las hierbas que él utilizaba, se cree que el gingseng es bueno para el corazón, las glándulas sexuales, el estómago, los nervios y la sangre. El poder principal del Fo-Ti-Tieng (entre muchas otras propiedades) parece ser contra la senilidad. Un sabio hindú llamado Nanddo Narain, a los 107 años de edad, aseguró que el Fo-Ti-Tieng provee un ingrediente ausente en la dieta del hombre que previene las enfermedades y el deterioro. El Fo-Ti-Tieng ha sido llamado el "Elixir de la Vida" y que contiene la Vitamina de la Juventud X.[1]

¡ACEITE DE OLIVA Y AGUA DESTILADA!

Goddard Ezekiel Dodge Diamond, quien vivió hasta los 120 años, atribuyó su longevidad al aceite de oliva, el cual utilizó dentro de sus alimentos y externamente aplicándolo en zonas sensibles y adoloridas, así como también al agua destilada que tomaba regularmente. A los cuarenta años tuvo su primera crisis de enfermedades, empezando con un ataque severo de "sarampión negro", el cual afectó posteriormente su visión y oído. Después de tres años no había mejorado. "Mis ojos estaban muy adoloridos, lagrimeaban y cierta telilla empezó a cubrirlos. Mi audición estaba entorpeciendo y empeorando cada vez más".

A este punto, recordando las historias bíblicas, decidió tratar el aceite de oliva puro. Aplicó el aceite a sus ojos y párpados, y asegura que luego de dos o tres aplicaciones su visión se aclaró. Entonces decidió intentarlo con sus oídos. "Utilicé el aceite de oliva libremente en las partes externas de mis oídos, y apliqué gotas en su interior, las cuales sostuve con pequeños pedazos de algodón. En muy poco tiempo mi visión y audición estaban completamente restablecidos".

Cuando llegó a los 60 años, se vio afectado por la rigidez de la artritis. "Un día", relató, "salté de un vagón hacia el suelo y mis articulaciones no reaccionaron de la forma esperada". Lo intentó nuevamente y "la prueba estaba allí, ya que no sólo las rodillas no

---

[1] Richard Lucas, *Nature's Medicines* (Parker Publishing Co., Inc.).

reaccionaron, sino que la columna me dolió fuertemente". Inmediatamente utilizó el aceite de oliva, en la forma que siguió usando por toda la vida. Cada día, a veces dos veces al día, se lavaba con una esponja y una toalla humedecida y enjabonada, y la frotaba vigorosamente para estimular la circulación. Luego de enjuagarse, aplicaba aceite de oliva en el interior de sus articulaciones, debajo de los brazos, codos, rodillas, empeines y en el área de la ingle. Entonces frotaba el aceite en sus hombros, columna, cadera, rodillas, plantas de los pies y en el cuero cabelludo.

Pasados los 100 años, él aún hacía ejercicios que muy pocos jóvenes podían igualar. A los 108 años, montaba bicicleta y caminaba 20 millas diarias. Asistía a eventos sociales, y en cierta ocasión, a los 110 años, bailó gran parte de la velada ¡con una chica de 16 años![2]

¡OTROS MILAGROSOS ALIMENTOS CURATIVOS PARA UNA LARGA VIDA!

Se dice que Zora Agha de Turquía vivió hasta los 142 años siguiendo un régimen de una comida al día. Esta comida consistía principalmente de cebollas y pan negro. Estuvo de gira en Estados Unidos para un promotor estadounidense, y falleció luego de dos años de seguir una dieta de hamburguesas y papas fritas.[3]

Un escritor relata que en la India, conoció a un hombre santo de 187 años y que tenía evidencia para probarlo. Otros dos hombres, uno de 102 y otro de 110, dijeron que lo conocían de cuando ellos eran niños. Su dieta consistía exclusivamente en frutas tropicales, incluyendo el mango.

En otro caso, una tatarabuela de 104 años viajó 72 millas hacia Nueva York para visitar su antiguo barrio, sin necesidad de que nadie la acompañara y alegó que su secreto consistía en una cucharadita de ajo triturado y vodka dos veces al día. "El ajo hace que la presión baje", dijo, "y el vodka ayuda a la circulación".[4] Incluso en otro caso,

---

[2] Richard Lucas, *The Magic of Herbs in Daily Living* (Parker Publishing Co., Inc.).

[3] Lucas, *op. cit.*

[4] *Ibid.*

un repartidor de hielo de Nueva York de 90 años de edad, seguía aún trabajando doce horas al día, empezando a las 3 de la mañana, cargando bloques de hielo de cincuenta libras por las escaleras. Asegura que comía tan sólo una vez al día, alrededor de las 5 de la tarde y que su comida consistía mayormente en un trozo de queso italiano y una copa de vino. (Así es, él bebía y fumaba.) Todas estas personas de larga vida tenían algo en común: todas parecían comer muy poco.

¡CASI FALLECE A LOS 40 —VIVIÓ HASTA LOS 102!

En el año 1550, Luigi Cornaro escribió su famoso *Treatise on Corpulence* en el cual recomendaba moderación en todas las cosas, incluyendo en los alimentos. Cornaro era un italiano noble, quien casi muere antes de llegar a los cuarenta años debido al exceso de comida y bebida. Describe su "pesado tren de debilidades, incluyendo problemas estomacales, gota, constantes fiebres bajas, y una sed permanente". Probablemente tenía diabetes.

Sin embargo, a los 95 años, escribió: "Me siento sano y contento, como con mucho apetito y duermo profundamente. Todas mis facultades, a los 95 años, se encuentran en perfectas condiciones; mi entendimiento es más claro y mejor que nunca, mi juicio es sólido, mi memoria tenaz y mi espíritu muy positivo".

Él atribuyó todo esto a una dieta que había seguido durante muchos años. A los 86 años, la describió así: "Las cosas que como son: en primer lugar, pan, panada (una comida de migas de pan remojadas), algún caldo con un huevo adentro, o cualquier tipo de sopa o *spoon meat*. De las carnes, como ternera, cabrito y carnero. Como todo tipo de aves. Como perdices y otros tipos de aves... asimismo como pescado... lucio (*pike*) y similares, dentro de los peces de agua fresca". Aparentemente esta dieta le hizo bien (todo lo que comía pesaba un total de 12 onzas, ó 170 g, diarias, incluyendo aceite de oliva y vino). Cuando tenía 70 años, escribió: "Un día mientras conducía a alta velocidad, tuve un accidente. Mi carruaje se volteó, y fue arrastrado una distancia considerable hasta que los caballos se pudieron detener. Me encontraba seriamente herido y sin poder desenredarme. Mi cabeza y el resto de mi cuerpo estaban muy adoloridos, y un brazo y una pierna estaban gravemente heridos. Me llevaron a casa, y mi familia llamó inmediatamente a los médicos quienes... no dudaron en coincidir en que moriría en tres días... yo sin embargo... me rehusaba a ser sangrado o a tomar cualquier medicamento. Solamente dejé que me enderezaran el brazo y la pierna, y que mi cuerpo fuera frotado con algunos aceites... lo siguiente fue que —sin usar ninguna otra clase de remedio ni sufrir de una mayor enfermedad o empeorar—, me recuperé por completo, algo que... para mis médicos fue nada menos que milagroso".

A los 95 años de edad, Cornaro descubrió que el cuerpo necesita cada vez menos alimentos, y aun así él se sentía vigoroso ¡y capaz de montar un caballo sin ninguna ayuda!

¡UN CASO MILAGROSO DE REJUVENECIMIENTO!

Para Grace McB., de 64 años, el cambio que ocurría en su vida era una pesadilla. Unos cabellos horribles le crecieron en la barbilla y en el bozo. Su lindo cabello castaño estaba veteado con canas. Su piel se volvió seca y cubierta de arrugas. Patas de gallo aparecieron alrededor de sus ojos y en la comisura de sus labios. Desarrolló una horrible papada y bolsas debajo de los ojos.

"Luzco como un pequeño anciano", ella sollozaba. Desgraciadamente, esto era cierto. Se podía ver su brillante cuero cabelludo a través de sus delgadas canas. Su cabello alrededor de la frente retrocedía cada vez más. Incluso ya tenía un área de calvicie en la parte posterior de la cabellera. Por más que mullía, daba forma y peinaba su cabello, no podía ocultar su calvicie. Su cabellera, que una vez fue tan hermosa, se encontraba ahora seca y corta y se rehusaba a crecer.

Por muchos años, ella vio —con horror— como todo esto sucedía. Se sometió a toda la gama de posibles curas —enjuagues con proteínas, fortalecedores del cabello, inyecciones de estrógeno, e incluso estiramiento de la piel en el rostro. Pero nada le ayudó. La pérdida del cabello empeoró. Tuvo que utilizar pelucas y lucía bastante "envejecida". Ahora incluso pasaba por momentos en los cuales sufría de pérdida de memoria senil. Repetía las cosas o se olvidaba lo que estaba diciendo, las llaves, nombres, fechas, direcciones, y cosas que tenía que hacer. Cuando otras personas le hacían notar esto, ella se sentía humillada y deprimida. Simplemente se sentaba y miraba fijamente.

¡SE VE Y SE SIENTE 20 AÑOS MÁS JOVEN!

Después de escuchar acerca del ajo, el remedio milagroso de uso múltiple de la naturaleza, intentó probar esta planta rejuvenecedora, en el programa de "alimentos para ajo" descrito anteriormente. Ella había escuchado que los alimentos del ajo son buenos para el cabello y la piel y que estimulan las glándulas hormonales.

Ocurrió un cambio dramático . Su aspecto mejoró —su piel se volvió rosada y lucía sana. Las arrugas de su rostro, las bolsas en los ojos y la papada parecían haber desaparecido. La piel flácida volvió firmemente a su sitio como la de una persona joven. Los embarazosos "vellos faciales" en su barbilla y labios empezaron a desaparecer. Su cabello volvió a su color normal —¡se engrosó, enriqueció y creció en volumen!

Su ágil y aguda memoria regresó, pudiendo así recordar nombres, fechas, y compromisos pendientes con mucha facilidad. Se llenó nuevamente de vida, muy activa y juvenil a una edad en las que muchos ¡ya están canosos y cansados! ¡Así como pueden estar ustedes, dicen los expertos! ¡Ahora usted puede tener abundante vitalidad, y el vigor y la energía que la acompañan! Puede ganarle de 20 a 30 años al tiempo, con este "Elixir de la Juventud" de la naturaleza.

¡MILAGROSOS ALIMENTOS CURATIVOS PARA LOGRAR UNA JUVENTUD NUEVA!

Muchos alimentos naturales son los que yo llamo "alimentos para ajo" —alimentos que combinan bien con el ajo. Los "alimentos para ajo" revitalizan la piel limpiando y purificando el torrente sanguíneo, despojándolo de venenos tóxicos y de la "contaminación" que pudiera "obstruir" el río de la vida. El ajo es el más grande agente purificador de todos —y la cantidad de alimentos con los que se combina empujan los desperdicios de los intestinos fuera del organismo, rompen los desperdicios que pudieran estar atorados en los intestinos, disuelven los depósitos de colesterol en las venas y arterias, y ayudan "¡a limpiar el organismo!" El azúcar es un gran "lubricante" celular, pero no realiza bien su trabajo cuando está obstruido por desperdicios acumulados por años. ¡Los cuerpos padecen de hambre!

Cuando la circulación se reduce, detiene o resulta menos eficaz, ocurre en realidad una tendencia de "sequedad" en las células del organismo —como cuando las hojas de un viñedo se mueren— y es esta sequedad la que causa que la piel se arrugue, que los huesos se vuelvan quebradizos y que el cabello pierda su suavidad y color.

El ajo revitaliza el torrente sanguíneo —aumenta la circulación, desintoxica el torrente sanguíneo y trae consigo y con otros alimentos tóxicos (con los que generalmente se combina) más oxígeno, calcio, vitaminas, minerales, encimas y una serie de elementos que los tejidos necesitan para alimentar y revitalizar el cuerpo. Los cuerpos necesitan de esta substancia llamada alimento de ajo que da vida.

¡UN NUEVO Y REVOLUCIONARIO PROGRAMA DE SALUD DE LA FLOR DE LA JUVENTUD!

¿Por qué dejar que la juventud se nos escape de las manos, cuando la ciencia médica ha comprobado, con mucha certeza, que uno puede detener el paso de los años por 10, 20, 30 años o más —e inclusive revertir el proceso de envejecimiento?

Biológicamente, ¡no existe razón alguna por la que uno debería envejecer! La gente envejece y su cuerpo se seca debido simplemente a que sus glándulas y células no reciben el suficiente refresco líquido, como el oxígeno, que nos da la vida, el plasma, a la linfa y los nutrientes sanguíneos. En muchos de los casos no reciben suficiente, debido a que las

células están nadando en sustancias venenosas —los desperdicios no son extraídos completamente por la sangre y así el oxígeno fresco y los nutrientes encuentran dificultad para circular.

Científicamente, no existe razón alguna en el mundo por la cual uno no pueda conservar su corazón, glándulas, digestión y todos los órganos vitales en perfecto funcionamiento, y vivir una sana y vigorosa vida con mucha energía, gozo y un radiante buen estado de salud hasta pasados los 100 años, si el cuerpo está bien alimentado y completamente limpio de toda impureza. Los venenos dentro del sistema son la única razón para cualquier tipo de degeneración.

¡USTED VERÁ Y SENTIRÁ LOS RESULTADOS CASI DE UN DÍA PARA EL OTRO!

Probablemente a usted no le será posible limpiar su cuerpo de todas las sustancias venenosas (si bien estoy convencido que nada es incurable), pero usted *puede* reducir drásticamente el efecto causado durante años de acumulación de desechos debido a la comida chatarra (*junk food*) y los malos hábitos alimenticios, mediante el programa de "alimentos para ajo". Usted puede llenar cada pequeña célula con todos los elementos que proporcionen la vida que necesita, y sumar hasta 30 años saludables a su vida, ¡empezando desde ahora!

El ajo tiene un efecto "tónico" en todo el cuerpo —desde las superficies de la piel hasta los tejidos, células y vasos sanguíneos— y cuando usted come ajo y "alimentos para ajo", experimenta lo que los médicos llaman "la respuesta tónica" —una sensación de vigorización— un estado tan espectacular del cuerpo y la mente ¡que ayuda a combatir el mal de la madurez y la vejez!

La naturaleza lo sorprenderá restableciendo el cuerpo en tan sólo una fracción del tiempo que le tomó en afectarlo. Se sentirá décadas más joven, y esto puede ocurrir casi al día siguiente. Usted verá los resultados, sentirá los resultados, sus amistades aplaudirán los resultados, en tan sólo los primeros diez días. Usted descubrirá una "nueva persona" que no pensaba que existía —porque cuando uno se siente bien y se ve bien ¡se tiene el mundo a sus pies!

¡DESAPARECIERON LAS OJERAS!

Incluso a una edad muy avanzada usted puede sentirse muy saludable y su apariencia puede engañar fácilmente al calendario. Frecuentemente, con el programa de "alimentos para ajo", uno realmente puede sentir como los años desaparecen mientras cada célula del cuerpo se llena, rejuvenece y crece joven y fuerte nuevamente. Dolores de cabeza, "sangre cansada", acumulación de sangre en las piernas, venas varicosas e impotencia causadas por células de sexo carentes de sangre, pueden convertirse rápidamente en cosas del pasado, como lo he demostrado ¡en capítulos anteriores! Vean el caso de Gerold O., ¡quien tenía casi setenta años!

La piel de Gerold O. estaba muy flácida. Tenía papada y sufría de manchas y ojeras debajo de sus ojos, las cuales lo hacían verse viejo y demacrado. Con el programa de "alimentos para ajo", su piel se reafirmó rápidamente. Las manchas disminuyeron. Su piel ya no se veía flácida. Y su "papada" estaba firme ¡como la de un joven!

¿Cómo es que esto puede suceder? La respuesta es simple y obvia. Las ojeras son causadas por sangre azulada carente de oxígeno, que se puede ver en la piel debajo de los ojos. (No existen capas de grasa debajo de la piel que rodea los ojos —ésta es muy delgada y casi transparente, y muy flexible— lo que permite el rápido movimiento de los ojos.) Cuando a la sangre le falta oxígeno y acumula dióxido de carbono, un desecho venenoso, la sangre que circula por debajo de la piel pude ser vista y no es roja sino más bien azulada.

Esto es el resultado de muchas de las condiciones, que los "alimentos para ajo" pueden aliviar —falta de sueño, cansancio, fatiga o agotamiento nervioso. El ajo es una excelente poción para dormir así como un buen tónico para los nervios. El exceso de gérmenes de putrefacción en los intestinos pueden ocasionarlo. El ajo es el mejor exterminador de gérmenes. Los hábitos alimenticios incorrectos pueden causarlo. Los alimentos que aumentan el contenido de dióxido de carbono en la sangre incluyen tartas, pasteles, budines, helados, pan, dulces, y bebidas alcohólicas (todo aquello que contenga mucha azúcar o almidón, los alimentos con carbohidratos, oscurecen la sangre, causando ojeras o sombras azuladas debajo de los ojos). Sin embargo, muchos de los "alimentos para ajo", incluyendo las frutas y las verduras frescas, definitivamente enrojecerán la sangre, haciendo que estas ojeras desaparezcan.

Además, los "alimentos para ajo" alivian el hígado —que muchas veces es un factor importante al reflejarse en el semblante— ayudan a disolver las grasas y actúan como un "tónico" reafirmante de mucho efecto en la piel suelta y flácida. A medida que la piel es reafirmada, las arrugas y los pliegues desaparecen. El ajo es un diurético (es decir, estimula riñones perezosos), y el alto contenido de potasio del ajo y de los alimentos con los que usualmente se come, ayuda al cuerpo a eliminar el exceso de fluidos. De esta forma, hinchazones y bolsas debajo de los ojos tienden a desaparecer. ¿Convencido?

¡UNA FUENTE PODEROSA DE SALUD NATURAL E INSTANTÁNEA!

El programa de "alimentos para ajo" es la forma normal, segura, natural y menos costosa para obtener la lubricación celular que usted necesita. Es un programa paso a paso, para verse más joven, sentirse mejor y vivir por más tiempo, basado en hechos científicos, aprobado por los médicos, ¡y con un asombroso orden de buenos resultados!

La belleza del ajo es la rapidez con la que trabaja en células, tejidos y órganos ¡tan sólo minutos después de haberlo comido! Lo mismo se puede decir de los "alimentos para ajo" (los alimentos que combinan con el ajo). Ellos también son digeridos, asimilados y absorbidos rápidamente ¡para alimentar y regenerar el cuerpo!

Es una fuente poderosa de salud natural e instantánea. El secreto de nutrición y limpieza que el doctor Carrel descubrió en

1911 —y el cual los "alimentos para ajo" logran muy bien— es aquel que muchos médicos han estado susurrando con elogios ¡durante años! Es el secreto para un aspecto juvenil y una vigorosa vida larga que millones alrededor del mundo han intentado aprender. Ellos persiguen este objetivo en costosos spas y salones de belleza europeos —sin la mayor esperanza de llegar a conseguirlo, ya que ellos no conocen acerca de este gran secreto. Los "alimentos para ajo" no son una novedad. Se les conoce desde hace mucho tiempo. Distintos a aquellos llamados "medicamentos milagrosos" que están presentes en el mercado sin la debida aprobación, el ajo es más económico y eficaz. Esta eficacia ha sido comprobada en miles de oportunidades. "Deje que los alimentos sean su medicina y la medicina su alimento" —siempre y cuando estos sean "alimentos para ajo", podríamos agregar.

RESTAURADOR DE LA JUVENTUD "X": ¡UNA CURA PARA EL ENVEJECIMIENTO!

¿Cuál es ese "misterioso"secreto de la juventud que tiene el ajo, el cual lo ha convertido en la cura para el envejecimiento de todas las civilizaciones desde tiempos remotos? Más que cualquier substancia secreta para la juventud que puedan contener —y realmente contiene varias— creo que más bien es un ingrediente secreto que todos los alimentos medicinales tienen, y al cual llamo Restaurador de la Juventud "X".

El milagroso Restaurador de la Juventud "X" es el poder natural de limpieza de todos los alimentos "con vida" en contraste con los alimentos muertos químicamente procesados. Este triple poder del ajo como restaurador de la juventud —antibiótico, antienvejecimiento, antisenilidad— se debe, creo yo, a la combinación de la fuerza misma del ajo y la vitamina B-1, lo que forma la alitiamina.

Este poder científicamente comprobado, junto con su alto contenido de potasio, así como otras vitaminas, minerales, enzimas, catalizadores y nutrientes en el ajo y en los "alimentos para ajo", son los que explican su reputación como un milagroso restaurador de la juventud.

¡EL ALIMENTO QUE COMBATE LA SENILIDAD!

Sigo mencionando el poder del ajo para incrementar la tiamina, simplemente porque su descubrimiento nos ayuda a explicar mucho acerca de los poderes del ajo. Tomemos como ejemplos la memoria y el aprendizaje.

Si el ajo incrementa su absorción de vitamina B-1 (tiamina) —y realmente lo hace— esto significaría que el ajo tiene un factor anti-senil. ¿Cómo sabemos que el ajo, mediante la vitamina B-1, puede aclarar la mente? En 1938, Bruno Minz, quien trabajaba en el laboratorio de la Universidad de la Sorbona en París, descubrió que la terminación cortada de un nervio exhuma un líquido que contiene tiamina. Luego descubrió que cuando un nervio es estimulado por electricidad, éste proporciona 80 veces más tiamina.

Años más tarde, la Dra. Ruth Flinn Harrel, del hospital Johns Hopkins, descubrió que pacientes con daño cerebral se recuperaron mucho más rápidamente cuando recibieron una dosis de vitamina B-1 en sus dietas. En sus experimentos, ella descubrió que al recetarle tiamina a un grupo de pacientes durante un mes:

- La memoria mejoró en un 25%
- La audición mejoró en un 25%
- La inteligencia mejoró en un 25%

Con esto en mente, la capacidad del ajo para incrementar (*hasta diez veces*) la absorción de vitamina B-1 del organismo (una cantidad imposible de superar excepto por inyecciones líquidas) toma una gran importancia. Mientras tanto, también puede incrementar la absorción de otras vitaminas del complejo B.

¡UNA DIETA PARA EL REJUVENECIMIENTO!

El tomar vitamina B-1 en grandes cantidades, aparte de otras vitaminas del complejo B, puede ocasionar deficiencias en las otras vitaminas del complejo B. La vitamina B-1 se encuentra muy fácilmente —junto con las otras— en alimentos que poseen un alto porcentaje de vitamina B como la levadura de cerveza (*brewer's yeast*) y los "alimentos para ajo" —cerdo magro, hígado y riñones (carnes orgánicas) y habas blancas (alimentos que combinan con el ajo). Es más, muchas de las vitaminas B presentes en estos alimentos, como lo son la piridoxina (B-6), el ácido fólico y el ácido pantoténico, usualmente no se incluyen en las píldoras del complejo B que están disponibles en las farmacias. Interesantes trabajos se han realizado acerca de este tema.

Benjamín Frank, M.D., un renombrado investigador, utilizó un régimen completo a base de alimentos ricos en vitamina B para que disminuyera, detuviera e incluso revirtiera el proceso del envejecimiento. La levadura de cerveza, la cual dice es rica en ácido nucleico, es la base de este programa —el cual incluye hígado disecado, grandes cantidades de sardinas, mollejas, suplementos de vitamina B y minerales. ¡Esto fue experimentado con personas cuyas edades fluctuaban entre los 40 y los 70 años!

Si los resultados reportados significan algo, piense cuánto más eficaz puede ser este método junto con el ajo —agregando su poder para acelerar hasta diez veces más la absorción de vitamina B-1. Los resultados inmediatos incluían un incremento de energía y bienestar, especialmente con dosis altas. Efectos rápidos se observaron en un lapso de 48 horas.

¡ARRUGAS DISMINUIDAS, PIEL SUAVIZADA!

El cambio más impactante se vio en la piel del rostro. En sólo una semana, la piel se volvió suave, tersa y de un aspecto juvenil y semblante rosado y radiante. En aproximadamente un mes, las arrugas, líneas y manchas de la vejez empezaron a desaparecer. Otras áreas también empezaron a mejorar. Los codos secos se volvieron más suaves y las manos tenían un aspecto más juvenil.

¡MEJORARON EL CORAZÓN Y LA MEMORIA!

Además de la piel otros órganos fueron afectados. En pacientes de mayor edad con enfermedades coronarias y con una insuficiencia cardiaca congestiva, la función cardiaca mejoró notablemente. Se observaron resultados significativos relacionados con el cerebro, el cual respondió con un incremento en la alerta mental y una mejora en la memoria.

¿UNA CURA PARA LA SENILIDAD?

M.L. Mitra, quien era un asistente médico en los hospitales Nether Edge y Winter Street en Sheffield, Inglaterra, creía que mucho de lo que se denomina como "senilidad" es simplemente falta de vitaminas B y C en la dieta. Para ilustrar su punto de vista, presentó los casos de 28 pacientes internados en el pabellón de "edad avanzada" en un estado de confusión (*Journal of the American Geriatrics Society*). Después de seguir el tratamiento, 21 de ellos fueron enviados a casa en un estado completamente normal.

Encontró que todos los pacientes tenían una cosa en común: una deficiencia vitamínica. Muchos de ellos tenían 80 años o más y habían estado viviendo solos. Para la mayoría, el prepararse una dieta balanceada significaba "mucho trabajo". Diecisiete de estas personas sufrían de deficiencias de tiamina/vitaminas del complejo B; otros dos tenían pelagra (deficiencia de niacina). Siete tenían una baja en vitamina C. Muchos de ellos llevaban una dieta que sólo consistía en papas y unas cuantas rodajas de pan y jamón.

Se les administró dosis masivas de vitaminas C y del complejo B, tanto en inyecciones como orales. Caso tras caso, ¡se reportaban curas espectaculares!

Casos reportados:

- F.B., una mujer de 88 años, vivía sola y administraba su propia casa de huéspedes. Fue internada en el hospital debido a una severa deshidratación y a un estado mental confuso. Ella había estado tomando cierto medicamento llamado clorpromazina, para tratar su estado mental, sin embargo seguía aún confundida. Se le administró entonces una dosis concentrada de vitaminas del complejo B. Su confusión desapareció, recuperó sus facultades mentales y de esta forma pudo regresar a casa.

- R.M., una mujer de 76 años, también vivía sola. Se le internó en un hospital debido a una enfermedad en el ojo —parálisis de los músculos del ojo. Repentinamente, se empezó a sentir muy confundida. Su médico realizó un largo y complicado diagnóstico indicando que se trataba de una enfermedad cerebral. Mitra simplemente le administró vitaminas del complejo B y su estado mental mejoró de una forma tan dramática que fue dada de alta en sólo dos semanas.

- R.C., una mujer de 95 años, vivía con su hijo soltero que se encontraba lejos de casa la mayor parte del tiempo. Había sido tratada con diuréticos debido a una insuficiencia cardiaca congestiva. Se le internó en el hospital en un estado mental muy confuso, quejándose de debilidad en los huesos y de varias heridas (síntomas de una deficiencia de vitamina C). Después de seguir un tratamiento en el que se le administraba un gramo diario de vitamina C durante dos semanas, ella mejoró tanto que se la envió a casa.

- A.P., una mujer de 83 años, fue internada en un hospital en un estado mental muy confuso. Se descubrió que sufría de bronconeumonía, pero permanecía confundida aún después de haberse recuperado. "Sin embargo, la confusión desapareció completamente luego de seguir un tratamiento oral de vitaminas del complejo B", escribió Mitra.

Muchos estudios semejantes han sido dirigidos hacia los efectos de las vitaminas B y C en combatir la senilidad. Los descubrimientos son todos similares. Pero muchos médicos —tal vez la mayoría— se rehúsan a aceptar estos descubrimientos sin un mayor estudio, explorando todo ángulo posible. Ellos no concuerdan incluso con lo que constituye la senilidad. Cualquiera sea la definición —confusión, falta de memoria, tendencia a repetir las cosas—, los signos prematuros de deterioro mental parecen despejarse con terapia vitamínica, dicen los expertos.

¡CAMBIOS EN LA DIETA CURARON LA PSORIASIS, OSCURECIERON EL CABELLO, MEJORARON LOS OJOS!

El señor N.D. escribió: "Hace como dos años, tuve la desdicha de desarrollar uno de los peores casos de manos inflamadas, que jamás había visto. La piel de mis manos se puso de un color rojo

oscuro y estaban tan secas que la más mínima presión hacía que
la piel se quebrara. Esta condición se había desarrollado hasta ese
momento únicamente en las palmas de las manos. Busqué la
ayuda de un dermatólogo y el diagnóstico fue que se trataba de una
forma de psoriasis. Me recetaron un ungüento de cortisona para
que me lo aplicara cada noche, y me dijeron que usara guantes de
plástico y de algodón mientras durmiera. Seguí este consejo durante tres meses y al final de éstos, la condición se había esparcido
hacia mis dedos y muñecas.

"Llegué entonces a la conclusión de que mi problema había
sido ocasionado probablemente por una dieta muy estricta
que se me aconsejó seguir para controlar mi alto nivel de colesterol. Decidí renunciar a este tratamiento y empecé a
comer algo de huevos, grasas y aceites. También empecé a
tomar suplementos vitamínicos todos los días, incluyendo la
vitamina E y las del complejo B, cápsulas de aceite de hígado
de bacalao y vitamina C con bioflavonoides.

"Al cabo de tres meses mis manos estaban completamente
curadas. Además, recibí otros buenos resultados. Mi cabello gris
está empezando a oscurecerse y pasé mi examen de la vista para
mi licencia de conducir sin utilizar mis anteojos. No es necesario
decir que continúo con mi nueva dieta y sigo tomando vitaminas
naturales".

¡EL MASAJE ES UN MILAGROSO ALIMENTO CURATIVO QUE RESTAURÓ EL CABELLO!

R.N. relató: "Hace dos años decidí hacer algo acerca de mi delgada
cabellera. Por años continuó poniéndose cada vez más delgada.
Tenía una parte que ya había retrocedido como una pulgada desde
mi frente y todo el cabello de la parte superior seguía poniéndose
más delgado (Tengo 55 años). Probé pelucas, pero simplemente no
las soportaba.

"Intenté masajear mi cuero cabelludo durante un minuto
cada día sin utilizar lociones pegajosas. Un minuto no parece
ser mucho, pero los brazos pueden estar ya cansados para

cuando uno mira el reloj y ve si el tiempo se cumplió. Pero yo continuaba, y aunque a veces me olvidaba de hacerlo durante los fines de semana, lo hacía todos los días como parte de mi trabajo diario.

"Sorprendida, noté cómo crecían cabellos nuevos alrededor de mis entradas, de un cuarto a media pulgada de largo. Esto ocurrió como tres meses después de empezar con los masajes. Ahora siento que mi cabello ha engrosado y el corte que tenía en parte de mi cabello se ha llenado normalmente".

CÓMO DETENER LA CAÍDA DEL CABELLO (OTRA FORMA DE MASAJE)

Los masajes a los nervios pueden ser un Milagroso Alimento Curativo para su cabello, un experto afirma que no sólo detienen la caída del cabello, sino que ayudan al crecimiento de cabellos nuevos ¡incluso en personas que no son calvas! El método consiste en frotar vigorosamente las uñas de una mano directamente con las uñas de la otra, tres veces al día durante cinco minutos. En pocas semanas, dice este experto, la pérdida del cabello se detendrá y usted tendrá suficiente cabello, y jamás una cana por el resto de su vida. Miles de personas, de 60 y 70 años de edad, son la prueba viviente de que esto funciona, dice este experto.

Un hombre que aseguraba que su calvicie venía de familia, utilizó este Milagroso Alimento Curativo para el cabello (masaje a los nervios) y dijo: "Rápidamente mi cabeza empezó a tener pelusa y luego el cabello empezó a crecer, y ahora, con más de 70 años tengo una gran cabellera".

¡EL AJO HACE CRECER CABELLERA NUEVA!

El ajo ha sido utilizado durante siglos como un remedio eficaz contra la calvicie o puntos de calvicie. He aquí dos formas de aplicarlo, que pueden realmente hacer maravillas al estimular el crecimiento del cabello.

1. Corte un ajo a lo largo y frótelo sobre el área afectada exprimiendo el jugo. Déjelo secar. Mezcle unas cuantas gotas de

ron de laurel (*bay rum*) con aceite de oliva, y masajee con esto una hora más tarde. Aplíquelo una vez en la mañana y otra vez por la noche.

2. Pique dos dientes de ajo muy finamente y aplástelos bien. Mézclelos con una pinta de alcohol 45% de alcohol (*90 proof*). Déjelo reposar durante dos días. Cuélelo. Agregue una taza de bardana (*burdock*) fresca, raíces o flores picadas. Déjelo reposar durante cinco días. Cuélelo. Aplíquelo con una esponja sobre el cuero cabelludo cada noche durante un mes. Se informa que esto es suficiente para fomentar el crecimiento del cabello.

Se cuenta la historia de dos hombres, ambos con casi 75 años, quienes tenían una forma más simple —aunque de cierta forma antisocial— de utilizar las propiedades de crecimiento del cabello del ajo. Simplemente frotaban el jugo de una rodaja fina de ajo en el área afectada, y lo dejaban secar. Esto lo hacían tres veces al día. En pocas semanas se dice que la calvicie o puntos de calvicie, ¡fueron cubiertos por "un área abundante de cabello"!

¡POSIBLES EFECTOS DEL AJO EN EL CABELLO!

Naturalmente las raíces del cabello todavía deben tener vida, pero mi teoría es que el ajo funcionó debido a dos aspectos. Primero, como muchos médicos han aceptado, el ajo es un conocido rubefaciente (capaz de estimular la circulación de la sangre —conteniendo también todos los nutrientes que los folículos del cabello necesitan), con fuertes poderes penetrantes. Segundo, su contenido mineral puede tener alguna relación. El ajo es rico en azufre —lo que ocasiona su olor— y el cabello humano contiene mucho azufre. El ajo también tiene zinc; cuando a animales experimentales se les priva de zinc en la dieta, ellos comúnmente pierden el cabello. El ajo contiene cobre. Experimentos han comprobado que la falta de cobre produce canas. Finalmente, el ajo incrementa la absorción de vitaminas B cuando uno come alimentos que combinan bien con él, y se ha descubierto mediante experimentos que las vitaminas B ocasionan el oscurecimiento del cabello.

¡DOS EXPERIENCIAS DE CRECIMIENTO DE PELO!

La experiencia de la señora K.L. parece confirmar mi teoría. Ella contó de un método alimenticio, el cual hizo crecer pelo en tres áreas peladas de un pequeño perro de cuatro años: "Él había tenido desde pequeño mucho pelo con excepción de que una parte de su espalda, la parte superior de su cabeza y las orejas no tenían pelo. También sufría de una severa secreción nasal. Estuve leyendo acerca del zinc, y decidí ver lo que la alimentación complementaria podía aportar. Todos los días comía cuatro bolas de hamburguesa de media pulgada donde se habían introducido un diente de ajo partido en cuatro, una pastilla de levadura de cerveza (rica en vitaminas B), zinc con alga marina *kelp*, una pastilla de harina de hueso (*bone meal*), y una pastilla de vitamina C, junto con sus alimentos diarios. Después de dos meses, ya casi no tenía secreción nasal, era un perrito saltarín sin mayores síntomas de nerviosismo, y tenía un pelo de terciopelo en todas las áreas donde anteriormente no lo tenía".

"Hace unos años", informó Lawrence O., "observé que estaba perdiendo cabello sobretodo de mi frente hacia atrás —formando una vergonzosa 'V'— y hacia los costados, el cabello cerca de las sienes casi había desaparecido. Asimismo, muchas personas se habían percatado de un punto de calvicie en la parte trasera de mi cabeza. El resto de mi cabello estaba muy canoso. Me sentía avergonzado, asustado y humillado. No quería verme viejo antes de tiempo.

"Entonces me acordé de cierto remedio antiguo utilizando el ajo. Simplemente lo froté en las áreas afectadas cada noche. Luego de unas semanas, mi frente y entradas ¡estaban recuperando su cabello nuevamente! Para cuando llegó el verano, el área trasera de mi cabello que se veía calva ¡había recuperado su cabello! Era un milagro. Asimismo noté que tenía raíces oscuras por todo mi cuero cabelludo. Me veía y sentía muchos años más joven".

Este caso no ha sido verificado, pero se dice cierto, y me lo relató hace muchos años un hombre de *setenta y pico* de años, cuyo cabello era abundante y oscuro, el cual no aparentaba más de 50 a 55 años. Él me dijo que jamás perdió un día de trabajo, que nunca se había sentido tan bien como desde cuando empezó a comer tan sólo alimentos naturales a los 50 años de edad, y que no pensaba en retirarse.

¿Imposible? Mientras los médicos afirman tajantemente que las áreas calvas en la cabellera de los hombres son incurables —existen increíbles relatos acerca del crecimiento de nuevo cabello ¡con el poder de los Milagrosos Alimentos Curativos!

Un investigador relata muchos casos en los cuales los Milagrosos Alimentos Curativos han ocasionado el crecimiento de nuevos cabellos, incluso en casos de calvicie avanzada. Un caso típico es el de Ty H., un hombre de mediana edad, calvo durante 20 años. Sin problemas de caspa o enfermedades, simplemente calvo. La calvicie se extendió bien atrás, con tan sólo unas ligeras canas a los costados, no prometía mayor esperanza. Empezó entonces a comer únicamente alimentos naturales, no procesados, con el resultado de que en dos semanas, ¡una nueva cabellera oscura empezó a crecer! En poco más de un mes, ¡mucha de la parte trasera y de la frente empezó a llenarse!

En un mayor avance, áreas de calvicie en los hombres se han curado o detenido en un 100 por ciento, en casos en los cuales se ha utilizado vitamina B-6 (biotina) y aminoácidos. La vitamina B-6 ayuda a disolver el exceso de testosterona —la hormona masculina— en el cuero cabelludo, y combina junto con los aminoácidos en fortalecer las raíces del cabello.

Curas espectaculares se han reportado. Hombres que perdían alrededor de 500 cabellos al día han reducido esta caída a tan sólo 25 (45 en un día es lo normal). Un hombre relató que la cantidad de cabello en la parte frontal de su cabeza creció casi dos pulgadas. ¡Todo esto ocurrió en pocas semanas!

¡MILES EXPERIMENTAN EL CRECIMIENTO DE CABELLERA NUEVA!

En otro caso, un hombre al que llamaremos Martín D., estaba completamente calvo en la parte superior de su cabeza con excepción de algunos cabellos largos. A el parecía ser imposible que el abundante y grueso cabello que lucía en su foto de la secundaria hubiera desaparecido en pocos años. Todo comenzó de una forma muy inocente, con tan sólo unos cabellos extras en su cepillo cada día. Intentó masajear su cuero cabelludo para mejorar la circulación.

Su cabello continuaba cayéndose. Con casi treinta años podía ver y sentir el proceso de cómo su cabello se ponía cada vez más delgado y retrocedía cada vez más. Grandes bolas de cabello aparecían en su cepillo. Tan sólo jalando con sus dedos el cabello se caía. En ocasiones simplemente se caían y aparecían en su camisa. La gente empezó a percatarse. Desesperadamente probó lámparas de calor, tratamientos de aceite y ungüentos —todo lo que se puedan imaginar— ¡él lo probó!

Intentó relajarse para aliviar la tensión del cuero cabelludo. Escuchó relatos contrapuestos acerca de que lavarse mucho el cabello causaba sequedad, o de que lavarse muy poco ocasionaba un exceso de grasa que obstruía las raíces del cabello evitando el crecimiento del mismo. Leyó también que el jabón con mucha lejía (*lye*) era dañino y se cambió a champús más suaves con los cuales se enjuagaba completamente. Él hizo un gran esfuerzo por evitar tocar su cabello —y peinarlo demasiado. Pensó también en reducir su actividad sexual, bajo la teoría de que estaba perdiendo hormonas vitales y minerales, o tener más sexo, para reducir el exceso de hormonas masculinas —dejando así crecer más hormonas femeninas para el crecimiento del cabello en su cuerpo. Todas fallaron. Para cuando tenía 50 años ya estaba completamente calvo.

¡CRECIMIENTO MILAGROSO DE CABELLO NUEVO!

Entonces él empezó a leer acerca de la nutrición. Empezó a tomar vitaminas y minerales, incluyendo 24.000 unidades internacionales de vitamina A de aceites de hígado de pescado una vez al día, y las siguientes tres veces al día: una pastilla de alga marina *kelp,* 4 pastillas de alta potencia de vitaminas del complejo B, 100 unidades internacionales de vitaminas del complejo E, dos pastillas concentradas de hierro e hígado, dos pastillas de minerales y multivitamínicos. Si esto parece mucho, recuerde que él tenía un problema de glándulas perezosas y muchos otros problemas de salud. Decidió eliminar toda comida chatarra.

Su antes brillante cuero cabelludo empezó a desarrollar cierta pelusa que se engrosaba y oscurecía cada día. Cabellos que no había visto en años empezaron a crecerle. La corona que tenía detrás de la frente empezó a llenarse. En tan sólo unas pocas semanas empezó a notar ciertos cabellos oscuros que le crecían por las sienes.

Un desayuno típico consistía en dos huevos (blandos, escalfados o revueltos), una tajada de pan de proteínas, con mantequilla de soja y lecitina, germen de trigo y semillas de girasol mezcladas con media taza de frutas de la estación. Empezó a comer carnes magras, pescado o aves, vegetales verdes, ensaladas verdes, requesón (queso *cottage*), una cucharadita cada día —en un total de tres— de aceite de germen de trigo, soja, girasol u otro aceite vegetal, y jugo de zanahoria cada vez que podía. Su dieta incluía carne de res, hígado, carnes orgánicas, batatas horneadas, albaricoques (damascos), nueces frescas sin sal, pepinillos —en otras palabras, el programa de "alimentos para ajo" (alimentos que combinan bien con el ajo).

Durante un período de 18 meses, el cabello creció y engrosó, haciendo posible que lo cepillara. Para este entonces, le iba tan bien, que le fue posible reducir algunos de los suplementos, como las vitaminas del complejo B, vegetales y aceite de germen de trigo en casi la mitad o menos, y podía comer menos carne. Durante los siguientes 18 meses, era obvio que le estaba creciendo una nueva cabellera. Esto lo hizo sentirse y verse como un hombre más joven. Se nos ha informado que hombres más jóvenes con menos problemas de salud han logrado lo mismo prácticamente de un día para el otro, ¡o en tan sólo unas semanas!

¡MUCHOS ASEGURAN EL OSCURECIMIENTO DEL CABELLO!

William Brady, M.D., era un escritor cuyas columnas acerca de la salud las leían millones de personas. En su libro, *An Eighty Year Old*

Doctor's Secrets of Positive Health, recomienda alimentos con suplementos de yodo para muchos de los síntomas de la deficiencia de yodo. Sin embargo, la gente que leyó su columna y probó sus consejos reportó que lo que causó más asombro fue el efecto que tenía para oscurecer el cabello. En sus cartas, ellos se refieren a una marca comercial llamada *Neoco Iodin Ration, Improved,* que era aparentemente una tableta de yodo disponible en el área de California. Para ellos era ¡un Milagroso Alimento Curativo!

Casos relatados:

- "Nunca había visto que las canas regresaran a su color natural, pero las mías lo hicieron usando el Iodin Ration. Creo que nuestras tierras (África Francesa Occidental) carecen de yodo". —C.A.

- "Vivimos en la región de Los Grandes Lagos y somos consumidores del *Iodin Ration*. Mi cabello estaba muy blanco pero ahora está volviendo a su color original, negro". —J.W.

- "Al tomar el *Iodin Ration* durante dos años, mi cabello, que solía ser marrón se ha vuelto casi negro. Siempre tuve un cabello ondulado pero ahora es crespo, tan crespo que muchos amigos piensan que me he hecho la permanente". —La señora K.R.

- "Incluí el *Iodin Ration* en mi dieta diaria desde hace casi un año y desde entonces he tenido un cabello maravilloso y muy dócil. Tengo 58 años y las canas que tenía han desaparecido". —La señora B.A.

- "Mi cabello ha recuperado su color natural en estos dos años en los que he tomado *Iodin Ration*. No encuentro otra explicación más que el *Iodin Ration*". —La señora H.W.

- "Tontamente dejé que el *Iodin Ration* se terminara, y en dos meses, mi cabello se volvió seco y sin brillo, en la parte superior, y varias canas empezaron a aparecer... ahora he vuelto al yodo Ration: el cabello ha recuperado su color oscuro y brilla nuevamente. Estoy muy agradecida". —J.S.F.

- "Mi hija, de 24 años, siempre tuvo un cabello muy lacio. El verano pasado, la parte superior de su cabello, empezó a formar una onda natural. Para el día de Acción de Gracias, los

costados también se empezaron a encrespar. Ahora ya todo su cabello tiene una onda natural, y sin la ayuda de ruleros".
—La señora W.M

Si los Milagrosos Alimentos Curativos pueden hacer que el cabello crezca y que las canas obscurezcan, ¿podrán hacer también todas las cosas increíbles que aparecen en este libro? "¡SÍ!" ¡dicen miles de consumidores!

¡OTRO CASO DE REJUVENECIMIENTO MILAGROSO!

El Señor G.E relató: " Hace como tres años, cuando tenía 64 años de edad, mi cabello era blanco como la nieve. Me estaba volviendo paralítico debido a la artritis en ambos hombros y en mi mano derecha. Entonces tuve un ataque al corazón. El médico me sugirió que renunciara a mi trabajo, que me jubilaba, y que lo tomara con calma si quería seguir viviendo. Pero yo tenía que ganarme la vida. Luego, al poco tiempo, la explosión final ocurrió: una seria y extremadamente dolorosa infección en la mandíbula. El dentista me dijo que debido al ataque al corazón que había sufrido, no se atrevía a hacer nada por mí, así que terminé en el hospital como un caso de emergencia. Esto me obligó a retirarme. Por aproximadamente un año y medio, me sentí virtualmente desamparado.

"Tan sólo unos minutos de trabajo o esfuerzo de cualquier tipo, me pondrían totalmente enfermo durante la noche. Fue así, que empecé a leer libros sobre alimentos saludables, vitaminas y suplementos minerales. Al poco tiempo, descarté todos los medicamentos que me había recetado el médico. Estas sustancias químicas no me habían proporcionado ninguna cura, y algunos de sus efectos secundarios eran realmente malos.

"Los resultados, después de dos años de ingerir los alimentos adecuados, junto con vitaminas y suplementos minerales en dosis mucho más grandes de las recomendadas normalmente, son: una cabellera que antes era tan blanca como la nieve, está rápidamente volviendo a su color negro. Rara vez siento las punzadas causadas por la artritis. Ya no tengo ningún síntoma de problemas coronarios.

Mi fuerza ha vuelto a ser aquella que tenía hace 20 años e incluso un poco mejor. Ahora voy a nadar, generalmente dos veces a la semana y disfruto de una vida sana y vigorosa".

¿Necesito decir más? Por todo Estados Unidos, están ocurriendo milagros ¡debido a los Milagrosos Alimentos Curativos! Lo que se describe aquí son condiciones duras y difíciles de sanar consideradas incurables por los médicos —casos en los cuales todo lo demás había fallado— que en realidad fueron completa y permanentemente curadas o aparentemente abatidas, sin el mayor síntoma de que regresaran. No se alega una curación contra el cáncer, y el automedicarse no es recomendado, pero si su médico lo aprueba, lo que para muchos resultó, puede también resultar para usted.

Y, por supuesto, recuerde que el ajo es el Milagroso Alimento Curativo notablemente similar a la penicilina. Al contrario de la penicilina, que está al alcance únicamente bajo receta médica y que puede causar serios efectos secundarios o reacciones alérgicas, este plan es seguro, está al alcance de todos sin la necesidad de prescripciones, y se puede comer simplemente por placer.

¡Buen provecho!

Índice